我々はどこから来て、今どこにいるのか？

民主主義の野蛮な起源

Où en sommes-nous?

Une esquisse de l'histoire humaine

下

エマニュエル・トッド
Emmanuel TODD

堀茂樹［訳］

文藝春秋

地図17-1　欧州における家族類型

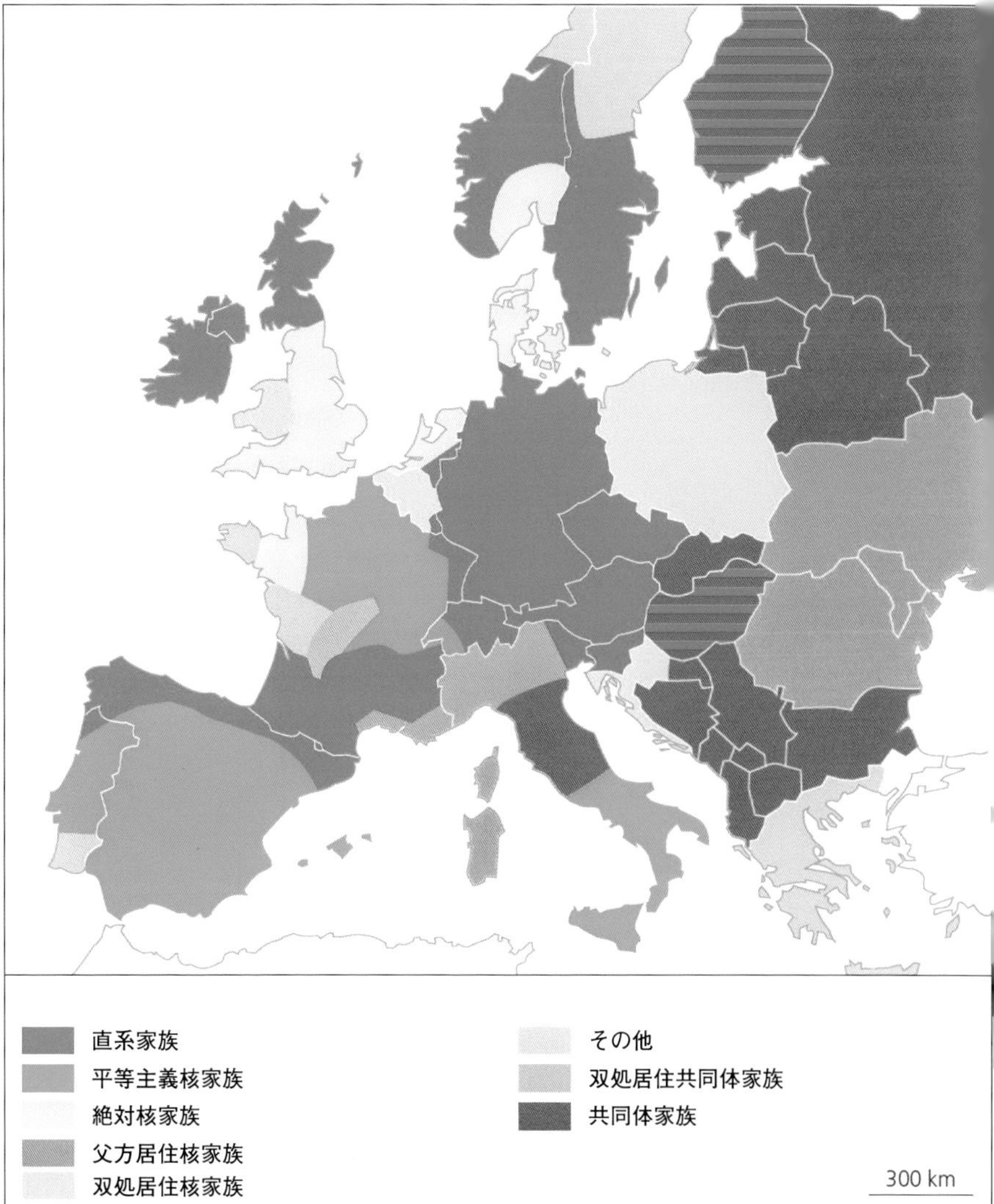

地図17-2　欧州における「権威」と「不平等」

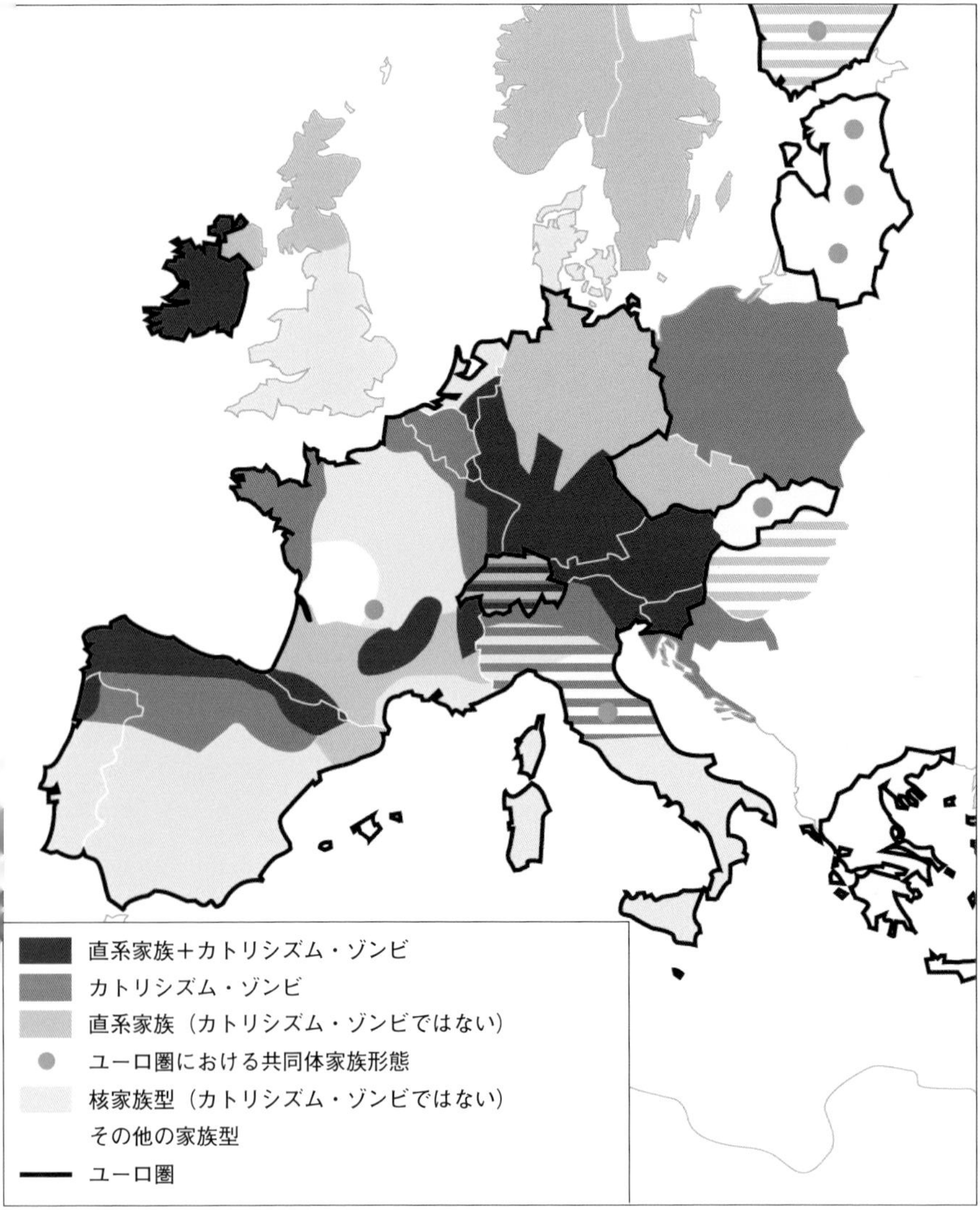

我々はどこから来て、今どこにいるのか？　下——民主主義の野蛮な起源◎目次

地図・グラフ作成 Légendes Cartographie

我々はどこから来て、今どこにいるのか？　下——民主主義の野蛮な起源

凡例

一、本書は、Emmanuel Todd, Où en sommes nous?: *Une esquisse de l'histoire humaine*, Éditions du Seuil, 2017. の全訳である。
一、原文でのイタリック強調は、訳文では傍点で示した。
一、《 》は他の文献からの引用および外国語表記を示す。
一、〔 〕は訳者による補足を示す。

第11章　民主制はつねに原始的である

まず家族形態の推移を分析し、次にそれがイデオロギーに及ぼす影響を分析した結果、われわれは歴史の大きなシークエンスを二つ、捉えるにいたった。

その一つを通覧すると、家族というものが原初には未分化核家族であったことが確認できるし、また、紀元前三〇〇〇年から紀元後二〇〇〇年にかけて、人類学的家族類型がどのように差異化してきたのかも分かる。直系家族や、外婚制共同体家族や、内婚制もしくは一夫多妻制の共同体家族は、家族の組成が複合化していった諸段階を表しており、いま名称を挙げた二種類の共同体家族は、ほぼ同程度の複合化レベルだといえる。忘れるべきでないのは、ユーラシア大陸の西の周縁部に、未分化親族網への組み込みから解放された純粋な核家族型が現れたことである。また、その周縁部のあちらこちらに、原初的な未分化核家族型が残存したことも忘れないようにしよう。

この一つ目のシークエンスを眺めると、次のことも確認できる。一方に家族の複合性の度合いを置き、他方に空間と時間を置いてみるとき、両者の間に単純明快な関係があるのだ。つまり、農業発生の中心地に近ければ近いほど、家族的・社会的形態が経験した時間（すなわち歴史）が長く、家族構造がより高度に複合的であり、逆にその中心地から遠ざかれば遠ざかるほど、流れた歴史の時間が短く、家族がより核家族的なのである。

二つ目のシークエンスを通覧することで確認できるのは、まず識字化に、それから世俗化に続いて出現したイデオロギーの諸形態と、先述の差異化のプロセスによって生み出された多様な家族構造の間の必然的関係だ。

イデオロギーと家族構造のつながりを、一つ目のシークエンスによって捉えられた、それぞれの家族類型の地理的分布と組み合わせてみよう。するとたちまち、次の事実に気がつく。個人主義的・民主主義的・自由主義的イデオロギーが、ユーラシア大陸の周縁部に、歴史の短い諸地域に位置しているということである。逆に、反個人主義的で権威主義的なイデオロギー——ナチズム、共産主義、イスラム原理主義——は、ユーラシア大陸のより中心的な地理的ポジション、より長い歴史を持つ諸地域を占めている。

民主制を脱中心化すること

西洋人ナルシシズムから脱却しよう。われわれはこれから、自由主義的民主制（リベラルデモクラシー）の概念と「近代」という概念を切り離すことにする。もっとも、この知的オペレーションはすでに二度、研究者たちによって実施されたことがあるので、その事実は認めておかなければいけない。

アラン・マクファーレンの業績と、核家族とイギリス風個人主義のつながりという彼の発見については、私はすでに長々と言及した。今度は、ユーラシア大陸をアジアの側から展望することにして、あるフィリピン人の社会学者の名を挙げたい。その社会学者が、民主制が人類学的には旧式な性格のものであることを突き止めたからである。一九八七年、すなわち、マクファーレンの『イギリス個人主義の起源——家族・財産・社会変化』が出てから九年後、ラウル・セビリア・マングラパス（一九一八～一九九九）は、その著作『民衆の意志——非西洋社会における原初的民主制を探る』[1]で、西洋の民主制に先行したいくつかの民主制を描いた。研究者としてきわめて確かな勘を働かせた彼は、調査の取っかかりにシュメールの原始民主制を選んだ。いうまでもなく、シュメールは歴史の発祥地であり、ど真ん中である。文明が始まったその場所に、民主制が、さまざまな権威主義的な政治的構築物よりも前に存在していたのである。

ラウル・セビリア・マングラパスが依拠したのは、トールキル・ヤコブセン（古代近東学の碩学だったデンマーク人。一九〇四～一九九三）が一九四三年に発表した、メソポタミア地域に帝国形成に先立って存在した政治的形態についてのジャーナル論文であった。[2] シュメールは当初、二五〇〇年後のギリシアがそうであったように、都市国家の集合として現れた。ヤコブセンは、帝国になってからのシュメールにも民主的生活の痕跡が残存していたことに気づいたのだが、それは、住民集会の慣習に注目することや、さらには、「町」と「集会」は異なる二つの概念のはずなのに、同じ一つの単語で両者を指示するという言語上の混同に注目することを通してであった。しかし、それよりも何よりも、ヤコブセンに政治史のカギを与えたのは、メソポタミアの神々――この神々は過ぎ去った時代の生き残りだった――の行動様式であった。地上世界が垂直型の権威主義的帝国に変じたのに、その地上世界を監督する神々のほうは自由で、集い、討議し、自分たちを統率する長《おさ》を指名したり、その長たちに異議を唱えたりする。彼らは自由人の集合体であり、原始民主制を構成している。ヤコブセンは、自らの表象と、初期ゲルマン民族を描いた歴史家たちの表象のあいだの類似性に注目している。マクファーレンは、かのモンテスキューに倣ってゲルマン諸民族の自由を語った点では間違っていなかったが、しかし、その自由をゲルマン諸民族に特有のもの、エスニックなものと思い込んだ点で誤りを犯した。その自由は、実際には、ホモ・サピエンスの過去においては普遍的なものであったのだ。[3]

したがって、原始時代は、緊急時には統率者を選出できる多数の集会で構成されている世界だったのだ。マングラパスはヤコブセンの直観を踏襲し、敷衍して、『民衆の意志』の中で、支配と帝国の時代に先立ってあらゆる土地に存在した民主的形態をリストアップした。すなわち、多くの仏教国家が併存した古代インドにおける形態、現代により近い時代のインド亜大陸や中国の村々における形態　インカ帝国やアステカ帝国の地域共同体における形態、イロコイ族〔北米東部森林地帯に居住していた先住民〕における形態などだ。イロコイ族に関しては、米国の人類学者ルイス・ヘンリー・モーガンがすでにある種の「原始民主制」を指摘していたことを付言しておく。マングラパスは、彼自身の国も忘れはしなかった。フィリピンでは、一六世紀にスペイン人たちが到来するまで、地域共同体の民主的機能がどのような国家形態によっても妨げられていなかったのである。

モーガン、ヤコブセン、マングラパスが与えてくれるカギのおかげで、政治的形態の歴史が反転して立ち現れてくるわけであり、その反転は、私が提示する家族形態史の反転と並行している。この二重の反転は、論理的にも納得のいくものといえる。複合的家族形態の擡頭に、権威主義的政治形態のそれが対応する。そして、推移の中心にあるのは国家の構築にほかならない。

原始民主制とは、その最も一般的な形態において、どういうものであろうか。一つの集団の成人男子メンバーが集会を開き、合議し、その集団に関わる決定をおこなうことができる、ということだ。集会は、〔理念や法にもとづいて設置されたのではないという意味で〕「事実上の」制度であったが、それでも、古代ギリシアの都市国家群や初期の古代ローマのように、同時代のより進んだ文明から文字を借りることのできた原始社会においては、言語で明確化されていたことも確認できる。ゲルマン民族は文字を知らなかったから、集会で合議はしていても、その方式を明文化してはいなかった。とはいえ、ゲルマン民族の集会は決定を下すことができたし、統率者を選出することもできた。その統率者たちを、われわれは慣習にしたがって「王」と呼んでもいいが、民主制を近代的なものと思いたがるアカデミックな歴史学の慣例を混乱させてやろうと思うなら、「終身大統領」と呼ぶこともできる。

母系制イロコイ族のケースを別にすれば、先ほど列挙した諸民族において親族グループは未分化であった。したがって、系族を通して権力を自動的に譲渡・継承していくことは不可能であった(4)。

しかし、これらの原始民主制は、その根本からして平等主義的だったわけではない。というのも、トップの人物（王たち、終身大統領たち）は、非常にしばしば名門の一族から選ばれていたのである。この事実はいささかも驚くには当たらない。なにしろ、当時の相続の規則は、平等も不平等も原則の形に定めていなかったのだから。原始民主制の世界では、人びとの身分がほぼほぼ相対的に平等であり得たというだけで、不平等性と平等性のあいだの構造的対立は本格的には考えられていなかったのである。ときには、原始民主制ではなく、原始寡頭制と呼ぶほうが、実態により近いかもしれないとさえ思える。

どんな平等原則も存在しない中で、実際メソポタミアにおいても、ギリシアにおいても、都市の発生にともない、おのずから寡頭制的な性格をもつ代表制のメカニズムが現れた。権威主義的国家よりも前に都市国家が発生していたというシークエンスは、今日の共同体家族的・父系的な空間となっている地域においてまったく普遍的であったように思われる。アッシリア帝国の首都となったアッシュールには、帝国に先立って商人共和国があった。また、ロシア帝国〔一七二一年〜一九一七年〕に先立って、あるいはモスクワ大公国〔一二六三年〜一五四七年〕に先立ってともいえるが、中世には都市ノヴゴロドに商人共和国が存在し、ハンザ同盟に加盟していた。

そうした都市国家のすべてではなく、アテナイをはじめとするいくつかのケースにおいてだけ、その後、言語で明示される形の民主主義的推移が起こった。そのプロセスについては、本書のさらに先の方で検討する。代表民主制と寡頭制の区別をあらゆる場所と時代に適合するように確定するのは、代表者たちが事実上の寡頭支配集団を構成してしまう以上、しばしば困難である。いずれにせよ、原始民主制、あるいは原始寡頭制は、未分化核家族がそうであるように、一見して柔軟で、ファジーで、不安定である。

以上のように原初の民主制を表象することから始めれば、われわれは、家族システムの歴史を裏返しに読んだのに続いて、ヨーロッパの政治史をも裏返しに読むことができる。

まず、背景となる家族類型の分布を要約しておこう。家族は、中世初期（五世紀〜一〇世紀）のヨーロッパにおいては未分化核家族であった。かつてローマ帝国の支配が及んでいた地域に関していえば、ローマ風の平等主義的核家族の痕跡があちらこちらに残っていた。(5) 一一世紀に、イル＝ド＝フランス地方とノルマンディ地方に長子相続が現れて貴族階級に浸透した。民衆層を見ると、直系家族の一形態が南フランスのオック語圏、ドイツ文化圏、イベリア半島北部に現れた。同じ家族形態が、スウェーデンにはもっと遅い時期に、不完全なかたちで現れた。中部イタリアには、ロシアないし中国型の父系制共同体家族モデルが擡頭した。北フランスでは、平等主義的核家族が最終的に都市と田園地帯を支配するに到ったが、イギリスで勝利したのは、未分化の原初的基底により近い絶対核家族であった。「分化した」どの家族類型も、一七世紀の半ば頃までは、ヨーロッパのどこにおいても、完全に確立して社会的に支配的になるには到っていなかったようだ。そのことを私が示したのは、先ずドイツにおける直系家族とプロテスタンティズムの共同進化を研究しつつ（第5章、第6章）、次にイギリスにおける絶対核家族の出現を研究しつつ（第9章）であった。同じ作業が、広大なパリ盆地の平等主義核家族についても実施されるべきであろう。とはいえ、この平等主義核家族については、イル＝ド＝フランス地方の二つの基礎自治体、エクアン〔パリ北部郊外の町〕とヴィリエ＝ル＝ベル〔パリの北ヴァル＝ドワーズ県の町〕についてのジェローム＝リュテール・ヴィレ〔フランスの歴史学者〕の見事な研究(6)のお蔭で、それが一五六〇年から一六八五年までの時期に充分に確立していたと見てよいだろうことが判明している。

ヨーロッパの民主制についての歴史的認識のほうは、近代ヨーロッパにおける政治の分化を研究したブライアン・M・ダウニングの一九九二年の著作[7]により、理論的に著しく進歩した。ダウニングのテーゼは、二つの命題といくつかのフレーズに集約される。

《第一に、中世末期のヨーロッパには、世界の他の主要文明と画然と区別される政治的特徴が数多く存在していた。それらの特徴——なかでも最も重要なのは、代表者たちの集会であった——が自由主義的民主制の基礎を成したのであり、それらこそは（……）現代の発展途上の国々で再生産されることがけっしてあり得ないであろう素質なのであった。第二に、軍事的近代化、すなわち一六世紀および一七世紀の「軍事革命」が、近代的軍隊を賄うために国内のリソースを支えにした国々の君主権力を強化することにつながった[8]》

マクファーレンの英国人ナルシシズムを前にするときと同様、ダウニングの西洋人ナルシシズムにもたじろいではいけない。中世のヨーロッパは、当時実際に、世界の他の地域と非常に異なっていた。なぜなら、家族および政治の発展の観点から見て、ユーラシア大陸の非ヨーロッパ地域に大きく遅れをとっていたからだ。中東、インド、中国は、その頃すでに、父系制共同体家族と、最大限に権威主義的な政治体制構築の段階に到達して久しかったのである。というわけで、中世のヨーロッパには、未分化核家族の類型だけでなく、村人または貴族の集会が夥しく存在していた。都市がとりわけイタリアとフランドル地方で栄え、この二つの地域は、ダウニングが注目しているように、寡頭支配的な性格の強い代表制が形を成す中心地となっていた。

こうした都市化の段階は、ヨーロッパでは中世になってようやく訪れたわけだが、古代ギリシアでは紀元前六世紀および紀元前五世紀を、メソポタミアでは紀元前三〇〇〇年紀〔紀元前三〇〇〇年代〕の転換期を特徴づけるものであった。ヨーロッパでは中世末期になっても政治的代表制がいっこうに形骸化していなかった。それは、端的にいって、ユーラシア大陸の周縁部にあたるこのヨーロッパという地域が、歴史的発展の面でおそろしく立ち後れていたことの反映だったのである。

一六世紀以降のヨーロッパでは、国家官僚機構の発達に拍車がかかった。軍隊が近代化され、大規模化し、封建貴族を窒息させた。この「軍事革命」は、絶対主義の開花をもたらした本質的な要素の一つである。われわれの視点から見てきわめて重要なのは、ダウニングが、西ヨーロッパの歴史が向かっていた方向とその地理的次元を正確に読み取っていることだ。彼は、専制的（反民主的）な政体が、ヨーロッパの周縁部分で座礁する一方で、その中央部分で伸張していったありさまを指摘している。さまざまなネイションの連続的な軍事的擡頭に注目し、権威主義的国家主義の勃興を正真正銘の連続展開として見ているのだ。すなわち、スペインとオーストリアの勃興、それからフランス、スウェーデン、最後にプロイセン、という一連のシークエンスである。軍隊と国家が発達するこの中央軸の周縁で、スイスに、オランダに、イギリスに、代表制の形態が存続していたことを確認しておこう。ブライアン・ダウニングは、国王の下で伝統的に貴族、聖職者、平民――この第三身分がフランスでは一七八九年についに勝利するわけだ――という三つの「身分」（ordres）を代表していた「身分制議会」（États）が屈服させられていった歴史を方法的に究明している。このような分析モデルは、マクファーレンのモデルを政治の側面から補完する。

イギリスが一七世紀に自由主義革命を生み出せたのは、あの国に、原始的（あるいは原初的）な民主制、もしくは寡頭制の代表制度がなお充分に残っていたからである。議会が、大陸ヨーロッパの議会のように消失するどころか、イギリスでは権力のすべてを奪うに到った。もっとも、イギリスは島国なので、国防を担うのが国土の外に位置する海軍であり、したがって軍事革命の危険がなかったということも事実である。また、このように分析するからといって、いうまでもなく、イギリスの代表制度の発達におけるモダンな新しい要因、たとえば大衆の識字化や、交易、職人仕事、工業の発達といった要因が果たした役割を排除するわけではない。

ブライアン・ダウニングは体系的に研究を進める歴史家である。彼が次に注目したのは、フランスとスウェーデンの絶対主義の最終的破綻であった。スウェーデンで四つの身分——貴族、聖職者、都市住民、農民——がそれぞれ代表を有する制度が維持されたのは、ユーラシア大陸の周縁部において典型的な事象であって、たしかに一八世紀末のスウェーデンには君主権力の弱体化が識別できる。しかしながら私は、目覚ましく識字化の進んだ規律正しい社会となっていった一九世紀のスウェーデンを、自由主義的な軌道への回帰の実例の一つとして描くのが的確であるとは確信していない。

それに対し、フランスのケースには紛らわしいところがない。フランスは一七世紀にイギリスと別の道を行き、一八世紀にイギリスに再び合流したように見える。ルイ一四世〔一六三八～一七一五、在位一六四三年～一七一五年〕の絶対主義の時代に、イギリスでは一六八八年の名誉革命によってしっかりと確立した立憲君主制が開花していた。ちょうど一世紀ののち、一七八九年の大革命がフランスを、けっしてスムーズにではなかったけれども、自由主義的な軌道に立ち帰らせた。この軌道修正は、平等主義核家族ならではの価値観と一八世紀中に五〇％を超えた男子識字率によって構造化されたパリ盆地一帯の民衆が、フランス史の中に闖入した結果と解釈できる。

いずれにせよ、ヨーロッパでは、絶対主義が「革新」であり、立憲主義は「保守」であった。一九世紀と二〇世紀に、識字率がとても高いけれども直系家族システムであったドイツ文化圏で自由主義が実を結ばなかったことも、結局のところ、ダウニングの分析モデルの正しさを確認させる事実だ。権威主義的で不平等主義的な家族システムの大国であるドイツの現実のイデオロギー的革新は、脱宗教化後の時代に起こったナチズムであった。ナチズムに一〇年ばかり先立ち、少なくともその中部地方において共同体家族システムの大国であったイタリアはファシズムを発明していた。ナチズムとファシズムは、国家の肥大を徹底的に押し進めた形態であって、それらに比べれば、フランスにおけるルイ一四世やスペインにおけるフェリペ二世〔一五二七～一五九八、在位一五五六年～一五九八年〕の絶対主義は、まだまだ穏健なものだったといえよう。とはいえ、一六世紀および一七世紀のスペインやフランスにおける権威主義と軍国主義の勢力伸長を分析すると、直系家族の地域――フランスの場合には国土の南部に、スペインではその北部に位置していた――が特に貢献していたことが窺われる。バスク地方〔スペイン北部、フランス南西部のピレネー山脈両麓の地域〕とガスコーニュ地方〔フランス南西部、スペイン国境沿いの地域〕が数世紀にわたってコンスタントに、軍隊に、より一般的には官職に、家族の次男以下を供給していたのである。

政権交代をともなう自由主義的民主制が容易に定着したのは、ヨーロッパでも、イギリス、フランス、ベルギー、オランダ、デンマークといった核家族システムの国々においてだけだった。スウェーデンの体制は、社会民主主義の支配をあまりにも長きにわたって継続させたので、厳密な意味では自由主義的と見做し難い。ヨーロッパにおいて核家族と自由主義を結びつける規則から外れているといえる、正真正銘で重要な唯一の例外はスペインである。スペインにおける自由主義的民主制の脆弱さは、教育と経済の発展レベルの低さによって説明できる。このケースを別にすれば、核家族システムこそが、ヨーロッパの北西端において、今日一般にイメージされている「西洋」よりも限定された、真の「西洋」を確定したのである。

イギリス式寡頭制から米国式民主制への移行は人種感情に依存した

一六八八年の名誉革命は、イギリスを寡頭制タイプの代表制にまで導いたが、その先へは導かなかった。そもそも、権力を奪取した議会が人口の一握りしか代表していなかった。その一握りが全体の中で占める割合が、エリザベス一世の治世〔一五五八年～一六〇三年〕の頃に比べれば、とりわけ一六四二年のピューリタン革命を担った清教徒たちの行動のおかげで増大していたにしても、である。一七一四年に亡くなったアン女王〔一六六五～一七一四、在位一七〇二年～一七一四年〕の治世の終わり頃でも、有権者総数は人口のわずか四・七%でしかなかった。もっとも、ルイ一四世が他界したのはその翌年で、当時のフランスは内発的権威主義の歴史的頂点ともいうべき体制だったので、そのことも忘れてはなるまい。

さて、その四・七%でも、成年男子人口に占める比率でいうと一五%には達していて、ジョン・ハロルド・プラム〔イギリスの歴史学者、一九一一～二〇〇一〕が示したように、村々の社会的上層までを関与させる選挙によって議会制の機能にリズムをつけていくには充分だった。ジェントリー階級のメンバーが当選するには、富裕農民たちの支持を取りつけなければならないという状況が生まれていたのである。しかしプラムは、一八世紀の全期間について、有権者集団の収縮を見極めた。人口に占めるその比率は低下していたのであり、その傾向は一八三二年の選挙改革を経ても変わらなかった(9)。それは、農地革命および産業革命と、社会構造を本格的に両極化させた労働者人口の増加の結果だった。経済の大変動を背景に起こった有権者集団のこうした収縮も、イギリスではいかなる政治的不安定をも引き起こさなかった。この事実は何ら驚くには当たらない。イギリスでは不平等の現実がショッキングなものと受け取られないのである。すでに第9章で確定できたとおり、イギリスの人類学的母体は個人主義的であるが、非平等主義でもあって、まさしく、自由主義的でありながら寡頭制的な政治システムに必要な家族的インフラストラクチャーなのだ。

一八世紀のアメリカは、イギリスとは反対に、民主制拡大の方向へ推移した。

米国の礎を築いたイギリス人たちがアメリカ大陸に持ち込んだ家族構造は、核家族的ではあったが、フランスのパリ盆地の核家族を特徴づけていた平等という価値観は具備していなかった。したがって、われわれが次に理解しなければならないのは、当初強固な平等原則を帯びていなかったにもかかわらず、米国文化がフランスよりもスピーディに、そしてよりスムーズに民主制を生み出すに到った経緯である。なにしろフランスでは、共和国の出現と安定化に、一七八九年から一八八〇年までの一世紀を要した。しかし、家族的平等主義が、識字化と宗教的信仰の崩壊によってひとつの平等主義イデオロギーに転位されるシークエンスを明確に指摘できるのは、米国ではなく、フランスについてなのである。ところが、トクヴィルが一八三五年と一八四〇年の著作で描いたのは、「アメリカにおける」民主制だった（『アメリカのデモクラシー』の原題は、*De la Démocratie en Amérique*（直訳すれば「アメリカにおけるデモクラシー」）である）。周知のように彼自身は、民主制がいくつかの困難にぶつかってすんなり定着しないフランスで、次から次へと革命が起きるプロセスの初期を体験した人物であった。

アメリカの民主制には、元々から客観的な土台が二つあった。一つは、北部の農地の配分が平等主義的であったこと。北部は少なくとも一九世紀の半ば頃まで中農たちに支配されていたのだ。もう一つは、住民の教育水準の高さで、これはプロテスタンティズムに由来していた。しかしながら、米国人のプロテスタンティズム諸宗派の教義の基礎を成すカルヴァン主義は、人びとが平等であるとは信じない。カルヴァンは一五六〇年に、『キリスト教綱要』の中でこう述べていた。

《我々が「予定」と呼ぶのは神の永遠の決定であって、これによって個々の人間において実現させようと欲したもうたことを御自身の内に定めたもうたのである。すなわち、万人は均一の状態に創造されたのでなく、ある者は永遠の生命に、他の者は永遠の断罪に予め定められた[10]》

しかしながら、最初の植民者の到着からまだ一世紀半も経過していなかった一七七六年に採択されたアメリカ『独立宣言』には、カルヴァンの予定説とは正反対の言葉が記されている。

《われわれは、自明の真理として、すべての人は平等に造られ、造物主によって、一定の奪いがたい天賦の権利を付与され、そのなかに生命、自由および幸福の追求の含まれることを信じる》〔斉藤真訳、高木八尺・末延三次・宮沢俊義編『人権宣言集』岩波文庫、一九五七年、一一四頁〕

元々は人間の不平等を明白なものとする信仰を抱いていた米国人たちが、なんと大きく変化したことか！　どうしてこれほどの変化が、しかもかくも迅速な変化が、可能であったのか。

独立宣言自体が、この謎の解を提示している。カルヴァン的な不平等主義から民主的な平等主義への移行がどのようにおこなわれたかを明示している。実際、独立宣言はインディアン〔アメリカ先住民〕のことを「情け容赦のない野蛮人」（merciless savages）と述べている。平等な人間たちを語ったあとで、今度は、人間的でない人間たちに言及しているわけだ。不平等は、白人の社会的集団から放逐されて、外部の要素の上に固着した。外部の要素とは、独立宣言のテクストの中と米国北部ではインディアンのことであり、米国南部の社会的現実の中では黒人のことであった。トクヴィルは夙《つと》に、南部の奴隷制諸州を特徴づける独特の平等主義に注目し、次のように観察した。《……だからこそ、奇妙なことだが、民主主義の高揚は、貴族制がもっとも深く根を張っていた州ほど抗《あらが》いがたかった。メリーランドは大領主の手で建設されたが、この州が最初に普通選挙制を宣言し、政治全体にもっとも民主的な手続きを導入した(11)》。黒人奴隷が数多くいたことが、白人としての平等意識を活性化したのだった。

米国史を繙くと、民主主義の勢力伸張の一つひとつを人種へのこだわりの擡頭と結びつけることができる。たとえばアンドルー・ジャクソンは、一八二九年から一八三七年までの大統領、すなわち米国で普通選挙が普及し、一般化した時期の大統領なのだが、当時、熱心に奴隷制を擁護し、インディアンたちをミシシッピー川以西へ強制移住させることを決然として主張した。本書の第14章で、われわれは、トランプ現大統領〔本書刊行の二〇一七年当時〕の崇拝対象であるこの人物に再び出会うことになろう。西部では、一八六〇年から一八九〇年までの間に、伝統的なエリート層のまったくいない社会が開花していったが、それに伴っていたのは、大平原のインディアン二五万人の殲滅、人種感情が最高潮に達する状況の中で発生した殺戮であった(12)。

したがってレイシズム（人種差別）を、アメリカの民主制に残存する不充分な点の一つと見做すことはできない。それどころか、レイシズムはむしろ、アメリカン・デモクラシーを支える基盤の一つなのだ。建国期には、白人集団の内部での平等感覚の発達を促した。その後、移民流入のすべての段階で、インディアンでも黒人でもない者たちの社会統合を容易にした。その場合に対象となったのは、最初は北ヨーロッパ出身のすべての移民であり、その後、しばらくの躊躇ののちに、イタリア人のように肌の色がもう少し濃い移民たちや、ユダヤ人のような非キリスト教徒たちもそこに含まれるようになった。より現代に近い時期には、黒人に対する差別が、日系、朝鮮系、ベトナム系、あるいは中国系の米国人を白人扱いに格上げすることを可能にした。

今やわれわれは、アメリカにおける民主制の魔法を定式化できる。すなわち、兄弟間の平等の不在＋黒人とインディアンの排除→人種主義的民主制。

歴史のこのシークエンスを捉えると、なぜアメリカでは民主制が容易に発達するのかをよりよく理解できる。フランス人は、自国の一七八九年のフランス革命、一八三〇年の七月革命、一八四八年の二月革命、一八七一年のパリ・コミューンなどの歴史を学んで何かを理解する手がかりにしなければならないだけに、アメリカを眺めると、そこでは民主制がごく自然に、不協和音を出さずに進展していることに戸惑いがちだ。民主制のアメリカは、寡頭制のイギリスと同様に安定している。イギリスやアメリカには、家族に関わる無意識の内に錨を下ろしているどんな平等原則も存在しないがゆえに、大衆の激しい政治的平等主義の突き上げがフランスでのように繰り返して起こることがないのである。

エスニックな民主制という概念

古代世界のアテナイにすでに具体例を見ることができるのだが、「他者」の拒否による自己確立に、あるいは、アテナイの場合であればすべての他者を拒否することによる自己確立に強く拠って立つことで、民主制が出現してくることがある。アテナイにおける民主制擡頭の最盛期に発布された紀元前四五一年の法律は、父親も母親もアテナイ人であることを、市民権取得の条件として課した。紀元前四世紀に入ると、アテナイ人と外国人の婚姻も禁じられた(13)。

ピエール・L・ファン・デン・ベルヘ〔ベルギー出身の人類学者、ワシントン大学名誉教授、一九三三〜

二〇一九）が南アフリカ共和国を描写するために詳説した概念に「領主民族の民主制」（Herrenvolk Democracy）[14]というものがあるが、その概念に依拠すれば、米国はその建国期から第二次世界大戦まで、まさに「領主民族の民主制」の原型であった。今後私は、イデオロギー的により中立的な「エスニックな民主制」という概念を用いるつもりだが、この概念に含まれる「エトニー」について、排除すると同時に包摂するものでもあることを念押ししておく。つまり、元々の米国の場合でいえば、インディアンと黒人を拒否するが、それはすべての白人を出自を問わずに同化するためであったというわけだ。第二次世界大戦までは排除されていて、その後易々と包摂されたアジア人のケースが、システムのある種の柔軟性を示唆している。現段階では社会的というよりも人類学的と形容しておくべきこのシステムは、実際、経済活動や階級間の相互作用に関わる意識よりも下層に位置する、集団生活上の無意識に深く根ざしている。したがって、これを描くには、人類学のキーワードを用いて次のように述べる必要がある。この市民集団は、白人同士の厳格な内婚制によって定義されるが、家族形成にあたっては同程度に厳格な外婚制を実践する、と。というのも、白人の家族群が、イトコ婚忌避の文脈の中で、徹底して配偶者交換をおこなうからである[15]。

われわれが辿り着いたところにあるのは、どうやら、少し思いがけないアメリカン・デモクラシー像である。

一八世紀のイギリスは、家族面では非平等主義的核家族で、政治面では自由主義的でありつつ寡頭制的であった。高い識字率や、始まりつつあった産業革命から見るとたしかに近代的であったが、しかしそれでも、代表制の政治形態が残存していて、やがて開花していったという面から見ると旧式な社会であった。

一九世紀のアメリカが実現したのは、イギリス・モデルの西への移動だけではなかった。前章で見たとおり、イギリス・モデルから遠ざかり、家族システムのレベルで、未分化だった人類の原初的基底にいささか近づいたのだ。イギリス自体もその基底からさほど遠かったわけではないのだが――。その基底には、ホモ・サピエンスの原始民主制が含まれている。

米国では、イギリスの社会システムの垂直的要素の大半、すなわち、貴族における長子相続、君主国家とその教会、昔からの支配階級、村落における安定的な寡頭制などが消えた。社会的・精神的システムの中枢を成していた原理そのものが、大西洋の西側では廃止されたのだ。消失したものとして語られるべきは、超越性、他律性、社会的超自我であろうか。言葉の選択はさほど重要でない。要は、アメリカで姿を現し、拡がったシステムが、地域共同体の数々と連邦を構成する諸州を擁して、イギリスのシステムよりも遥かに水平的であり、原初的人類を構成した原始的集団のシステムに遥かに近いことを確認しておけば充分だ。建国の父たちが新たな人民に成文憲法を与えたことはいうまでもない。そのテクストは、しばしば修正を加えられたとはいえ、きっぱりと尊重された。そうして、たちまちのうちにアメリカという国家が存立し、その国家の具備する代表制が素晴らしくよく機能した。それは、高い教育水準のお蔭であり、人びとに当初与えられていた経済的条件が相対的に平等だったお蔭であり、また、社会を不安定にしやすい平等主義的無意識の不在のお蔭でもあった。しかし、われわれがすでに見てきたとおり、アメリカという国家はこれまで一度として、正統な暴力の独占を自らに確保し得たためしがない。米国の住民たちはまったく当たり前のように旧式で、武装しており、その他殺率はヨーロッパの水準の五倍から一五倍の間で推移している。

思えば米国の政治生活にはいくつか、風変わりというか、奇妙な点がある。たとえば、なぜあれほどしばしば、戦争で活躍した司令官――ワシントン、ジャクソン、グラント、アイゼンハワー――や、いわゆる名門の家系――ルーズベルト家、ケネディ家、ブッシュ家――の代表者が大統領に選出されるのか。そうした傾向には、原初の民主制もしくは寡頭制の基底ないし素地の再浮上が看て取れるのではないか。本章の初めの方でも示唆したことだが、われわれは用語使用上の習慣により、昔の戦士たちの集会で――しばしば任期付きで――選出されていた統率者たちを「王」と呼ぶ。しかし、もし仮に、昔のゲルマン人やギリシア人やローマ人の統率者を指すのに「大統領」という語を充てることにしたら、現代のアメリカ人の内にも原始的な素地の活力をよりよく感じ取れるのではないだろうか。

われわれは今ここで、アメリカを、歴史学と人類学によって再構成される人類の過去と関係づけようとしている。しかし、われわれはその過去のすべてを知っているわけではない。とりわけ、地球全体を征服すべく各地に散り、離ればなれになり、細分化されてしまったホモ・サピエンスの諸集団の間でどんな関係が営まれていたかは分からない。アダム・ファーガソンが指摘したところによれば、人間集団は結局、「われわれ／彼ら」という形での相互対立によってしか存在し得ない。基礎的なエスニック集団は、家族間では外婚制を実践するけれども、外部世界に対しては全体として内婚的である。但しそれは、全体としてであって、完全にではない。実際、歴史的に探知できる最も古い人間集団――ゲルマン民族、ローマ人その他――の行動から感じ取れるのは、エスニック・アイデンティティが強固であること、服従する民族に属する個人や集団の一部分を自分たちの内に統合し、消化し、同化する能力もそれに劣らず強いこと、そしてその両面が渾然一体になっていることだ。アメリカは、もしそれを原初のホモ・サピエンス集団の大規模な現代版として捉えてよいならば、かつて人類が異なる部族と部族、異なる民族と民族の間でどのような関係を営んでいたかを教えてくれるのかもしれない。オープンさとレイシズムの混合、ヨーロッパ系の人びとの同化とインディアンや黒人の拒否というこの混合は、おそらくは、細かく分岐したとはいえ依然として普遍的なひとつの古い典型、すなわち、同化的であると同時にレイシスト的でもあった原初のホモ・サピエンス・モデルが、現代的な様相を纏い、一つの大陸に拡がるかたちで完成したものにほかならないのだろう。

アメリカの具体的普遍、フランスの抽象的普遍

分析のこの段階にまで到ると、世界的理想としてのアメリカの成功を理解することができる。たしかに、普遍的人間という概念を生み出したのはフランスだ。しかし、全世界を「グローバル化」し、全世界に自らの言語を与えたのは、人間の平等という概念の理論づけにおいては劣るにせよ、やはり英米世界なのだ。但し、フランス・モデルの重要性を低く見積もろうというのではない。

フランスは実際に、一七八九年から一八四八年までの間に、ヨーロッパを一変させた。当時の国民人口の相対的な大きさを利してフランスが立ち上げた軍隊は、一七九三年から一八一四年にかけて、西ヨーロッパから封建体制を一掃し、力ずくでユダヤ人たちを解放した。ある意味でフランスは、西欧全体をポスト宗教の普遍性の内に導いたのだった。一八四八年にはフランスはすでに軍事的パワーを失ってしまっていたのだが、それでもそのフランスで起きた二月革命は、周辺に波及し、引き継がれ、その影響がベルリン、ブダペストにまで及んだ。フランスの合理的なメートル法システムは、英米世界に生き残った非十進法のいくつかの痕跡にこだわらなければ、今や全世界で採用されている。そんなふうだから、フランスが国連の安全保障理事会で常任理事国の席を有しているのは、けっして分不相応なことではない。フランスが世界にもたらした普遍的人間の概念ひとつに注目するだけでも、そう明言できるだろう。

その上、フランス人たちは、平等原則について格別に明快なビジョンを持っているがゆえに、アメリカ

が自らのあるべき姿を意識化するのを昔から継続的に助けてきた。このことにつけて人が想起するのは、もちろんトクヴィルと、彼の『アメリカのデモクラシー』だろう。しかし、ごく最近も、所得配分についてのトマ・ピケティ〔『二一世紀の資本』の著者、一九七一年生まれ〕とエマニュエル・サエズ〔フランス人経済学者、一九七二年生まれ〕の共同研究は、米国での論議の中心に最富裕層「1%」の概念を持ち込み、米国の民主制における階層の対立という問題系を復活させることに貢献した。執拗に続く黒人差別についても、近年、カリフォルニア大学バークレー校に拠点を置くフランス人研究者のロイック・ヴァカン〔社会学者、一九六〇年生まれ〕が決定的な貢献をおこなった。彼は、夥しい数の黒人の若者が投獄されている事実の内に、アメリカが今なおそこから脱却できずにいる人種システムの〔奴隷制度、奴隷解放後にも存続した人種差別法に続く〕三つ目の形の具現を看て取ったのだ。彼が二〇〇〇年に発表したジャーナル論文「アメリカの新たな特殊制度──代替ゲットーとしての刑務所について」は、ベストセラーになったミシェル・アレグザンダー〔米国の文筆家、一九六七年生まれ〕の素晴らしい著作『新たな黒人隔離──カラーブラインドネス時代の大量収監』をはじめ、米国における黒人の状況を解明する多くのテクストに道を拓いた[16]。

しかしながら、フランス人たちの普遍的人間は、いわば抽象的な人物だ。私見によれば、それは、パリ盆地の平等主義的核家族という特定の家族構造の内に含まれている価値観のイデオロギー的投影にほかならない。一七八九年に、パリを中心とする地域では、子供たちの自由が市民たちの自由になったのだ。兄弟姉妹の平等が男女の平等に、諸人民の平等に、諸国民の平等に変異したのである。フランスの普遍主義は、ひとつの単純な下意識モデルにしたがって機能する。すなわち、子供は平等だ、人間は平等だ、人民も平等だ、したがって普遍的人間は存在する、というわけなのである。フランスの中心部分は、同じ国土の周縁部分を占める直系家族が権威と不平等を価値としているのに対して、それと対立する自由と平等を主張する必要を抱えていた。ここに、フランス普遍主義のメッセージの明晰さは由来している。いずれにせよ、われわれフランス人の普遍的人間の概念はすこぶる特殊な人類学的基盤から出現してきているのだ、と認めなければならない。

兄弟姉妹の平等と類推的な関係にある兄弟の平等――この場合、姉妹は排除される――という次元が、中国、アラブ、ロシアの世界観をことごとく普遍主義的に規制した。とはいえ、ロシアやアラブ世界や中国では、家族の宿す反個人主義のせいで、人びとの選好が、フランスで観察できたのとは反対に、何らかの閉じられた構造――政党、集権的経済、宗教、ネイション――に組み込まれている普遍的人間へと、つまり、たしかに他の人間と平等ではあるけれども、常にエスニックな人間像へと向かう。もしかしたら、こうした国々や地域に関しては、〔普遍的人間ならぬ〕普遍的ネイションの理想を語るべきなのかもしれない。

家族から始まって他者ビジョン一般にいたる単純な下意識メカニズムは、直系家族の場合がそうであるように子供たちが不平等であるとすれば、平等主義に劣らぬ強さで、正反対の方向に命題を確定する。すなわち、子供は不平等だ、人間も不平等だ、人民も不平等だ、したがって普遍的人間など存在しない、ということになる。これが、ドイツ、日本、バスク地方やカタロニア地方などを特徴づける類推シークエンスである。直系家族文化の人びとの集合体は、強大であれば自らをヒエラルキーの上位に見るが、弱小であれば特殊性を強く主張するだけに甘んじる。集合体の規模と地政学的パワーの相互作用に応じて、「兄貴分」か「弟分」かといった、不平等な序列の中でのポジションが決まることがあるのだ。

英米の絶対核家族にも、固有のシークエンスがある。子供はそれぞれ異なる、人間もそれぞれ異なる、人民もそれぞれ異なる、というシークエンスである。不平等が断定されるわけではないが、普遍的人間の概念もまた確信の対象にならない。しかしだからこそ、この他者ビジョンの下で、個人主義をベースとする移民の統合が可能になる。ただし、それが本当に可能であるためには、どこか近くに、忌避対象の役割を果たして他を引き立て、その一つを除くすべての同化を可能にするような「他者」が存在していなければならない。

したがって、英米世界の特殊性の一つは、そこに普遍的人間を非普遍的人間から分かつ境界線が存在している、ということである。実は私は、ケンブリッジ大学に留学していた時代のある出来事が忘れられない。第四次中東戦争〔一九七三年一〇月にイスラエルとアラブ諸国との間でおこなわれた戦争〕が勃発していた時期のある夕べ、学生仲間の一人で日頃は感じのいい愉快な男で、急進的な左翼でもあったあるウェールズ人が、自らの負う応答責任（アカウンタビリティ）の範囲からアラブ人たちを排除して、運命的なフレーズを口にしたのである。「やっぱり、どこかで線を引かなくちゃならないからな」（There's some place where you must draw the line.）と。

人間的普遍を完全には人間的でないものから分かつ、この英米流の境界線が有する最も注目すべき特殊性の一つは、包摂される人類一般を拡張する方向で移動していく能力である。アイルランド人、イタリア人、ユダヤ人、日本人、中国人、韓国人が、ごく最近にはインディアンが、そしてもうじき皆が気づくだろうが、ヒスパニック（南から来たもう一つの先住民を指すコードネーム）が、容易で数多い混合結婚の効果の下で「白人」に格上げされてきた。しかし、黒人はどうか？

フランスは、このタイプの「人種的」なこだわりとは無縁である。とはいえ、移民集団が国内で「普通」とされている習俗から少し過剰なまでにかけ離れていて目立ちやすく、普遍的人間のイデオロギー的想定を疑わせるような習俗を持っている場合には、文化的な外国人恐怖症《フォビア》を鮮明に表出することがある。女性蔑視的で内婚に傾斜するアラブ世界の家族文化がフランス流の普遍主義を極度に苛立たせるのは、その家族文化が、普遍主義の確信そのものを否定するように見えるからだ。フランス風のビジョンでは、人間――すべての人間――は類似している筈なのである。

そこに、フランス的イデオロギーの偉大さに固有の問題がある。つまり、フランスの普遍主義それ自体が、自らはそうと知らずに地域特有なのだ。具体的な人類学的普遍からではなく、ある地域に定着した平等主義的核家族の夢から生まれてきているからである。普遍的人間というフランス的な夢は、それゆえ、現実の社会生活の中でも、地政学においても、多様な人類学的システムに、普遍的人間の概念に照らせば存在しない筈のさまざまな態度にぶつかる。すでに大革命期の間ずっと、フランスの中心部を占める広大なパリ盆地の地域は、国内において、異なる価値観を宿している周縁部を規律に従わせなければならなかった。それどころか、具体的な全世界を見渡せば、そこには、フランス人にとって理解しがたく、許容しがたい価値観や行動パターンがあふれんばかりに存在している。すなわち、英米家族の非平等主義的な自由主義、ドイツや日本の家族の権威主義的な不平等主義、ロシアや中国の共同体家族の権威主義的平等主義、アラブ世界の内婚制的共同体家族のより水平的な平等主義など……。

どこで暮らしていようと、どんな文化を生きていようと、人は皆互いに同様の存在である、というように人間一般を見做すことにおいて、アメリカはフランスほど秀でていない。アメリカは常に、自らの存在を感じるために、ミステリアスな境界線の向こう側に位置づけられる「他者」を必要とするだろう。しかし、アメリカの人類学的システムと、そのシステムから自発的に生じるイデオロギー――このイデオロギーにレイシズムも含まれているのだけれども――は、フランスの人類学的システムとイデオロギーよりも人類の原初的類型に近く、それゆえ、具体的な意味でより普遍的だといえる。アメリカは、そのあり方において、太古的で普遍的なホモ・サピエンスをよりよく体現しているのだ。

思うに、あるがままのこの自然さにこそ、アメリカなるものが人びとを深く惹きつける所以がある。もちろん、アメリカは、未開拓の大地を、その豊かさを、数百万の飢えた農民がそこでまずまずの経済生活を営み、自分たちの子供のためにさらによい運命を夢見ることができるような可能性を世界に提供した。アメリカは未来を語ることができたのだ。しかし、アメリカはまた、その生活様式によって、人類共通の過去のようなものをも体現している。アメリカは、深い回路をとおして秘かに、われわれの内部に埋もれている本能に、地上に生きるすべての民族のすべての人間に存在するあの太古からの基底に訴えかける。しかも、ここでいうすべての人間のうちには、家族的・人類学的構造において複合化へ、洗練へ、規範——父系的または母系的、平等主義的または不平等主義的規範——の方へと進化した人間たちも含まれている。だから、アメリカの本当の神秘は、われわれの共通の未来を表現する国として現れてきていながら、われわれの過去をもまた内に含み持っているという点にある。アメリカはわれわれに、進歩の希望と退行の幸せを同時に提供する。

つねに原始的な民主制

アメリカがフランスに先んじて近代民主制を発明したのも、原初的な自然性という この同じ理由による。なぜなら、近代民主制は、アメリカで人類の太古的基底に大衆の識字化が重ね合わされた結果なのだから。その基底には、自然で原始的な民主制が含まれているのである。

パリ盆地の激しく反抗的な平等主義は結局、平等な市民の集団を確立する上で、イギリス由来の非平等主義〔平等への無関心〕よりも効率が低かった。

歴史――古代ローマの共和政時代の父系制共同体家族が、帝政時代に平等主義的核家族になったという長い歴史――を通じて構築された平等原則によって確立できるのは、実際のところ、個人と個人の間の抽象的な平等だけだ。平等主義は集団に対しては解体的である。それは、何によっても統制されない場合には、個人が集まっているだけで、どの個人も全体への従属を受け容れない世界、文字どおりの無政府状態を生み出す。民主制は、集団的現象であるから、無政府状態から自然に発生することなどあり得ない。フランス史の細部に立ち入るなら、われわれは、好むと好まざるとにかかわらず、国土の周縁の直系家族地域が民主制の誕生に不可欠な貢献をしたことを認めなければならない。なぜなら、その周縁部こそが、個人が集団に参加してその一部分を成すという理想と、統率のとれた集団行動の可能性を国全体にもたらしたのだから。まずスペインのアンダルシア州とその無政府主義的伝統を、次に南イタリアとあの地方でのマフィア的慣行を――いずれも平等主義核家族の土地柄――両睨みすれば、平等主義的核家族システムが単独でポテンシャルとして有する民主制構築力の限定的性格が判明する。加えて、平等主義的核家族という形態が帝政ローマの支配の系譜を正統に受け継いでいることを考慮すれば、この家族類型が自発的に民主的な組織を生み出さなくても驚かなくなるだろう。

英米的未分化性のほうが、フランス的平等主義よりも、集団の自意識を存続させるのにより適している。これはなぜか。子供たちが非―平等で、人間一般も非―平等であるとすれば、人びとの集合体も多様で、それぞれ確定的なアイデンティティを持っていると想定され、そうしたアイデンティティが一定の条件の中で民主制の定着を可能にするのである。このことを、われわれはまた別の、よりシンプルだが諦念のこもった表現で述べることもできる。民主制は常にエスニックな土台を有する、と。

まとめよう。アメリカが近代民主制を発明したのは、白人住民のほとんどが読み書きできるようになっていて、教育上の具体的な平等主義が市民の平等を充分に考え得るものにしていたからである。しかしアメリカは、平等も、不平等も、ア・プリオリには信じていなかった。その面では未分化であって、今日も未分化にとどまっている。その一方でアメリカは、情け容赦のない野蛮人〔米国独立宣言がインディアンを評した言葉〕、または黒人奴隷という、外見的にも異質の印象の強い「他者」を排除し、その「他者」との対立において定義される集団への生き生きとした帰属感情を見出し、培った。これらが、最初の近代民主制の出現にともなっていた主要条件であった。とりもなおさず、「原始民主制を生み出した諸条件の再活性化＋識字化」である。とはいえ、私は次の点は認める。すなわち、キリスト教による宗教の変異を引き継いで、どのような意味においても未分化とは形容できないものとなっていたイギリスまたは米国の人類学的システムの徹底した外婚制が、白人集団の内部における個人主義の開花にひとつの貢献を成したに違いなく、同時に、移民現象と、黒人を除く個人の同化に対する最大限オープンな態度をも可能にしたということ。

さて、次に続く数章では、グローバリゼーションが大衆の識字化によって創出された平等概念の崩壊として分析され得ることを、そしてそれがすべての先進社会について言えるけれども、とりわけ英語圏に適合するという事実を示すつもりだ。また、西洋で二〇〇〇年頃から始まっていた民主制の失地回復の動きが明確になったのは、イギリスの国民投票でブレグジット（EU離脱）の方針が優位を占め、米国でドナルド・トランプが大統領に当選した二〇一六年であって、それが起こったのは――いつものように、と言えそうだ――、人間の平等へのア・プリオリの信念が存在しない英語圏においてであったということも確認するだろう。またもやわれわれは、民主主義的実践を育《はぐく》む上での英米の自在さを理解するために、ホモ・サピエンスの自然な基底との近さに注目しなければならないだろう。しかしながら、われわれは英米両方のケースで、件の失地回復の内にまたも外国人恐怖症《フオビア》の要素を見出すこととなる」。民主制は、いつまでも果てしなく原始的なのである。

第12章　高等教育に侵食される民主制

二〇世紀初頭、米国は、世界の先進国の内に数えられる、プロテスタンティズムの一国にすぎなかった。たしかに米国の国内総生産（GDP）は、第二位、第三位のドイツとイギリスのそれを大きく凌駕してはいた。早くも一九一三年に、米国のGDPはその両国のGDPの合計を一二％も上回っていた。アンガス・マディソン〔イギリスの経済学者、一九二六〜二〇一〇〕の計算によると一九九〇年のドル価値換算で、ドイツの二三七三億三二〇〇万ドル、イギリスの二二四六億一八〇〇万ドルに対し、米国のGDPは五一七三億八三〇〇万ドルもあったのである。[1] ちなみに、当時のフランスのGDPは一四四四億八九〇〇万ドルでしかなかった（細かな単位にまで及ぶこれらの数値の精細さはばかげているが、私はこれをあえて元のままにしておく。事ほど左様に、経済学者たちの話はけっして額面どおりには受け取らないほうがよい）。第二次産業革命——電気、自動車、航空機産業を併せ含むものとなる——に対する米国のテクノロジー上の貢献は、製品の考案においても、一九〇八年からベルトコンベアによる流れ作業で製造されたT型フォードが証明したように生産過程の標準化においても、著しいものとなることが予期できる状況にあった。しかし、主要な大学と科学研究は依然としてヨーロッパ中心で、そしてますますドイツ中心となっていた。

それに、一九〇〇年には、アメリカは人口の四〇％しか都市に住んでいなかった。これはフランスと同等のレベルであって、同じ頃、イギリスの都市人口は全体の七七％に達していた。米国の富の全体は、国のサイズに大きく依存していた。一九〇〇年の時点で、ドイツの人口は五六〇〇万人、イギリスやフランスのそれは三八〇〇万人だったのに対し、米国はすでに七六〇〇万人を数えていたのだ。これだけの人数がアメリカに住み、識字率も九五％に達していて、しかも、ヨーロッパ諸国とは比べ物にならない豊かな天然資源に恵まれていた。しかしながら、一九〇〇年頃の米国は未だ、他のプロテスタントの国々に比べて、より広大で、人口がより多く、より農村的で、より豊かだという段階にとどまっていた。世界の最先

表12-1　1900年頃の米国と欧州における識字率

10歳以上の識字率（%）	
英国	95
米国（米国生まれの白人）	95
米国（外国生まれの白人）	87
米国（黒人）	55
スウェーデン	95以上
ドイツ	95以上
オーストリア	94
ボヘミア（チェコ西部）	97
ベルギー	81
フランス	83
イタリア	52
スペイン	44
ハンガリー	44
ポーランド（ロシア領）	26
ロシアのヨーロッパ区域	19

出典：Carlo M. Cipolla, *Literacy and Development in the West*, Londres, Penguin, 1969, p. 99 et p. 127–128.

進国の一つではあったが、プロテスタンティズムの世界のリーダーと目されるには無理があったし、まして や西洋全体の、あるいは世界全体のリーダーと認められることはあり得なかったと思われる。

第二次教育革命──一九〇〇年～一九四〇年

ところが、中等教育、つまり読み書きと単純な計算のレベルを超える段階の教育がいち早く大衆に普及したのは、一九〇〇年から一九四〇年にかけての米国においてだった。そしてその時期に、アメリカは世界全体の発展の先頭に立ったのである。

その米国でも、一九〇〇年頃、中等教育機関〔ハイスクール〕への入学率はまだ一〇%でしかなかった。それが一九四〇年頃には七〇%に達したのだ。中等教育修了証の取得率も、この二つの年を隔てる四〇年の間に六%から五〇%に上がった。国を挙げての文化プロジェクトであったけれども、それにもかかわらず中等教育のこの離陸は、学校の創設にせよ、その運営にせよ、分権的なやり方で遂行された。たしかに、教育課程とカリキュラムは全米で当初からかなり統一されていたし、その後もその点に変わりはなかった。しかし、その実施過程を管理したのは、中央の国家行政機構ではなく、各地方の公共団体だった。公立学校が全国で同質的であると同時に分権的でもあったわけで、これは、国家的な事業が英米スタイルで実施されるときの典型的な具体例だ。その意味で、このプロセスは、イギリスの救貧法制定を想い出させる。テューダー朝〔一四八五年～一六〇三年〕の国家は立法によって事業の目標を示し、その実施と管理の責任は各地方のエリートたちに委ねたのだった。米国では、ナショナルな教育プロジェクトが強力な中央の国家機構によって打ち出されることすらなく、その点でいにしえのイギリスとも違っていた〔建前上も、という意味である。なにしろイギリスでも、国家は強力な官僚機構を持っていなかったのだから〕。すべてが連邦国家の監督の外で進んだ。連邦を構成する州が集まって採択した義務教育法さえも、限定的な効果しか持たなかったようだ[2]。第二次教育革命、「中等」教育の革命は、民主主義的で平等主義的なひとつのイデオロギーによって直接もたらされた。しかし、それはたしかに公教育プロジェクトの実施だったのであり、広い意味でいえば、福祉国家がやってのけた成功の一つと見做すに値していた。

アメリカが一九四一年に参戦したとき、あの国の若者の半数がすでに中等教育の全課程を享受し終えていた。ヨーロッパは、プロテスタンティズムの国々も含めて、すでに遅れをとり、国民の誰もが識字化されていた国々でさえ、初等教育だけにとどまる教育の相対的な遅れの中でもたもたしていた。旧大陸で中等教育の発展を妨げたのは、エリート主義的で国家主義的な管理であった。クラウディア・ゴルディン〔米国の経済学者、一九四六年生まれ〕とローレンス・カッツ〔米国の経済学者、一九五九年生まれ〕がしっかりと示したところによれば、当時の旧大陸と新大陸の間の大きな落差は、米国のより大きな物質的繁栄とか、より長い教育課程を支える財政力とか、そういう要因では説明がつかない[3]。一九五五年〜一九五六年に到ってもなおヨーロッパでは、米国ですでに八〇%弱に達していた一五歳〜一九歳の就学率が、低い水準にとどまっていた。スウェーデンで二五%、イギリス、フランス、ドイツ、デンマーク、フィンランド、ノルウェーでは一五%から二〇%までの間だったのである。

なるほど中等教育が獲得させる知識には、工業部門企業の内外でサービス部門の活動が拡がるようなテクノロジーの発達した社会での雇用に必要なものが多い。なにしろ、そういう社会では、人と人の間のコミュニケーションが、モノの加工と同じほど重要になる。しかし、アメリカ式教育は、最初から自由主義的で、開かれていて、知識の獲得と同じほどに、個人の自己実現をも気遣うタイプのものだった。そして、なかんずく、エリート主義的な知的パフォーマンスにはまったく関心を持っていなかった。ナショナルなプロジェクトでありながら、さらにこの中等教育は、すぐれてアメリカ的なティーンエイジャーを作ることで移民の同化を可能にするという効果も持った。一九二四年からは移民制限とも相俟って、米国のパブリック・ハイスクール（公立高校）はこうして、一九五〇年頃には、単に繁栄しているだけでなく、文化面での同質性も高いアメリカ社会を出現させることに貢献した。

民主制の最盛期

二〇世紀初頭、アメリカ社会は物質面できわめて不平等だった。産業が、一八六五年の南北戦争終結から一九一四年の第一次世界大戦開戦までの間に加速的に発展し、その結果、資本と所得の集中が未曾有のレベルにまで嵩じた。それでも、教育インフラは平等主義的な状態にとどまっていた。一九〇〇年頃、白人成人人口の九五％が読み書きできた一方で、高等教育を享受した男女の米国人は二・五％しかいなかった。いわゆる「金ぴか時代」（Gilded Age）〔マーク・トウェインとチャールズ・ウォーナーの共著小説のタイトルに由来する言葉で、南北戦争後の一八六〇年代～七〇年代を指す〕の猛り狂った資本主義のアメリカで、教育のあり方に規定される社会的下意識は民主主義的なものにとどまっていたのだ。かくして、当時のアメリカ国民の政治参加度の高さが納得できる。また、一九世紀の終わりに米国が「進歩主義時代」(Progressive Era)〔政治と社会の改革が進んだ一八九〇年代～一九二〇年代を指す〕に移行したことも理解できる。

一九〇〇年以降に、経済的不平等の擡頭という現実に逆行してハイスクールで実現した中等教育の発展は、歴史の中で、文化的な動きが、目に見えなくとも強力な自律性を有していることの証左である。このような教育の普及が底辺にある中で、一九二九年の経済危機は発生したのだった。当時すでに、米国人の半数が中等教育を経験し、その内の四分の一はハイスクールを卒業していた。それゆえ、経済システムの機能障害が結果として米国社会に招来したのは、すこぶる論理的なことに、ルーズベルトのニューディール政策という平等主義的な政治的対応であった。国家による経済の調整と所得への課税は、経済的不平等のレベルを、なるほど漸進的にではあったが、揺るぎなく確実に低下させた。エマニュエル・サエズとトマ・ピケティが示したように、国民所得の内、人口の上位一〇％の富裕層の専有する部分が一九二八年には四六％だったのが、一九五二年には三二％に落ち、一九七二年までその水準にとどまった。超富裕層の一％が我が物とする部分は、一九二八年には二〇％だったが、一九五三年には九％に落ち、一九六三年から一九七八年まではずっと八％で、あたかもその水準に固定されたかのようだった。[4]

第三次教育革命とその停止

中等教育の発展は一ステップに過ぎなかった。第二次世界大戦終結の直後から第三次教育革命、すなわち高等教育の普及が現実となり、戦前からの上昇運動が引き続いた。一九〇〇年には、二五歳の男性のわずか三％、女性のわずか二％だけが高等教育まで受け、バチェラー・オブ・アーツ（BAディグリー、学士号と同等）の学位を取得していた。一九四〇年になると、すでに男性の七・五％、女性の五％がそのような学歴に該当していた。そして一九七五年には、その比率が男性で二七％、女性で二二・五％に達した。[5]

この高い教育レベルでは、教育の全員への普及というモデル――初等教育ではほとんど完全に適用でき、中等教育でもおおむね適用できたモデル――が適用しなくなる。実際、普及の動きは止まる。一九八〇年から一九八五年にかけては、男性のBAディグリー取得率が二二・五％に落ちるということまであった。その間、女性のBA取得率は変化せず、一定のレベルにとどまっていた。その後、男女ともに率がまた上昇に転じ、二〇〇〇年頃には、男性で三〇%、女性で三五%に到達した。こうして女性の学歴が男性のそれを追い越したわけで、この現象は、その後、米国のあとを追うようにして高等教育革命を実現する国々のほとんどで観察されることになる。高等教育普及の最後の再上昇が持つ意味については、後述する。その再上昇は二一世紀初めに確認できるが、高等教育の意味や進学の動機が——またおそらくは教育の質が——変化する文脈の中で起きているのである。

高等教育の修了証を取得した人口を評価・吟味しようとするときには、初等ないし中等教育で施される教育の評価・吟味の場合に比べ、はるかに重大な方法論的問題に直面しなければならない。研究対象となる人びとの多様性も、教育水準の差異化もほとんど無限なのだ。高等教育は、その性質からして多種多様で、重層的である。そのことは特に米国について言える。あの国では当初から、有名大学と、それほど高度ではない教育を施す州立カレッジの間で、新しい学生人口を分け合った(6)。履修コースが種々雑多なので、統計の解釈が複雑をきわめる。そこで私は、確認できる夥しい数の不整合点を取り除くのは諦め、それらの諸点も人口全体の傾向と配分の観点から見れば全般的に相矛盾するわけではない、とだけ強調しておく。データが不完全だからといって、踏み込んでいかないわけにはいかない。先進社会の新たな階層化と国民集団の分断を理解しようとする者にとって、高等教育の問題はあまりにも重要なのだ。

私はグラフを作成するにあたり、ロシアのケースを別にして、バロー゠リー(Barro-Lee)データバンクの数値を、OECDや各国の統計年鑑が提示している数値との比較対照によって吟味しながら用いた。このデータバンクは精度に欠ける面があり、ある国々に関するデータにはいくつか明白なエラーさえ含まれているけれども、反面、ありがたいことに、各国の学校制度を世界共通の指標に照らして標準化した上で、年代を五年ごと、年齢層を五歳ごとに区切って学歴の状況を提示してくれている。これに依拠すると、進学に関する傾向を国際的に比較することができる。

さて、米国に目を向け、二五歳の諸個人に注目しよう。男子の高等教育修了率は、ある程度波打つように推移してきてはいるが、エクセル計算ソフトでその波を均した多項式近似直線が明示するとおり、一九六〇年代の中頃から停滞している。それに対し、女子の高等教育修了率は大きく伸びた。一九八六年から一九九〇年にかけての時期に男子の率を追い抜いたことが確認できる。もちろん、高等教育機関に入学はしたものの、卒業はしなかったという学生の比率はもっと高い。しかし、その率をもここでの観察対象にすると、高等教育の内部での階層化をめぐる悩ましい方法論上の問題にぶつかり、見るべきものまで見えなくなってしまうだろう。

それとは逆に、中等教育を修了した若者の大学進学を管理し、方向づける目的で実施される能力テストの結果を参照するのは、事柄の解明に寄与する。「大学進学適性試験（SAT）」は、他の類似のテストとともに、米国の伝統の一部分を成している。あの国の伝統は、フランスのそれと反対に、個々人の間にあるかもしれない知的不平等を可視化することを恐れないのである。われわれはすでに幾度も、絶対核家族が、その信奉する諸価値の内に先験的な平等の原則を含まないことを確認してきた。米国のこの種のテストが実際に測定しているのが何であるのか――知性なのか、知識なのか、「訓練」やテスト慣れの度合いなのか――は、はっきり知られていないにもかかわらず、一九六三年以来、米国では、この種のテストの結果の推移がさまざまな憶測を呼んできた。米国人たちが確認したのは、一九八〇年〜一九八四年頃まで、数学の試験結果も、かつて「ヴァーバル」（verbal）と呼ばれていて、その後「クリティカル・リーディング」（critical reading）と改称された試験の結果も、下降し続けたという事実である。数学については、二〇〇〇年頃、一九六三年以前のレベルに戻った。しかし、事実や考えを述べる能力を測ろうとする後者

グラフ 12-1　米国の高等教育（1960 年〜2000 年）

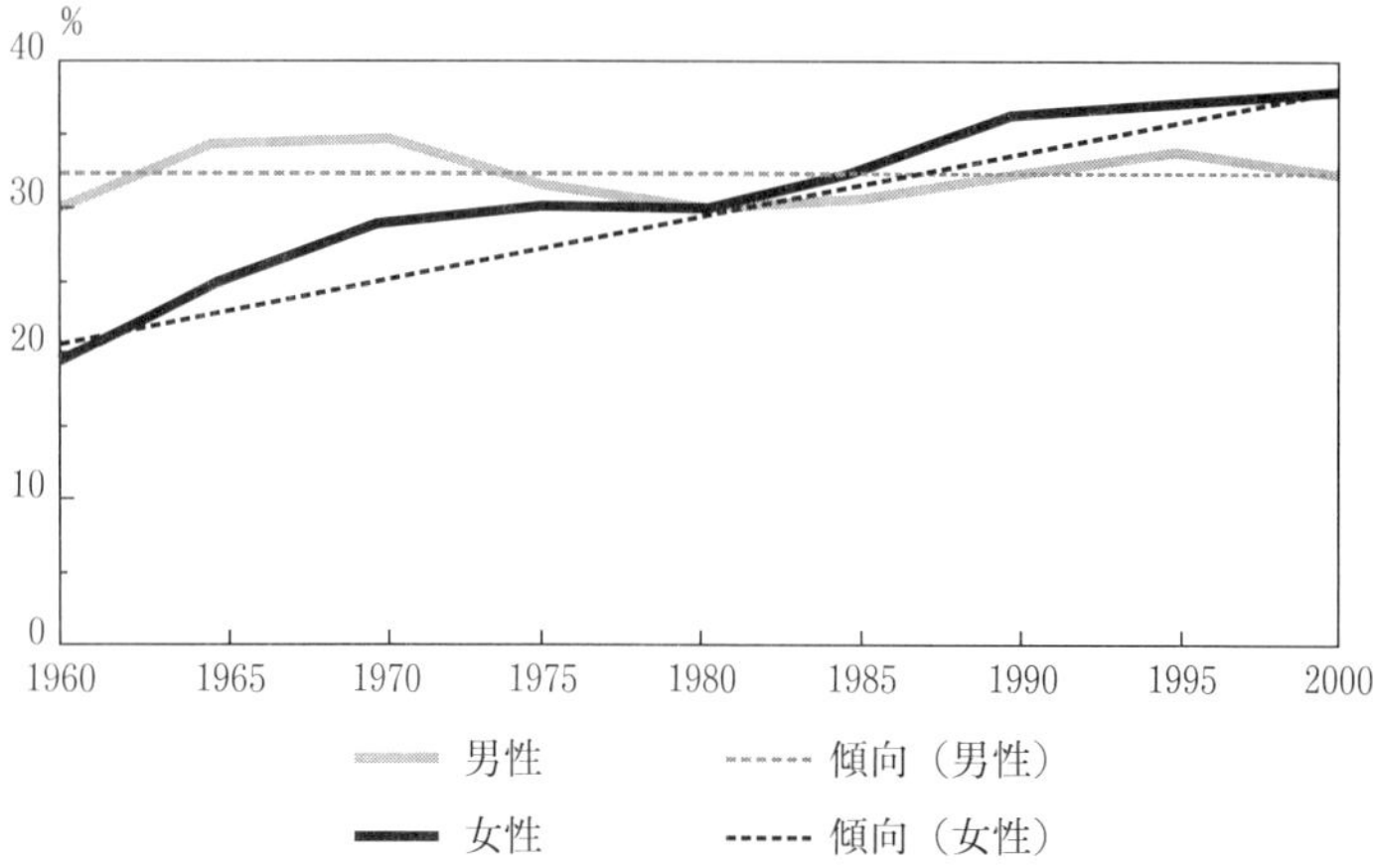

注：記載年までに 25 歳に達した世代における高等教育修了者の割合（%）。
出典：バロー＝リー（Barro-Lee）データバンク。

の試験の結果はそうなっていない。

米国統計年鑑によれば、クリティカル・リーディング試験の平均スコアは、一九七〇年に五三七だったのが、一九八二年には五〇二に落ち、二〇一〇年には相変わらず五〇一止まりだった。数学試験の平均スコアはというと、一九七〇年に五一二に落ち、さらに一九八〇年には四九二にまで落ちたのち、二〇一〇年に五一六にまで上昇した⑺。これらの試験には多くの変更が加えられたのだし、受験者も格段に多くなってきたのだから、当然、現象の解釈には慎重さが求められる。それでも、誤るリスクを冒すことなしに、次のように述べることはできる。高等教育普及の動きが一九六〇年代の中頃、あるいは一九七〇年代の初め頃からほぼ停止の状態に入ったのは、受け入れシステムの制約によるものではなく、高等教育を受けるに足る知的能力の持ち主の比率が上限に達してしまったことの結果であった、と。ただし、その上限を永久のものと決めてかかる理由はどこにもない。

テスト結果のレベルが最近持ち直したことから見れば、暫くの足踏みのあと、進歩の歩みがふたたび始まると考えてよいのかもしれない。

また、一九六五年から一九七五年までの間に二〇歳または二五歳になった世代の高等教育進学が上限に達したからといって、それで、米国社会の平均的教育水準の上昇がただちに止まったわけではない。その時期の高齢世代は高等教育を受けた比率の低さに特徴づけられていたので、より高いレベルの教育を受けた世代への交代が漸進的に進むにつれ、社会の平均的教育水準は上がり続けた。人口における世代交代のリズムに沿って、その水準も、高等教育修了者が人口の三〇%〜三五%という上限（とりもなおさず、若年世代における高等教育修了率である）に近づいていった。すべての世代を一緒にした全人口がこの比率に達した時点で、教育普及の上昇運動が停止し、社会全体における教育普及の停滞が始まる。二〇一五年に、米国社会はほとんどその地点に達した。一九五〇年、一九八〇年、二〇一〇年のデータをピックアップし、異なる年齢集団を比較すれば、世代ごとの教育水準の同質化によって社会全体が教育普及の停滞期に入っていくという、この免れがたいメカニズムが観察できる。私はここでまた改めて、バロー＝リーのデータに依拠する。**表12-2**に明らかなように、二〇一〇年には、ほとんどすべての成人世代の高等教育修了率が三〇%から三五%までの間の数値となっている。例外は、それが二四・三%止まりの七〇歳〜七四歳世代と、さらにもう少し低い一九・四%にとどまる七五歳以上の世代だけだ。この二つの世代に属する人口のほとんどはすでに職業生活から引退しているわけであるから、結局、米国社会では二〇一〇年ないし二〇一五年以来、労働力人口の全体において、最若年層にわずかに再始動の兆しが窺えるとはいえ、教育普及が停滞していると見てよい。米国統計年鑑のほうも、高等教育修了率の上限として三〇%弱の数値を示唆している。高等教育の革命は、今のところ、終息した状態にある。

表 12-2　高等教育を修了した人口の割合（%）

年齢集団	1950	1980	2010
15-19	0.1	0.1	0.3
20-24	7.9	15.8	17.3
25-29	9.8	27.8	31.6
30-34	9.8	27.8	33.1
35-39	8.8	22.8	35.1
40-44	8.8	22.8	33.9
45-49	7	18.8	33.2
50-54	7	18.8	33.3
55-59	5.2	13	34.8
60-64	5.2	13	34.3
65-69	4	10.1	30
70-74	3.9	10.1	24.3
75 以上	3.9	10.1	19.4
25 以上	**7.4**	**18.1**	**31.6**

出典：バローニリー（Barro-Lee）データバンク。

表 12-3　米国の 25 歳以上の人口に占める大卒以上の割合（%）

1970	10.7
1980	16.2
1990	21.3
1995	23
2000	25.6
2005	27.7
2007	28.7
2008	29.4
2009	29.5
2010	29.9

出典：Statistical Abstract of the United States, 2012, p. 151.

停滞の歴史的意味

この停滞の歴史的重要性に意識的であらねばならない。一九〇〇年以来、米国は教育分野のトップランナーであった。もしこの統計分析をヘーゲル的な言葉で締めくくるとすれば、米国は精神の発達の面で人類の最先端であったともいえよう。その意味で、米国の停滞は、人類の一員としてのわれわれ全員の停滞なのである。どこか他の国が米国における高等教育普及のレベルを超えることがないかぎりは、そのように言える。ここに投げかけられているのは、人類の教育水準上昇の限界は奈辺にあろかという問いなのだ。

米国のあとを追いかける国々の状況を検討してみると、すでにある程度まで、件の上限――これは一時的なものであるかもしれないということを繰り返しておく――の普遍性を確かめることができる。たとえばフランスに目を向け、二五歳の諸個人に注目するとき、高等教育普及が停滞の段階に達したのは一九九五年頃であったといえる。アメリカに約三〇年遅れていたわけで、これは、フランスにおける高等教育普及の離陸がアメリカよりも遅かったことの結果にほかならない(8)。韓国はごく最近に、米国の数値をも上回る高等教育修了率に達したが、その「快挙」は、家族が産み出す子供の数を犠牲にして成し遂げられたのであった。なにしろ、その現象には出生率の急落がともなったのであるから。

われわれはここで、あくまで経験主義的に教育普及の停滞を確認しているのである。この事実を道徳家風に解釈して、習俗の堕落に起因する知的頽廃という使い古されたテーマに結びつけるようなことは論外だ。実際、米国における教育普及の停滞は、一九六〇年代の放埒な絶対自由主義的な意識革命の結果ではなかった。進学率停滞の、さらには教育水準の部分的下落の対象となった世代は、もっと早い時期に、一九四〇年代～一九六〇年代のウルトラ順応主義的な核家族によって産み出され、育てられたのである。歴史の展開を時間軸に沿ってきちんと整理してみれば、（習俗のあり方を明かすという意味で）「道徳的な」指標、すなわち出生率や婚外子の割合といった指標が統計的に有意な動きを始めたのは、つまり出生率が下がり、婚外子の割合が増え始めたのは、一九六〇年〜一九六五年以降であった。したがって、仮に文化的保守主義者のように語るとしても、習俗のどんな堕落をもってしても、ＳＡＴスコアの低下と大学生の数の増え方の鈍化は説明できない。

　もっとも、ある特定要因が、一九五〇年代の米国における知的能力の停滞を引き起こした可能性はある。実際、その時期に、テレビが個人生活・家族生活の中に入り込み、人びとを書き言葉の文化から部分的に引き離したのだ。一九五八年にはすでに、自宅にテレビを所有している人口が、一〇〇〇人当たり二八七人に達していた。私は本書ですでに、思春期以前の集中的読書がホモ・サピエンスの知的能力を高めるということに言及した。集中的読書を放擲《ほうてき》したがゆえに頭脳の性能が落ちたとしても、いささかも意外ではない……。

教育上の不平等再来

　初等教育の普及、およびそれに続いた中等教育の普及の結果であった高等教育の進展は、当初、単純に進歩と考えられた。大学生人口の増加が社会集団の同質性を破っていくことが察知されていなかった。新たな文化的階層が形成されていくことに人びとが気づいたのは、高等教育の恩恵を受ける特権者たちのカテゴリーに社会の全員が入れるわけではないということが具体的に分かってからだった。まず初等教育への普遍的アクセスが、次に中等教育へのそれが、平等主義的な社会的下意識を培った。この下意識は民主主義的であった。高等教育の普及が頭打ちとなる現象は、まず米国で、その後各国で、不平等主義的な社

表12-4　米国社会の新たな階層構造

25歳以上の諸個人の教育水準（%）	1950	1980	2010
未就学	2.6	1	0.4
初等教育	**45.7**	6.3	2.7
中等教育	**38.2**	**62.9**	**42.9**
高等教育	13.6	**30.0**	**54.0**

出典：バロー＝リー（Barro-Lee）データバンク。

会的下意識を生み出した。

　政治的・社会的アクターたちの用いる言葉に、平等主義的民主主義の意識的なドクトリンが今なお反映されていても、それは何の証明にもならない。米国社会は今や客観的に階層化されており、それは**表12-4**が示しているとおりだ。**表12-4**は、**表12-2**や**表12-3**と違って、「高等教育」のカテゴリーの中に、大学の学部卒業には到らなかったケースも含めている。ハイスクールを終えたのちに更に進学したという事実を、高等教育の世界への所属を示すひとつのシンボルと見なしているわけである。

　二五歳以上の諸個人の分布から、初等・中等教育修了者を主力としていた一九八〇年の米国社会が見えてくるが、しかし、その社会の内部で、すでに市民の三〇%が何らかの形態の高等教育を享受していたことも分かる。当時、中心的な人口集団は中等教育修了者たちで、初等教育修了はもはや残余的なカテゴリーでしかなくなっていた。そのような社会では、単なる読み書きの能力——一九世紀にはこれが平等主義的な地平であった——が表すのは、すでにもはや市民集団へのアクセスではなく、劣等的な社会的地位であった。

　三〇年後の二〇一〇年、「高学歴」グループが人口の半分以上を占めている。しかし、このグループが示すのは、社会の上層からの再民主化の始まりではない。なぜなら、このグループ自体も階層化されているからだ。「高学歴」グループのちょうど半分、すなわち同世代全人口の二七％が完全な高等教育（BAディグリー、あるいはそれ以上）を享受しているが、残りの半分は、大学に入学はしたものの、学部を卒業していない。

これらの文化的カテゴリーの重要性を、われわれは、本書の第14章で充分に認識することになろう。その章は、ドナルド・トランプの登場を論じる予定の章である。というのも、二〇一六年の米国大統領選・予備選挙における選挙運動期間と、共和党と民主党の決戦の期間中、世論調査の専門家たちが、高等教育を受けた有権者を、「大学、BAディグリー取得済み」（College, BA）〔大卒〕と「大学、BAディグリー取得せず」（College, no degree）〔大学中退〕の二つのカテゴリーに入念に区別していたからである。

高等教育の普及がもたらす反民主主義的な影響が当事者たちの意識に上るのは時期的に遅れ、しかも不完全な形においてでしかなかった。しかしながら、幾人かの明敏な分析家は非常に早い時期にその影響を予測していたのだ。イギリス人の社会学者マイケル・ヤング（一九一五〜二〇〇二）は、早くも一九五八年に、メリトクラシーの原則——フランスでは相変わらず躍起になってこれを本来的に平等主義的かつ共和主義的な原則として提示しようとする傾向が強い——が何をもたらすかを予見していた。彼の著作『メリトクラシー』は、面白いことに二〇三三年に書かれた空想科学小説のような体裁になっており、その中で著者は、学校教育の過程で人びとが徹底的に選別されることに起因する、恐るべき社会階層形成を描写している。

《新しい制度のもとでは、上流階級の地位はさらに高くなり、下層階級の地位はさらに低くなって、階級間の差は古い制度のときよりひどくなった。（……）メリット時代以前はずうっと階級闘争はさけがたいものて、過去の経験にてらしてみると、ある階級の地位が急にさがると、必ず階級闘争を悪化させることになるだろうということを歴史家は知っている。問題は次のようなことである。すなわち、前世紀の諸変化がなぜこのような争いにいたらなかったのか、また、底辺層と上層との断層が広がっているのに、社会は何故このように安定しているか、という問題である。

主要理由は、社会階層形成が、社会のあらゆる層で一般に認められているメリット原理に合致しているからである。一世紀前は、下層階級は自分自身のイデオロギーをもっていて――本質的には現在主要になってきているものと同じである――自分たちを向上させ、上の人たちを攻撃するために、そのイデオロギーを使用することができた。彼らは上層階級がその地位にある権利を否定した。しかし新しい状況のもとでは、下層階級は社会の一般精神と対立するようなはっきりしたイデオロギーはもてない。それは封建主義がさかえていたころの下層階級と同じことである。メリットが支配することに、底辺層は最上層とともに賛成したのであるから、彼らは選択方法に文句をつけるぐらいはできるが、すべての人が等しく支持する基準にけちをつけることはできない。ここまではよろしい。メリットを判定者にすることを広く認めることが、メリットをもたない多数の人をしょうのない絶望に追い込むし、絶望に追い込まれた人たちは、社会に対して抗議するだけの才能がないので、自分自身に怒りを向けて、不具者にしてしまうので、ますます絶望におち込むことを指摘しなければ、われわれは社会学者としての義務を果たさぬことになるであろう(9)

イギリスにおける不平等、アメリカにおける不平等

かくも夙に、この問題で最高度の明敏さを発揮した社会学者がイギリス人であったのはなぜだろうか。

話し言葉の訛りや社会的方言に具体的に表れる階級構造をもつイギリスは、昔から平等との折り合いが悪い。初等教育が民主化されてもなお、イギリスでは、人間と人間のあいだに超えがたい差異があるという感覚が消えなかった。たしかに、イギリスの絶対核家族は兄弟を平等と定めないだけで、不平等を規範とするわけではない。しかし、すでに見たとおり、あの国では、貴族階級、ジェントリー、および農民の上層部に萌芽的な直系家族が存在し、少数派の家族システムでありながらも、社会全体に構造的な影響を与える立場を保持していた。直系家族という人類学的類型が不平等をためらいなく受け容れることはいうまでもない。したがって、イギリス文化の中に、社会学によってであれ、サイエンス・フィクションによってであれ、不平等を考えたり、予め想定したりする能力が高度に仕込まれていても驚くにはあたらない。

優生学（eugenics）という言葉は、一八八三年に、イギリス人フランシス・ゴルトン（一八二二～一九一一）によって造られた。人間と人間のあいだに不平等を見る彼の固定観念の果実であった。小説家H・G・ウェルズ（一八六六～一九四六）の『タイムマシン』は、早くも一八九五年に、労働者層と中産階級が生物学的に分かれ、別々の生物に変貌するさまを想像した。ジョン・B・S・ホールデン（一八九二～一九六四）は、生物学者、遺伝学者、社会主義者、マルクス主義者にして無神論者であったが、一九三二年の著作『人間の不平等』(10)（*The Inequality of Man*）で、不平等の科学的根拠づけをおこなったと主張した。オルダス・ハクスリー（一八九四～一九六三）のディストピア小説『すばらしい新世界』も、同じ一九三二年に、これはあくまで皮肉と諧謔《かいぎゃく》としてであったけれども、遺伝学的にプログラム化された社会階層形成を語った。マイケル・ヤングはこの伝統の継承者であり、彼のすこぶる真面目な未来学的試論は、サイエンス・フィクションとしても通用する。

アメリカはというと、あの国は、人間と人間のあいだの不平等を明示的に求めようとする態度から、独立戦争によって解放されたのだった。アメリカはその頃、長子相続制を廃止した。かくして米国は、教育上の不平等が事実として完成するまでは、不平等主義的イデオロギーの生産においてイギリスに追いつくことがなかった。

しかしながら、一九七一年、すなわち、高等教育普及の進展が停止してから辛うじて数年経ったという時期に、ハーバード大学の心理学教授リチャード・J・ハーンスタイン（一九三〇〜一九九四）が、『アトランティック・マンスリー』誌に、《IQ》（知能指数）という非常にシンプルなタイトルの論文を発表し、人びとに衝撃を与えた。彼はその論文で、知能指数に差があり、その指数が諸個人の社会的パフォーマンスに確実な影響を与える以上、不平等は今後とも解消しないと断定していた。一九七二年、またしてもハーバード大学でのこと、社会学教授のクリストファー・ジェンクス（一九三六年生まれ）が『不平等』（*Inequality*）を上梓し、この本をもって、米国における左翼である「リベラル」の抱く平等主義的な夢を真正面から攻撃した。大量の数字を根拠とし、統計学が可能にしてくれるこれ見よがしの印象づけを得々として多用しつつ、ジェンクスは、教育の力で平等を実現するという考え方に異議を唱えた[11]。その頃、イギリスは依然として不平等主義イデオロギーの輸出国であった。たとえば、心理学者のハンス・J・アイゼンク（一九一七〜一九九七）は一九七三年に、ジョン・B・S・ホールデンの一九三二年の著作と同じタイトルの書『人間の不平等』（*The Inequality of Man*）を出した。この本は、個人に内在する知能指数と、学校の成績と、社会的成功度を組み合わせる立論に新たな形を与えているが、結局は慣例どおり、人間の本性に関するひとつの最終的判断に到っている[12]。もっとも、これまたイギリス人であるこのハンス・J・アイゼンクが猛威を振るい始めたのは、その頃より遥かに前だ。なにしろ、彼の『心理学の効用と限界』[13]は一九五三年に遡るのであるから。アイゼンクはこの著書でもすでに、知能指数の測定から階層化社会の概念へと向かう問題意識を展開していた。マイケル・ヤングが『メリトクラシー』を発表したのは、その五年後の一九五八年であった。

当時を全体として顧みるとき、明らかに見えてくるのは次のことだ。すなわち、一九七〇年代初めに米国で出版された数々の書籍が、それに先立つ時期にイギリスからもたらされたものに比べて知的な興味深さは限られているとはいえ、確かに、イデオロギーの反民主主義的急変の兆候であったということ。それらの書籍が提案していたのは、まぎれもなく、不平等の自然主義的正統化であった。マイケル・ヤングはイギリス労働党の党員であり、教育分野の活動家でもあって、破局が訪れる前にイギリス左翼に向けて警鐘を鳴らそうとしたのだった。その例とは対照的に、この闘いに参加した米国のイデオローグたちは、新保守主義の擡頭に貢献した。

『鐘状曲線——アメリカ生活における知能と階級構造』[14]は、一九九四年に出版された、リチャード・ハーンスタインとチャールズ・マレー〔米国の政治学者、一九四三年生まれ〕の共著であるが、不平等イデオロギーが成熟してどこに到ったかを示している。そこには、知能指数がすべてに優越すると唱える毎度の決まり文句が見出せる。二人の著者は、このテーマに必要な統計分析を正しくコントロールできていない。「あなたが黒人なら、あなたは劣っている」と面と向かって言われるような社会で生まれ、育てられれば、その事実だけでも、当事者は自尊の感情に破壊的影響を被るのに、ハーンスタインとマレーはそういうことがまったく分かっていない。私は彼らの本を刊行直後に読み、むかつきを覚えたのであった。

R・ハーンスタインは、高等教育によって生み出される階層社会の描写においてM・ヤングを超えてはいない。しかしながら、彼の立論を辿ると、明らかに見えてくることが一つある。すなわち、米国では、平等の問題の中心にあるのが、イギリスでのように階級への所属ではなく、人種への所属だということである。突き詰めれば、イギリス人にとって、劣等なのは、結局つねに労働者、プロレタリアートだ。ところが、アメリカ人にとっては、それはつねに黒人なのである。しかも、イギリスの労働者階級の英語には独特の訛りがあるが、米国の黒人社会にもそれがあり、イギリスの労働者たちの慣用表現はしばしば、米国の黒人たちのものと同一である。

なるほど、R・ハーンスタインが人間不平等の問題を提起したのは一般的見地からであって、単に人種問題としてだけではなかった。しかしながら、私見では、彼の知的功績はM・ヤングのそれに遠く及ばない。なぜなら、ハーンスタインがあたかも到来を予告するかのように述べた階層社会は、彼が件の試論の執筆に取りかかったときにはすでに現実化していたのだから。一九七一年には、米国の平等主義的理想の崩壊が進行していた。ベトナム戦争（一九六二年～一九七五年）が触媒の役割を果したのだった。

現実を暴露したベトナム戦争――「労働者階級の戦争」

第二次世界大戦は、米国社会にとって、平等主義の黄金期であり、ルーズベルト大統領の社会民主主義が成熟したことを示す象徴でさえあったかもしれない。中等教育の一般化がすでにほとんど完了し、高等教育の普及が離陸し始めていた頃、国民全員に適用される徴兵制の名において、すべての若い米国人が兵役に就いたのだった。そういうわけで、ジョージ・ブッシュ（シニア）（一九二四年生まれの米国第四一代大統領、一九八九年～一九九三年に在任）に到るまでの米国の政治家は、エスタブリッシュメントの出身であるかないかを問わず、しばしば、かなり輝かしい軍歴を有していた。ブッシュ・シニアの世代よりも若い政治家たちの時代になると、調査報道をおこなうジャーナリストたちが、ベトナム戦争時の兵役逃れを暴き始めるようになった。

ベトナム戦争には、非常に多くの米国人が動員された。それでも、国のエネルギーが尽き果てたわけではなかったけれども――。一九六五年から一九七一年まで、その数は年間一五万人を超えた。大量動員のピークは一九六八年で、その年は五三万六〇〇〇人だった。動員されたのは誰で、動員を免れたのは誰だったか。ベトナム戦争が米国における平等主義の破棄を鮮明にしたことをよく理解させてくれる一冊の本がある。すばらしい感性の著作、クリスチャン・アピー〔米国人歴史学者、一九五五年生まれ〕の『労働者階級の戦争――アメリカ人戦闘兵たちとベトナム』[15]である。アピーは、戦争への参加と反対が、米国における階級意識をどれほどはっきりと表面化させたかを明らかにした。非常に先進的だったあの社会で、各人の所属する階級はすでに、生産関係における地位や立場によってと同じくらい強く、それぞれが受けた教育のレベルによって決定されていたのだ。「ベトナム戦争反対」に言及して、アピーはこう書いている。

《（……）兵士たちのほとんどが、〔反対〕運動を中産階級に特徴的なものと感じていた。メディア（軍隊内のメディアも含む）で支配的な反戦活動家たちのイメージは、極左学生（college radical）のイメージであった。労働者階級出身の兵士たちにとって、「カレッジ（大学）」は特権を意味していた。ベトナム戦争と何ら関係なしにでも、大学生の存在は彼らの内に、階級への所属にかかわる一連の深い情動――怨恨、怒り、自己懐疑、羨望、野心など――をかき立てるのだった。階級間の分離・不和が激化したのは、大学生たちが軍隊への編入延期の恩恵に浴するという事実によってであった[16]》

まさにベトナム戦争が続いていた時期に、米国では、学生と労働者の間に、「高等」教育を受けた者と「中等」教育を受けた者の間に、対立が現れたのである。

同じ文化的対立のフランスでの出現を位置づけようとすると、年代的なずれを確認することになる。なぜなら、米国に比べて、高等教育の普及とその停滞の始まりがより遅かったからだ。フランスでは、一九六八年五月の騒動の折、左翼の二つの階層の間には依然として連帯感が生きていた。学生たちの反抗に続いて、労働者たちがストライキに入ったのだった。現実の労働者階級とその階級を代表する共産党に対する見下した態度が感じられたのは、一部の極左――多くの場合にトロツキズム系新左翼――陣営においてだけだった。フランスにおいて労働者層と高学歴層の間の対立がようやく顕在化したのは、二四年後、一九九二年のマーストリヒト条約批准の是非をめぐる国民的討論の折だった。さすがにその時期には、当時の論者たちの言説が証拠立てるように、労働者階級と中産階級、民衆とエリートの問の衝突がすこぶる鮮明に表れた。

そのエリートたちは多数派ではなかったが、すでに集団を形成していた。なにしろ、フランスでもそれまでに高等教育が普及し、すでに同世代人口の三三％が大学卒業資格を取得していたのだから。教育普及の停滞期の始まりが近づいていた。それが実際に到来したのは一九九五年前後だったと推定できる。米国においてと同様にフランスでも、教育普及の停滞の始まりと、社会がすっかり階層化したという知覚の擡頭がおよそ同時発生的であったことは明らかだ。

アカデミア――不平等製造マシン

教育の新たな階層化というこの現象がいつのまにか徐々に社会に流布させるのは、人間というのはやはりまったく平等ではないという感覚である。すでに見たように、イギリスと米国では、職業的なイデオローグらが、人類は知能と能力の差によっていくつかのグループに分離されて当然だという信念を公然と表明した。フランスでは、不平等感覚は擡頭したものの、それにともなって公式の平等主義イデオロギーが揺らぐことはなかった。知能指数も、フランスではたいてい、胡散臭い、怪しげな概念だと思われている。そういうわけだから、フランスにおける不平等主義の進展は、政治的な危機状況の場合を別にすると、完全に下意識の次元にとどまっている。

とはいえ、フランスにおいても、米国においても、もしこの新しい不平等主義的下意識を、純粋な「思想」の世界に現れた推移の所産のようにイメージするなら、それは見当違いであろう。不平等の舞台裏には、それなりの仕掛けがある。現実の諸個人が、ヤングやハクスリーの空想科学作品の中でのように、評価され、選別され、ある身分に固定される仕組みが存在している。具体的に存在するいくつかの制度、すなわち、その主要な機能が今や、無知や偏見からの人間の解放ではなく、ランク付けや進路決定になってしまった教育システムがその仕組みに相当する。実際、世代人口の三分の一を選別し、教育し、高等教育課程修了者に、学位取得者に、要するに高学歴エリートに仕立て上げるには、ひとつの強力な組織が必要となる。

大学――ここでいう大学には、フランスにおけるグランゼコールのようなエリート養成機関も付け加える必要がある――は今や、雇用する人員の数から見ても、その活動がＧＤＰの内に占める割合から見ても、先進諸国の経済社会生活の中で重要な役割を演じている。大学をめぐる旧い表象から自由になるために、この全体を「アカデミア」と呼ぶことにしよう。米国では、二〇一二年頃、公共支出全体の五・四％が教育に充てられていて、そのうち高等教育に割り当てられていたのは二・八％であった。これを年額に換算すると、約四五〇〇億ドルである[17]。比較のために数値を挙げておくと、米国の軍事支出は、二〇〇〇年〜二〇一五年の期間、海外での軍事介入の回数に応じて、ＧＤＰの三・五％から五・五％の間で揺れていたが、傾向として四・五％程度だった、と見てよいだろう。アカデミアは、それが存在する地理的空間にもテリトリーを有する。近年は、非常に重要な都市機能の一つにもなった。ポスト産業時代の中都市が繁栄するか衰退するかは、しばしば、そこにアカデミアが存在するか否かに依る。

さて、これまた米国の事情であるが、今日、アカデミックな世界の公式イデオロギーは「リベラル」、つまり進歩主義であり、左翼である。しかも勿論、大学の序列の中で上位にランクされている大学になればなるほど、そのイデオロギーを声高に主張する。しかし、それでいて、アカデミアが客観的に果たしている機能は、むしろ平等の破壊なのだ。どの高等教育機関も、学生一人ひとりに社会の階層秩序の中の一つの場所を割り振る。知識は不可欠であるから、もちろん大学で伝達されている。研究もまた不可欠であるから、大学で実施されている。しかし、専門的能力の獲得や研究への適性の測定（修士号、博士号、ポスドク……）が必要とするよりも長い年月にわたって学生であり続けるのが普通であることから見て、今や明らかにアカデミアは、社会の階層秩序化への貢献を最大の存在意義としている。

それ自体も不平等的な構造物であるアカデミアを、自由という理想を授ける機関と見做すこともまた、もはや可能でない。というのは、人はもはや、高等教育レベルの学びに勤《いそ》しむときに、知的・精神的な自己解放を目的としていないからだ。今日では、人が高等教育レベルに就学するのは、野心的であるならば社会というピラミッドの上層部に到達するためであり、良家の子女ならばその上層部にとどまるためであり、庶民の出であるならば「落ちこぼれ」ないためである。選別がますます苛酷化し、それに応募する者たちに、社会の各方面で一般化した競争への服従と順応の態度を強いている。権威と不平等、これこそがアカデミアの秘密のスローガンだ。現代の英米世界で、諸大学の反動的機能の徴《しるし》の一つは、大学というマシンの管理者たちに高額の給与が用意されるという事実である。その額は、教員や研究者の俸給を遥かに上回っている。フランスの大学で試みられている諸改革も、同じ方向へ向かっている。アカデミアは左派を自任しているが、それでいて現実には不平等と順応主義を組織している。この特殊な世界が演じる役割の重要性を、われわれはのちほど、ブレグジット（ＥＵ離脱）を決めたイギリスとドナルド・トランプを登場させた米国のイデオロギーが一致して結晶していく中に看て取ることになろう。

結果としての経済的不平等

米国では一九六八年にすでに、教育関連の不平等主義的下意識ができ上がっていた。反面、経済的不平等はまだ低いレベルにあった。この事実から改めて分かるとおり、単純に歴史の展開順序を確かめるだけで、原因と結果を正しく区別できる。すなわち、文化的なものこそが、経済的なものを決定するのである。

実際、エマニュエル・サエズとトマ・ピケティが一九一三年から二〇〇三年までの課税所得の推移を示す曲線を確定してくれているお蔭で、われわれは、米国で経済的不平等がいつ顕著になったのかを知ることができ、それが確かに、教育における不平等の顕在化に引き続く時期だったことを確認できる。[18] 彼らと共に、最富裕の一％、その次に富裕な四％、その四％に次いで富裕な五％を区別しよう。この三つの人口層を合わせると、一％＋四％＋五％＝一〇％となり、ＯＥＣＤが不平等の拡大を測るときに通常提示するあの「最上位の一〇分位数」に相当する。ＯＥＣＤという機関は、この「最上位の一〇分位数」の中に「一％の最富裕層」を隠すプロの常習犯である。ではあるけれども、事柄を全体として捉え、最上層の一〇％がほぼ常に豊かで、しばしば「上層中産階級」と呼ばれる人口層のおよその輪郭を構成することを認めよう。

さて、ピケティとサエズのグラフを見ると、一九四五年以降、五％と四％の所得がゆっくりと上昇している。この五％と四％はいずれも、恵まれている人びとの内に入るけれども、その内ではさほど恵まれていない人びとだ。最上位の一〇分位数の大部分を仲良く一緒に構成する人口層である。一方、同じ時期の上位一％の所得は一九六三年まで下降し続け、その後一九八〇年まで横ばいにとどまっている。一九八〇年に一％の層の所得の上昇が始まり、一九八五年からはまさに急上昇する。所得水準でその一％に次ぐ四％の所得の伸びも少し加速するが、一％の所得急上昇とは比べ物にならない。その下の五％の所得は、一九八三年以降横ばいで、伸びていない。

一九八〇年がターニングポイントとなった年だ。この年までの九％の層の所得上昇は、労働人口の中で高等教育修了者が増加したことの正常な経済効果として解釈され得る。経済的階層化が、教育領域の新たな階層化をまさに反映する形で推移している。以前より多くなった高学歴者たちが、自分たちの獲得した能力に対する報酬としてより高い所得を得るというわけだ。この説明は、古典的な経済学的解釈のフレームの中に収まる。ところが一九八〇年以降は、最富裕層の所得が経営上の必要や経済的合理性といった制約からすっかり自由になり、急上昇している。

一九八〇年、それはレーガンが大統領に選出された年である。社会全体が戦争のような雰囲気の中で、新自由主義が操縦杆を握った。一九八一年にインフレ率が一三・五％にまで達した。一九八一年六月、ポール・ボルカー〔米国の経済学者で、一九七九年から一九八七年まで連邦準備制度理事会（FRB）議長を務めた〕がFRBの政策金利を二〇％にまで引き上げた。一九八三年には、インフレ率が三・二％にまで下がった。労働市場の規制緩和や資本自由化の措置などが高額所得の上昇と低額所得の停滞の諸条件、つまり、経済的不平等がすさまじいまでに顕在化する諸条件を作ったのだが、それらの措置をすべて列挙するのは煩雑に過ぎるだろう。これさえ確認しておけば充分だろうと思えるのは、ひとつの激烈な政治的転換

グラフ 12-2　米国における最富裕層の所得推移

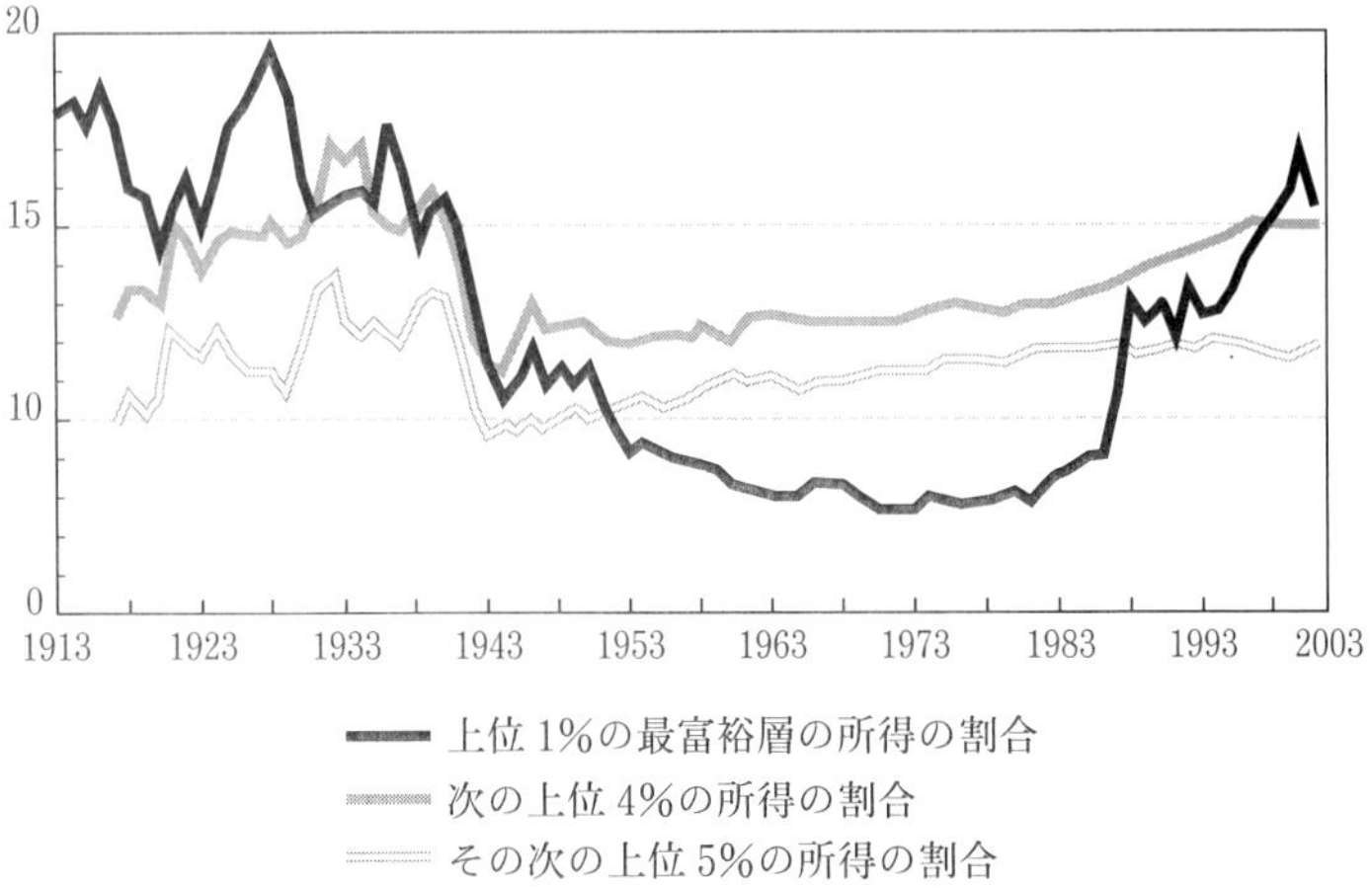

注：国民所得に占める割合（%）。資産収益は含まない。
出典：Thomas Piketty et Emmanuel Saez, « Income and Wage Inequality in the United States, 1913–2002 », 前掲書，p. 147.

がまず起こり、そのあとで金持ちたちの解放という現象が発生したという事実である。なお、金持ちたちの解放によって生じた不平等の拡大は、第三次教育革命の効果の下で個人の能力が新たに階層化されたことによって生じていた、一九八〇年に先立つ不平等のわずかな進展とは絶対的に質の異なる現象であった。ここでわれわれが観察する推移は複合的ではあるが、その中でもやはり常に、文化的なもの、イデオロギー的なもの、そして政治的なものが、経済的なものに先行している。

一九八〇年以降、経済的不平等の拡大は絶えることなく続いている。国民所得の内で最富裕の一〇%に占有される割合は、一九七二年には三二%であったが、二〇〇二年には四三%になっていた。最富裕の一%が占有する割合は、同じ期間に八%から一七%に上がった。この数値は、二〇世紀初頭に記録された最高値の一八%に近い。最富裕層の所得上昇は、二〇〇八年～二〇一〇年の大きな景気後退でいっとき抑制されたが、その後、再開した。あたかも、経済領域で、決定的なことは本当には何ひとつ起こっていなかったかのように――。二〇一〇年からは、より小さな危機を脱出したのちに、高額所得がまた押し上げられたが、世帯所得の中央値は低下し続けた。

イデオロギーの変化、政治的危機、そして物質的不平等の拡大

普遍的な中等教育とニューディールの精神を受け継ぐ平等主義のアメリカと、高等教育によって階層化され、新自由主義に宗旨変えした、不平等主義に転じた新しいアメリカの間の争いをよく理解するために、まずは、政治とイデオロギーがどのような諸段階を辿ったか、大まかにでも要約しておかなければならない。

一九六〇年代の終わり頃、そして一九七〇年代の初め頃は、相変わらずルーズベルト的アメリカが攻勢に出ていた。一九六九年～一九七四年の時期、大統領は共和党のリチャード・ニクソンであったけれども、戦後期のバランスに大きな変動は生じなかった。イデオロギー的ヘゲモニーは依然として平等と国家の側にあったのだ。一九六九年から一九七二年にかけて、米国の財界は守勢に立つことをでも余儀なくされた。労働者への保障と、消費者や環境の保護に関して、連邦政府による新たな規制に脅かされていたのだ。しかし、そうこうするうち、上層階級がついに反発し始めた。一九七一年、最高裁判事になろうとしていた保守派のルイス・パウエル〔米国の法律家、一九七二年から一九八七年までアメリカ連邦最高裁判所判事を務めた〕が、「米国の経済システム」を描写して、《全面的な攻撃の犠牲になっている》と述べた。「……実業界はこの事態から教訓を得なければいけない。（……）政治的な力が必要だ。政治的な力を、日々営々として育てておくべきだ。そして、必要とあればその力を、断乎たる決意をもって攻撃的に活用すべし。

その際、米国の経営者集団に特徴的な遠慮や消極性に用はない》。

一九七二年、三つの経営者団体が合併し、主要大企業の代表取締役社長に限ってメンバーに迎え入れるビジネス・ラウンドテーブル（ＢＲＴ）が創設された。その後の五年間で、主要大企業二〇〇社のうちの一一三社がそこに参加した。中小企業は、国家の規制に対していっそう激しく反抗的で、大企業に勝るとも劣らぬ活力で組織化を進めた。一九七〇年から一九七九年までに、全米独立企業連盟（ＮＦＩＢ）への加盟企業は倍増した[19]。再活性化したこれらの経営者団体の政治的成功が明確化するのに、ロナルド・レーガンの大統領就任を俟つ必要はなかった。カーター大統領の時代にすでに、それは鮮明になっていた。たとえば、一九七八年、民主党優位の連邦議会が、資産運用益への課徴の上限を四八％から二八％に下げる法案を可決したのだった[20]。

では次に、シークエンスの全体を、教育や政治の観点に経済の観点も加味してざっと通覧してみよう。ほかでもない高等教育の進展が米国社会の文化的同質性を壊したのである。その社会は、一九六〇年代中頃にはすでに、階層化されていると見做せる状態、経済的不平等の顕在化に向けて熟した状態に移行していた。つまり、この時期以降の米国は、一方にはハイスクール出のアメリカ人たちがいて、他方にはカレッジまで行った、あるいはカレッジを卒業したアメリカ人たちがいる、という構図になっている。大学そのものも強く差別化されていて、深淵ともいえるほどの格付けの差が、エリート大学に進学した学生たちと、州立大学に通う「その他大勢」とを隔てている。それでも、一九七〇年代の初めまでは、その前の時代の平等主義的な経済的ダイナミズムが、いわば惰性の力で存続していた。当時の米国は、教育上の不平等がどれほどまで自らの社会的現実となっているかをまだ知らなかったのだ。とはいえ、ハーンスタインやジェンクスのように知能指数を振り回すイデオローグらは、ハーバード大学という知的エスタブリッシュメントの本丸に立て籠もって、一九七一年～一九七二年頃、不平等主義の新たな信念に理論的体裁を与え始めた。同じ一九七二年、財界が、自らの生存を賭けた闘いだというほどの意気込みで、左翼と労働組合との対決に入る。すると、支配的な経済的イデオロギーがたちまち大きく変化した。但しそれは、かなり逆説的プロセスを経てのことであった。なにしろ、自由市場の利点を褒めそやし、国家の不介入を正当化するために、当時まで誰ひとり関心の対象としていなかったものを知的引き出しの奥から引っ張り出さなければならなかったのだから。ミルトン・フリードマンが『資本主義と自由』[21]を最初に世に問うたのは一九六二年だったが、その頃はほとんど反響が得られなかったという。その本が一九八二年に非常に遅ればせながら初めて再版された折、フリードマン自身が、一九六〇年代初めの同書の刊行は不成功だったことを強調した。彼は同じテクストの中に、一九八〇年に出した『選択の自由』[22]のほうは刊行直後から広範な成功に恵まれたとも書いている。フリードマン自身の言によれば、『資本主義と自由』と「同じ基本理念」を提示する書であるにもかかわらず……。

一九七〇年代の初めに、不平等主義的な文化的下部構造を背景とし、学歴の異なる階層の間の新たな対立を暴露することになったベトナム戦争の終わりという文脈の中で始められた政治的・イデオロギー的な闘いが、一九八〇年頃、ニューディール政策的な平等主義の価値の崩壊と新保守主義革命に行き着いた。新保守主義革命は、自由主義的で不平等主義的なものであったが、レーガンの大統領当選にも先立って起こったといえる。なにしろ、すでに見たとおり、成功の最初の果実は実はカーター政権下で得られたのであったから。いずれにせよ、新保守主義革命は規制緩和と減税をあれほどまでに好んだので、ミルトン・フリードマンの晩年をおそらくは幸せな日々にしただろう。そして、新たな形をとったその階級闘争の大勝利者は、結局、高学歴の中産階級ではなく、T・ピケティとE・サエズが研究のターゲットにした超富裕層（top incomes）、すなわち最上層の一％だったといえよう。こうして、国家による調整で実現される平等という理想を信じることを全体としてやめてしまった社会の中で、超高額所得者たちの金権支配が花開いたのである。

自由貿易と不平等への「摂理のような」前進

われわれは、一九八〇年から二〇一五年まで続いた不平等への前進の抵抗し難い性格を確認しなくてはならない。ちょうど、アレクシ・ド・トクヴィルが、彼の時代に、平等の擡頭を「摂理」として受け容れなくてはならなかったように。新保守主義革命は、ドナルド・トランプ登場に到るまでの間ずっと、「民主制」を伝統とし、複数の強力な政党が選挙で得票を競うような国で、その革命が引き起こさずにはいない経済的・社会的矛盾に冷淡だったように見える。反平等主義的運動の持つこの津波的性格こそがまさに、社会の趨勢を決める上で教育とイデオロギーが有する優越性と、経済的推移の派生物的性格を確信させてくれる。ひとつの見えざる手が、すべての経済政策を凶暴なまでに不平等主義的な選択へと導いたように思われる。完全自由貿易をおこなえば、アメリカ人労働者が彼らの二〇分の一、三〇分の一の給料で働く第三世界の労働者たちとの競争に晒されると分かりきっているのだから、それを選択しようと考え、実際に選択するのは、もはや平等を信じようとしない社会においてしか可能でなかったはずだ。

自由貿易は企業の利潤率をアップし、不平等を拡大する。こんなことは、何十年も前から、米国人学生向けに作成された国際経済の教科書に明記されている。そんな教科書の普及に努めた者たちが、自由貿易が労働者階級の生活を揺るがし、黒人コミュニティを荒廃させることを承知していたことはいうまでもない。とりわけ、賃金が押し下げられること――これこそ自由貿易が先進国にもたらす最初の効果である

――、これは何人にも予測できたはずだ。こんな簡単なメカニズムを理解するには、高度な知識を身につける必要などまったくない。ところが、なるほど完全自由貿易の利点を一般に先駆けて称賛・吹聴したのはエリートたちだったけれども、それを幸先のよいこととして歓迎したのは米国の有権者集団全体だったのである。だからこそ、一九八四年の大統領選挙で、明確に保護主義的な政策を掲げ、労働組合の支持を受けて立候補した民主党のウォルター・モンデール〔米国の政治家、カーター大統領正期（一九七七年～八一年）中の副大統領。一九二八～二〇二一〕が、ロナルド・レーガンに圧倒的な票差で歴史的大敗を喫したのだった。

企業の代表取締役や役員の給与が、経営上のあらゆる必要性を超え、あらゆる倫理原則を超えて飛躍的に上昇したのも、不平等主義的なイデオロギー環境のせいであって、経済的合理性に属するどんな理由にも拠っていなかった。そうした社会的錯乱にも正統な根拠があるなどといって、金目当ての経済学者たちが無意味に難解な、わけの分からぬモデルを持ち出しても、彼らの迷論をいちいち解体しようとするのは時間の無駄である。不平等が時代精神だったのであり、時代精神にマッチすることなら何でも許されたのだ。だから、大企業の操縦を任された代表取締役たちは金庫を開けて、中身を取り出し始めた。マルクス・レーニン主義の「各人にはその必要に応じて」〔「各人からはその能力に応じて、各人にはその必要に応じて」は、マルクスの『ゴータ綱領批判』（一八七五年）から広まったスローガン〕を金持ちのために転用して、奇妙なパロディを演じるかのように。二〇一三年に、米国の最も規模の大きい企業五〇〇社の代表取締役の「平均的な」所得は、平均的労働者のそれの二〇四倍となっていた。一九五〇年には、それは二〇倍であったのに――。

しかし、分析のこの段階において、われわれは本当にすべてを説明したと確信できるだろうか。教育領域の階層化が不平等主義的な下意識を生み出すという仮説で充分だろうか。然《しか》り、先進国一般に適用できるメカニズムとしては、確かに充分だ。スウェーデンにおいてもフランスにおいても、またドイツや日本においても、教育領域の新たな階層化が経済的不平等を拡大することに確かにつながった。ただし、その時期が米国よりも遅く、度合いも米国におけるほどには大きくなかった。イギリスでの不平等の拡大は、大陸ヨーロッパの国々におけるそれに比べると度合いが大きかったが、それでも、米国ほどのレベルには達しなかった。

アメリカにおける平等の価値の崩壊はあまりにも突然で、あまりにも激しく、あまりにも大規模だったので、それを完全に説明するには、もっと奥まで、人類学的システムの最奥部まで入って行ってみなければならない。

現代の政治経済学が「市場」、「利潤」、「給与」、「課税」、「消費者の自由」といった抽象的で普遍的な用語を用いて形式化する議論から遠く離れて、このあとわれわれは、ひとつの不条理な決定要因、すなわち「人種」を発見することになる。なにしろ、白人と黒人をカテゴライズする米国社会の編成がウルトラリベラリズム的な政治の受容と開花において決定的な役割を果たしたことは、容易に証明できる。結局、ホモ・エコノミクスに想定される「合理性」の下に隠れていても、人間は「われわれ」と「彼ら」の弁証法からは自由になれないのである。

第13章　「黒人／白人」の危機

トクヴィル著『アメリカのデモクラシー』を読んだことのある人はもちろん、読んだことのない人でも、アメリカを西洋民主制の筆頭国と目する人ならば皆こぞって、ほかでもないアメリカが、一九八〇年から二〇一五年にかけて、経済的不平等の飛躍的拡大をじつに易々と受け容れてしまったという事実に呆然とし、ある種の驚きを禁じ得ないだろう。実際アメリカでは、新自由主義革命が、どんな大きな政治的事件に見舞われることもなしに、正常に機能するさまざまな代表制度の枠の中で展開したのだった。すでに見たとおり、教育領域における新たな階層化が大きな要因となって人びとの平等主義的下意識が溶解し、不平等主義的下意識が形成されたという事情は、米国とその他の先進諸国に共通だ。ところが、アメリカの変容は飛び抜けてスムーズで、ヨーロッパの大陸諸国や日本と比べて、さらには、人類学的な基底において米国にあれほど近い英国と比べても、格段にスピーディだった。なぜ、そうだったのか。

自由主義的だが、非平等主義的でもある絶対核家族は、英語圏のすべての国民に共通している。この家族システムは、個人主義と、世代間の断絶を助長する。フランスの平等主義核家族や、ロシアもしくは中国の共同体家族と違って、先験的な平等の理想には取り憑かれていない。したがって、経済的不平等の一定の拡大がアメリカを動転させなかったことは理解できる。しかし絶対核家族は、ドイツや日本の直系家族とも異なり、直系家族システムのように人びとをもともと不平等な存在と見做すわけではない。その上、アメリカは独立戦争を経て、イギリスの貴族階級に見られる長子相続制の影響から自由になったという事実もある。米国には、英国の貴族階級や富裕農民層に典型的な、子供の間の不平等という規則の痕跡がいっさい存在しないのだ。米国の人類学的基底が予想させたはずのこと、それは、米国における不平等の拡大がフランスにおけるよりは急速だ――この仮説は実証された――が、イギリスにおけるよりは緩慢に現実化するだろうということである。ところが、イギリスとの比較では、実際には予想と反対のことが起こ

表13-1 西洋における上位1％の最富裕層が国民所得に占める割合（1900年〜2000年）

	1900	1939	1950	1980	2000
フランス	19	13.3	9	7.6	7.6
英国	19.3	17	11.5	5.9	12.7
米国	18	15.4	11.4	8.2	16.9
ドイツ	18.6	16.3	11.6	10.8	11.1
日本	16.3	18	7.7	7.2	8.2
スウェーデン	27	10.3	7.6	4	6

出典：Anthony Atkinson et Thomas Piketty. *Top Incomes Over the 20th Century*. 前掲書.

った。それを示しているのが、次に掲げる表とグラフだ。この資料はいずれもトマ・ピケティの研究に負っている。国民所得のうち、上層部の一％に吸収される部分の増大が、フランスではなかなか現実とならなかったことが分かる。フランスでそれが本当に起こったのは二〇〇〇年代に入ってからだったのだ。その増大は、イギリスではより早く、より激しかったが、米国では、そのイギリスのレベルを超えて飛躍的だった。米国の民主主義的伝統は何はともあれイギリスのそれよりも古く、また、人が一般に信じるところでは、より堅固であるはずなのに①――。

　米国における不平等化拡大の規模がこれほど大きかったという事実をこそ、われわれは説明しなければならない。そのためには、アメリカの民主制の基底そのものを、すなわち、最初にインディアンと特に黒人を劣等に位置づけることで白人の間の平等が確立されたという事情を、改めて踏まえることが不可欠だ。政治生活への黒人の参加・統合が、白人の平等感覚を不安定化することに貢献したのである。教育領域における新たな階層化と、人種差別撤廃のための闘争との組み合わせによって、アメリカにおける平等

グラフ 13-1　米国、英国、フランスにおける上位 1% の最富裕層の取り分（1913 年〜2003 年）

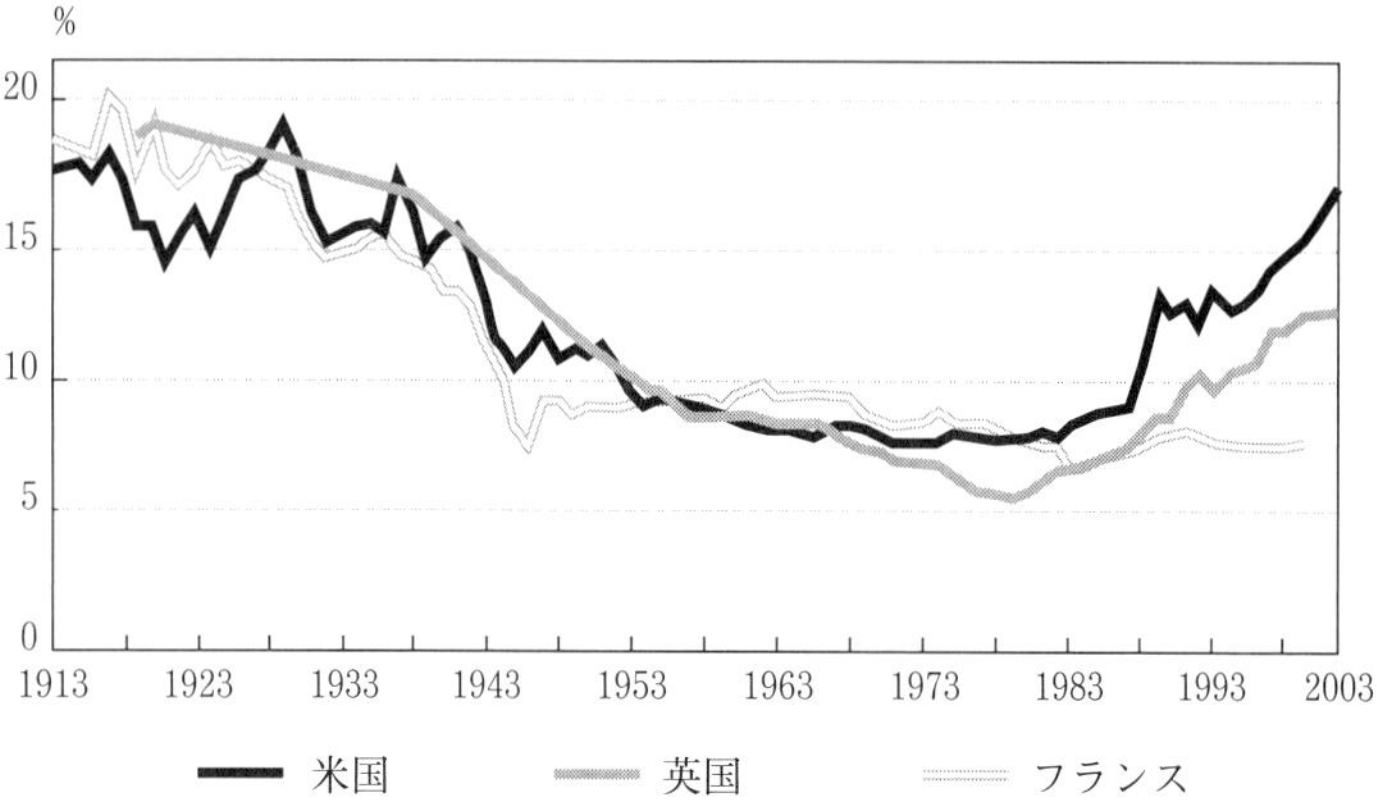

出典：Thomas Piketty, « Top Incomes Over the 20th Century. A Summary of Main Findings », in Anthony Atkinson et Thomas Piketty, *Top Incomes Over the 20th Century*, 前掲書, p. 12 のグラフ.

の崩壊がすこぶるクリアーに説明される。

人種差別撤廃

一九五〇年代中頃までに、米国市民の八〇%が中等教育を享受するようになっていた。普及した中等教育こそ、全世界の主役として自らの将来を楽観する力強いネイション（国民集団）の精神的インフラストラクチャーであった。当時から米国は、共産主義の支配圏に対峙していた。共産圏は、段階的に、（それとは知らずに）かつて外婚制共同体家族によって占められていた地理空間を覆い尽くし、東欧から中国まで、ユーラシア大陸の中心部を支配していた。平等主義的な共産主義イデオロギーとの競争が、米国における平等の問題を深刻なものにしていた。ナチズムに勝利した直後、世界的な東西対立の文脈において、米国では黒人たちが劣等の地位に置かれているという事実が、ソビエト連邦を利する強力な論拠となっていた。

そこで米国は、自らの民主主義システムの内部にマイノリティである黒人を包含しようと試みた。この時期にこそ、歴史的展開を解明するカギを看て取ることができる。なにしろ、その時まで常に、アメリカの民主主義意識は白人同士の間での平等主義として確定されていて、その平等主義は、インディアンまたは黒人を劣等的地位に置くことなしには考えられないものだったのだから。

とはいえ、自発的なダイナミズムもまた一九五〇年代中頃には起こり、米国の黒人コミュニティは公民権を要求し始めていた。この時期、学校教育上の差別にもかかわらず、被支配集団もより良い教育にアクセスするようになっていた。マジョリティである白人との格差はまだまだ大きかったけれども——。第12章の**表12-1**が示すように、一九〇〇年頃、米国の黒人の識字率は、イタリア人の識字率とおよそ同等で、スペイン人、ハンガリー人、ポーランド人、ロシア人のそれを明確に上回っていた。一九〇〇年前後に生まれた米国人について、就学年数の平均値を見ると、白人の場合は八・五年に近く、黒人は五年でしかなかった。それから三〇年後、一九三〇年前後に生まれた米国人の場合、白人の平均就学年数は一一・五年であるのに対し、黒人は九年であった(2)。このように教育の民主化がかなり進んだ段階で、黒人解放運動が始動したのだった。

一九五五年、南部中の南部ともいえるアラバマ州第二の都市モンゴメリーで、黒人女性ローザ・パークス〔四二歳のとき、公共交通機関のバスの中で白人がいなければ黒人も利用できる「中間席」に坐っていて、乗車してきた白人のために席を譲れと命じる運転手に従わなかったかどで警察に逮捕された。その後キング牧師の公民権運動に参加した。一九一三〜二〇〇五〕の行動によって、人種隔離差別をおこなっていたバス路線に対するボイコット運動の口火が切られた。黒人コミュニティ自体がこの闘争を先導したのであり、このコミュニティは、自分たちの間の教育普及のレベルに照らしても理不尽なものとなっていた人種隔離差別を被り続けるのを、もはや潔しとはしなかったのだ。しかし、それにも劣らず注目すべきことに、当時、国の将来を楽観し、反共産主義の闘いに踏み込んでいたアメリカでは、白人層も、南部中の南部のような地域を別とすれば全般に、黒人への公民権賦与の要求を自らの目標、自らの地平線とした。

政治人類学の観点から見ると、米国の民主制は当時、その人種主義的母体から脱出しようと試みたといえる。われわれは、そのような試みを動機づけるヒロイックな使命感を感じ取らなければならない。米国の歴史的文脈から見て、正真正銘、天空へ向かって跳躍するような試みだったことを理解しなければならない。

一九六四年から一九六五年にかけて制定された公民権法と投票権法が、アメリカというネイションの大きな方向転換を画した。黒人の包摂が優先事項となったのだ。米国はこのとき、エスニックな民主制に、すなわち、ひとつの支配的な集団を基盤として特定の賤民集団を排除するシステムから脱却しようと決意していたのである。大胆な統合政策を発動し、「強制バス通学」（白人・黒人の生徒比率を平均化して振り分け、バス通学させる措置）によって学校における人種差別撤廃を実現しようとした。「アファーマティブ・アクション」（積極的差別是正措置）によって、教育においても雇用においても蓄積していた黒人コミュニティの立ち遅れを埋め合わせるべく、大学に、また公共部門を中心とする経済領域に、黒人専用の席を用意した。この政策は、無視できないレベルの効果を上げた。二〇〇〇年前後には、二五歳以上の黒人の一六・六％がBAディグリーを取得していて、それを持っていない七一・九％の白人（ヒスパニック以外）よりも学歴が高いという状況が生まれた(3)。黒人の警官や消防士たちは、今やアメリカ生活情景の一部分を成している。

白人民主制の動揺

とはいえ、社会的・政治的システムへの黒人の統合は、白人集団内部の平等主義を脆《もろ》くした。ひとつの苛酷な三段論法的メカニズムのせいである。白人たちが黒人の劣等性を前提し、その上で自分たちは互いに平等な存在だと認め合っていたとすれば、白人たちと黒人たちの平等性の出現は、白人のあいだの平等をその原理において破壊せずにはいない。このような三段論法は、家族に関する無意識が平等主義的である社会、すなわち、兄弟は平等だ、だからすべての人間は平等だ、と考える傾向を与えられている社会では機能しなかったであろう。しかし、兄弟はそれぞれ異なる、だから人間もそれぞれ異なる、という見方をア・プリオリにする社会においては、「黒人／白人」という対立の消失が行き着く先は、人間一般の非平等性という感覚の再浮上でしかあり得ない。

したがってアメリカでは、一九六五年以来、黒人解放が平等主義文化解体の要因の一つとなり、その効果が、教育領域の新たな階層化で上層の白人と下層の白人に分断された白人集団の内発的崩壊に重なったのだった。もともとの人種感覚と教育領域の新たな階層化を組み合わせるこうしたアプローチが開く考察の地平は広大なので、本書が試みている素描の枠内でその全域をカバーすることはできない。ただ、ここで、あるひとつのパラドクスにだけは言及しておかねばならない。米国の政治的ダイナミズムにおける意識と下意識の間の矛盾を明るみに出すパラドクスである。

意識の次元のイデオロギーに注目すると、一九六〇年代のちょうど中期に白人たちが抱いた黒人解放への意志は実に鮮明で、称讃に値すると感じられるし、その意志は、アメリカのデモクラシーの創設原理の拡張でもあって、当初の人種的決定論からついに脱出しようとする平等主義的ダイナミズムの効果にほかならない、というように思える。しかしながら、次のように考えてみることはできないだろうか。実情はむしろ、高等教育の普及によって平等感覚がぐらついてしまった白人の世界で、黒人の劣等性という観念がもはやその機能を果たさなくなった、と。もしそうだったとすれば、高等教育を受けた白人層が被支配集団たる黒人の解放を望んだ背景に、その層がすでに白人の平等を信じなくなり、それゆえ黒人の存在を特に問題視しなくなっていたという事情が潜んでいたわけだ……。

すると、論理がひっくり返るだろう。すなわち、事実に即した三段論法は、黒人たちが白人たちと平等になると、白人の間の平等性がその意味を失う、ではない。そうではなくて、白人同士の関係が不平等になると、黒人の劣等性がその意味を失う、なのだ。

私はここで確かに、冷酷な問題を提起している。しかも、米国における人種感覚の根強い存続についてこのあと提示する分析も、その内容はこれに劣らず冷酷だ。しかし、読者にはくれぐれもよく理解していただきたいのだが、私の意図は何らかの反米主義を嗾《けしか》けようとするものではまったくない。私見によれば、この問題は格別に重要なのだ。なぜなら、アメリカがひとつの具体的普遍を表象しているからである。ホモ・アメリカヌスこそ、先進世界において原初のホモ・サピエンスに最も近い類型だからである。そもそも、米国人の大半はもはやイギリス出身ではない。出身文化の価値観がどのようなものであるかに関係なく、移民の子供たちや孫たちがまったく易々と米国流の人種二分法を採用し、内面化するありさまを見れば、その二分法が何ら例外的でなく、人類一般の性質と充分相容れるものであることが分かる。

初等および中等教育修了者における人種感情の存続

こうした冷徹なアプローチを採ることで、われわれは、一九六五年から二〇一五年にかけて米国黒人の運命を特徴づけた進歩と退行のとてつもない混在を、たとえ理解するとまではいえなくとも、あえて直視することはできる。その期間、白人層の大部分には人種感情が存続していた。世論調査の結果がそれと反対のことを示していても、考慮に値しない。なぜなら、人種問題の核心に存する婚姻の分析がそんな調査結果を覆すからだ。なにしろ、混合結婚の比率が高ければ、人種はその濃度が低くなり、ついには消失するのである。昨今の世論調査だけを見れば、人は楽観的になるだろう。異人種間結婚について、ついには米国人の四三％がそれを良いものと見做し、四四％がそれを同人種間結婚とまったく同等に受け容れると言い、それを悪いものだと思う旨を回答したのは、僅かに一一％だった。混合結婚に敵対的な回答は、一八歳〜二九歳の年齢層では五％、南部でも一三％にとどまった[4]。しかし、社会生活の現実は、このような解放主義的なオピニオンをまったくもって反映していない。たとえ、統計分析が結婚（嫁交換）における隔離差別の現実に合致するにはいくつかの障壁を突破しなければならないのだとしても、この食い違いは看過できない。

最近結婚した人口のうちの混合結婚率を見ると、アジア系とヒスパニック系ではおよそ二五％であるのに対し、黒人においては一七％にとどまっている[5]。いずれにせよ、米国黒人の混合結婚状況に典型的なのは、女性が除外されていることだ。最近結婚した黒人男性の二四％は、自分と同じ人種カテゴリーには属さない相手と結婚したが、その率が黒人女性では九％でしかない。引き続き、見かけではなく、実態に注目しよう。これらの数値を提供してくれているウェンディ・ワン〔米国の家族社会学者、Institute for Family Studies 所属〕がいみじくも強調するように、混合結婚の相対的進展が見られたのは、結婚自体の激減という文脈の中でであって、その激減が特に顕著なのが米国の黒人層においてなのだ。なにしろ二〇一〇年頃、米国黒人のうち、既婚者は人口の三一％でしかなかった。さらに論拠を挙げよう。二〇〇八年に、未婚の母の誕生の割合が黒人女性では七一・八％に達していたが、これが白人に分類される女性のうちでは四〇・六％、ヒスパニックと見做される女性のうちでは五二・六％であった。この現実を踏まえると、米国黒人における混合婚率の上昇が持つ意味は、男性に関してはごく小さく、女性に関してはほとんど皆無だと言わなければならない。米国社会の中で異質として特別視される人種カテゴリー――黒人女性――においては、未婚であり母親であるというタイプが断トツに多く、事実上このカテゴリーを代表している。

とはいえ、注目すべきことに、高等教育を受けた階層においては混合婚率が少しではあるがリアルに上昇しており、この階層では、黒人女性と白人男性の結婚が、白人同士の同質的結婚も含めた全体の平均をも上回る安定度を示している(6)。高等教育を受けた人びとは、もしかすると実際に、人種主義的な社会生活観の決定力を免れつつあるのかもしれない。

福祉国家に逆らう人種感情――共和党

それでも一般には、社会が建前とする普遍主義にもかかわらず、特に初等・中等教育修了レベルの白人たちの間で、人種感覚が根強く存続した。人種感覚はその上、主に高等教育享受層に属するある種の政治家たちによって臆面なく道具化され、ニューディール政策と第二次世界大戦から受け継がれた平等主義的な社会経済システムの崩壊を加速するために利用された。一九六〇年前後までは白人集団を平等化する原動力として働いた人種感覚が、一九八〇年からは、白人の間の経済的平等を破壊するための梃子になった。

一九九一年に、トーマス・エドサル〔米国のジャーナリスト、一九四一年生まれ〕とメアリー・エドサル〔米国の政治研究者。国際政治学者カール・ドイッチュの娘で、トーマスの妻〕がこの歴史展開を描いた本『連鎖反応――人種、権利、租税がアメリカの政治に与える影響』(7)を上梓した。実は一九九〇年代の初めから、人種差別撤廃の闘争がある種の倒錯によってアメリカ版福祉国家を大きく揺るがすことになった経緯を分析した本が滝のごとくに刊行されたのだが、そのうちで最も重要なのがエドサル夫妻の著作だ。庶民地区で黒人の子供と白人の子供を混ぜ合わせようと試みた「強制バス通学」が、そして次には、大学の入学許可に、また警察、消防隊をはじめ、あらゆる種類の行政部門の人員採用に黒人枠の割り当てを押しつけたアファーマティブ・アクションが、自由貿易によって引き起こされた米国産業の崩壊という文脈の中で、直接の影響を被る階層の白人集団の敵意をかき立てるという結果を生んだ。実際、黒人解放の闘争は、結果的には、遠からず中産階級の一部分になってそこに定着できそうだと感じていた白人労働者たちの再度の無産階級化現象と、歴史的に一体化したのだった。

かくして白人の庶民は、事情さえ許せば、都市の中心部から離脱して存在するようになり、郊外へと逃げ去った。子供たちを公立学校に通わせなくなった。アファーマティブ・アクションによる黒人の消防隊員や警官の募集・採用が、アイルランド系やイタリア系のコミュニティの内に、はっきり表には出されない怒りを呼び起こした。かつてそれらの雇用は、いわば彼らの「縄張り」であったからだ。税金は、ひたすら黒人を厚遇しようとする公共セクターの財源にされているように見えた。ところが一般に、代表民主制のシステムの中で人びとが徴税に同意するためには次のことが必要なのだ。すなわち、何らかの集団意識の示唆の下、各納税者が国家の支出について、それは必ずしも自分個人のためにはならないかもしれないが、少なくとも自分が連帯感を抱いている誰かのためにはなると感じることである。白人集団が黒人集団のことを自分たちと相互に連帯する関係にあると感じておらず、自分たちの外の集団だと感じていることを認める限りにおいて、一九七八年にカリフォルニア州で起きた「納税者の反乱」事件に代表されるような、アメリカ流の租税拒否の激しさも理解できる。第一、トーマス&メアリー・エドサルも、白人たちが、直接自分たちに恩恵をもたらす地方税の課税には一貫して肯定的であることに注目している(8)。いずれにせよ、白人と黒人の混合結婚率の上昇がきわめて僅かだということと同じくらいに、依然としてなくならない居住空間の隔離と同じくらいに、また、黒人の通う教会の人種的同質性と同じくらいに、連邦税に対する激しい反発は米国における人種感情の存続を暴露している。その感情の稀薄化を告げている世論調査の結果にも、また、バラク・オバマが大統領選で勝ってアメリカ合衆国始まって以来初の黒人大統領になったという事実にもかかわらず、である。

人種差別撤廃措置への拒否感は、「強制バス通学」やアファーマティブ・アクションのような個別の措置だけに集中したものではない。課税主体としての連邦国家への全般的な敵愾心《てきがい》として表面化した。そして、五〇の州の諸権利の尊重を求める闘いを促し、共和党は、見事にコード化された言説を構成する最初の要素を手に入れたのだった。その論法がニクソンの下で試され、一九八〇年のレーガン登場とともに成熟した。すなわち、連邦国家はとりもなおさず黒人の味方であり、非民主的である、なぜなら最高裁判所を頂点とする司法を後ろ盾にしているのだから、というものであった。当時の司法機関は、高学歴白人層のリベラルなイデオロギーに支配されていたのだ。このようにコード化されたレトリックを「犬笛」として身につけ、共和党は、かつてはリンカーンの党、奴隷制廃止の党であったのに、南部の白人有権者たちを民主党から奪い、次には、北部の元アイルランド系、あるいは元イタリア系の労働者層を本格的に地盤化していった。こうして共和党は、幾人かの黒人の有力政治家との連携という演出効果を超えて、すっかり白人の党となった。一方、黒人の投票行動は、とてつもないレベルの共同体主義的色彩を帯びた。時と地域の状況によってはコミュニティの八五%、または九五%もの票が民主党に投じられるようになったのである。

人種差別撤廃を進める中央の国家が憎まれる状況下、共和党に可能になったことの第一は、「福祉政策」（Welfare）の正統性への異議申し立て、換言すれば、マイノリティに過剰な恩恵をもたらすものとしての税金への異議申し立てであった。以上に概観したような人種、教育、経済の文脈が当時あったからこそ、その中で新保守主義が開花したのであり、レーガンが、ニューディール政策の伝統を受け継ぐ国家に挑戦できたのである。現実は、経済的要因を決定的なものと見るタイプの説明から遠く離れた所にあったといえよう。

民主党の適応——ジャズと刑務所

失速した民主党の指導層は、トーマス＆メアリー・エドサルのベストセラー本を読んだ。そしてビル・クリントンは、一九九二年の当選を目指し、彼自身のコード化された言説を編み出した。黒人有権者層の支持をつなぎ止めるための反レイシズム的常套句と、黒人問題を誇張する表現を巧妙に組み合わせた言説だった。ミシェル・アレグザンダーは『新たな黒人隔離』の中で、クリントンがいかによく事の核心を理解し、一九九二年の大統領選で反黒人感情を共和党に独占させまいとしたかを語っている。ニューハンプシャー州での決定的な予備選の前日、クリントンは出身地アーカンソー州へ飛んで、一人の黒人の死刑執行に立ち会ったそうだ。その黒人は重度の精神薄弱で、自分が死刑執行される当日に、デザートを翌朝のために取りのけておいてくれと周りに頼むほどだったという(9)。その上、クリントンは黒人を、レーガンと比べても遜色ないほどの容赦のなさで拘禁していく政策を採った。それが、黒人のジャズ・ミュージシャンと共に舞台に上がってサキソフォンを吹く姿を好んでアピールしたあの民主党系大統領の実態だった。アレグザンダーによれば、クリントンは、歴代大統領のうちでも、任期中に黒人の若者の投獄の数を最大幅で増加させた大統領であった。[10]

他方、まさに人種感情の存続のおかげで、共和党は白人の労働者たちを操作し、彼らが自らの階級的利益に反する投票行動を繰り返すように導いた。この時期、共和党は一貫して宗教的価値を掲げたのだが、それでいて、政権に就くたびに、大幅に、かつ繰り返して富裕層に課す税を軽減し、すでに「黒人向け」と一般に思われていた社会的優遇措置を縮小した。特にレーガンが狙い撃ちにしたのは、いわゆる「社会福祉の女王たち」（Welfare queens）、すなわち、国家から生活保護費や福祉給付金などを不当に騙し取って暮らしていると見做された黒人の未婚のシングルマザーたちであった。

ここで私は、なにゆえに米国の労働者層は自分たちの利益に反する投票行動をとり得るのかという疑問の見事な解明として評判の高い著作について、その主要な弱点を強調しなければならない。『カンザスの何が問題なのか』（*What's the Matter with Kansas?*）（イギリス版では『アメリカの何が問題なのか』（*What's the Matter with America?*）に改題された）において、著者のトーマス・フランク〔米国の政治評論家、一九六五年生まれ〕は、新自由主義を受け容れて減税のために闘うという罠に落ちた白人有権者たちに人種主義的な動機はなかったと主張している。[11] この見解は、いちばん大事な点を見落としている。すなわち、米国の政治文化のただ中に、一見、人種差別撤廃の勝利を示す世論調査につながる誇らしい普遍主義的言説と、無意識というよりも言表されないものというべき根強い人種的ステレオタイプとが共存しているという事実である。一九九九年に、マーティン・ギレンス〔米国の政治学者〕が『なぜアメリカ人は福祉を嫌うのか』（Why Americans Hate Welfare）の中で改めて、どのようにしてメディアが、貧困は黒人に限定された現象だという偽りのイメージと、公的扶助の対象は黒人だけだという偽りの考えを流布浸透させたかを示した。二〇〇四年には、アルベルト・アレシナ〔イタリア人経済学者、一九五七〜二〇二〇〕とエドワード・グレイザー〔米国の経済学者、一九六七年生まれ〕が共著『米国とヨーロッパにおける貧困との闘い』において、「福祉に敵対するレイシズム」の問題系に不可欠な比較研究的次元を付け加えた[12]。福祉国家が米国では異議申し立てに押されて後退しているのに対し、ヨーロッパでは抵抗して踏みとどまっているという状況は、この二人の研究者によれば多分に、米国の人種的分断とヨーロッパ各国の社会の相対的同質性に起因している――ただし、この状況がいつまで続くだろうかと、A・アレシナとE・グレイザーは自問している。

人種的反動の病的次元――黒人大量収監

白人の人種的反動の病的次元に言及するのに先立って、われわれはまず、人種差別撤廃への闘いが佳境にあった時期――一九六五年～一九八〇年――に米国社会がどのような文化的危機の雰囲気の中にあったかを思い出しておかなければならない。高等教育の進展の結果、一般に将来を楽観する傾向が強まり、一九六〇年代には、伸び伸びと自由に生きる夢が膨らんだし、擡頭したカウンター・カルチャーの内には、金銭に対する反発、ヒッピー・ムーヴメント、幻覚剤を用いる場合もある音楽的・性的実験なども含まれていた。しかし、かなり早い時期に表れてきたのは、この推移がもたらすのが、精神状況の不安定化、デュルケームがこの言葉に与えていた意味における「アノミー」、つまり、願望や行動が一定の規則によって確定され、枠づけられなくなってしまうあの心理的・社会的状態だった（因みにアメリカの社会学は、「アノミー」という用語で、個人がバラバラに孤立する社会の原子化状態を指す）。このタイプの危機の推移を観察する上で良い指標となるのは、婚外出産率の上昇ではない。なぜなら、のちほど確認するとおり、習俗の安定化は、婚外出産率の高い水準での持続と両立不可能でないからである。これに対して、暴力事件の増加は非常に確かなシグナルだ。奇しくも当時の米国社会では、人びとの私生活上の行動の大変化にともなって、私生活上の暴力が著しく増加した。この方面のデータのうちで、指標としての信頼性に関する議論の余地が最も小さいのは他殺率にほかならない（殴打、傷害、レイプその他の犯罪行動、麻薬の使用に関する法律違反などの頻度は、それらの届け出・申し立ての率にあまりに大きく依存するため、完全に信頼するわけにいかない）。

さて、米国における他殺率は、一九六二年〜一九六三年頃にはすでに、人口一〇万人当たりの死亡者数が四・六人という水準に達していて、それはもちろんヨーロッパの標準値を明確に上回っていたが、その後、その率が統計上のいわば最低ラインを画することとなった。殺人による死亡者数がコンスタントに増加し、一九七四年には人口一〇万人当たり九・八人にまでなり、一九七六年にはいったん八・七人に減ったものの、また増加に転じて一九八〇年には一〇・二人に達した。そしてその後一九九五年まで、この人数は毎年八人を超えるレベルで揺れ動いた。ところが、一九九六年からはこのデータの水準が急速に下降し、一九九九年には六人を下回り、二〇一三年には四・七人というところにまで立ち帰った。この指標に依拠して、われわれは、一九六四年〜一九九五年を移行期的危機の期間と捉えることができる。この期間、米国社会はやや自己喪失的な混乱状態にあったと考えられる。

こうした文脈の中で、社会不安が改めて米国の黒人たちの上に固着した。自由貿易のせいで黒人労働者の雇用が毀損され、それにともなって夫や父親の立場にある者の権威がぐらつくなかで、習俗の自由化が、奴隷制廃止以来続く困難な安定化への途上にあった黒人家族の破壊を完遂した。そのため、暴力現象が突出して現れたのは黒人コミュニティにおいてだった。黒人コミュニティが、アメリカのありとあらゆる苦悩が結晶する場となった。かくして、経済的・社会的発展の相対的停滞という、かつてなかった新しい歴史的状況の中で、黒人たちが再び、アメリカの社会的・精神的編成における否定的な極を成すこととなった。

反「福祉政策」（Welfare）の闘争とともに、犯罪に対する闘いが、共和党のコード化された決まり文句の一つとなり、それが後年、クリントン率いる民主党の言説においても採用された。レーガンがいわゆる「麻薬との戦争」政策を前面に掲げたのは、一九八二年のことだった。そこから始まったひとつの病的な社会的物語《サーガ》が、自由の盟主だったはずの米国を、収監において世界トップの国という立場へと導いた。州刑務所人口の増加の四五％は、麻薬との闘いの結果として説明できる[13]。

一九八五年、レーガンの行政府と共和党が、クラック禍〔クラックはコカインを精製した高純度の麻薬で、一九八四年〜一九九〇年の六年間、その使用率が高かったという〕をめぐる正真正銘のプロパガンダ作戦を用意周到なやり方で実施した。その結果、もとより黒人たちを別カテゴリーと見做していた米国人の集団意識の中で、若い黒人男性はア・プリオリに、つまり本人の実際の行動とは無関係に、身体的脅威の体現者と目されるようになった[14]。注目しておくべきは、麻薬に対する闘いが本格的に開始されたのが、麻薬使用が減少傾向に入り、暴力も下火になり始めていた時期においてだったということだ。レーガンはこうして、どの種類の麻薬でもその主要な消費者は白人たちであったのに、黒人たちを標的にしたのである。そして、警察と司法当局がクラックに狙いを定めたのは、より安価なこの麻薬の消費地が黒人ゲットーであることが多かったからだ。いずれにせよ、黒人の収監は、クラック禍に先立って促進されたのだった。

麻薬との戦争を宣言したのはロナルド・レーガンだったが、それが最高潮に達したときの大統領はビル・クリントンだった。この「戦争」の間にアメリカは、人を唖然とさせるほどの収監率を記録した。白人の米国人はほとんど影響を受けなかった。一九六五年から一九六九年までの間に生まれて、白人に分類

グラフ 13-2　中等教育最終学年の白人生徒と黒人生徒による麻薬使用

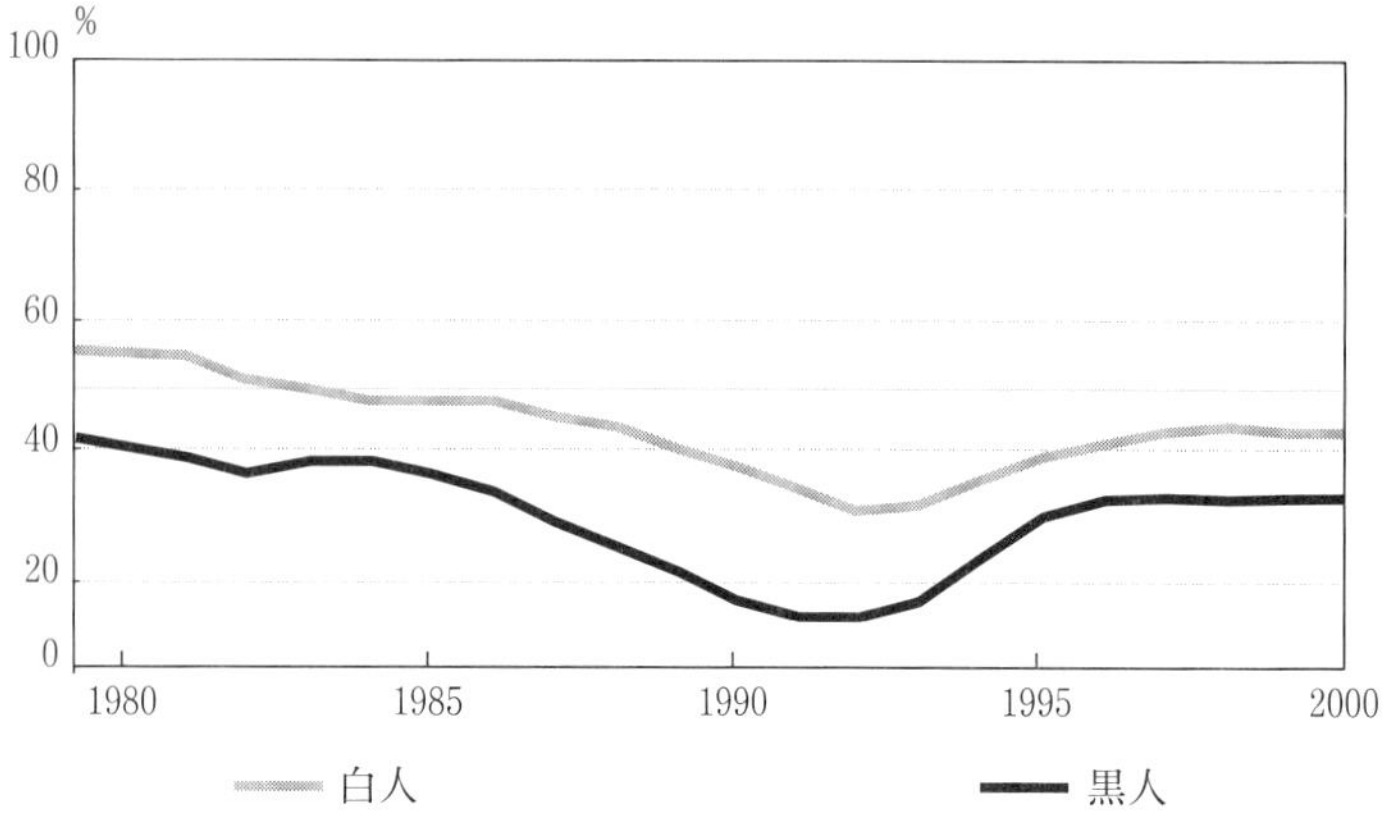

出典：Bruce Western, *Punishment and Inequality in America*, 前掲書, p. 47.

グラフ 13-3　麻薬使用での逮捕率

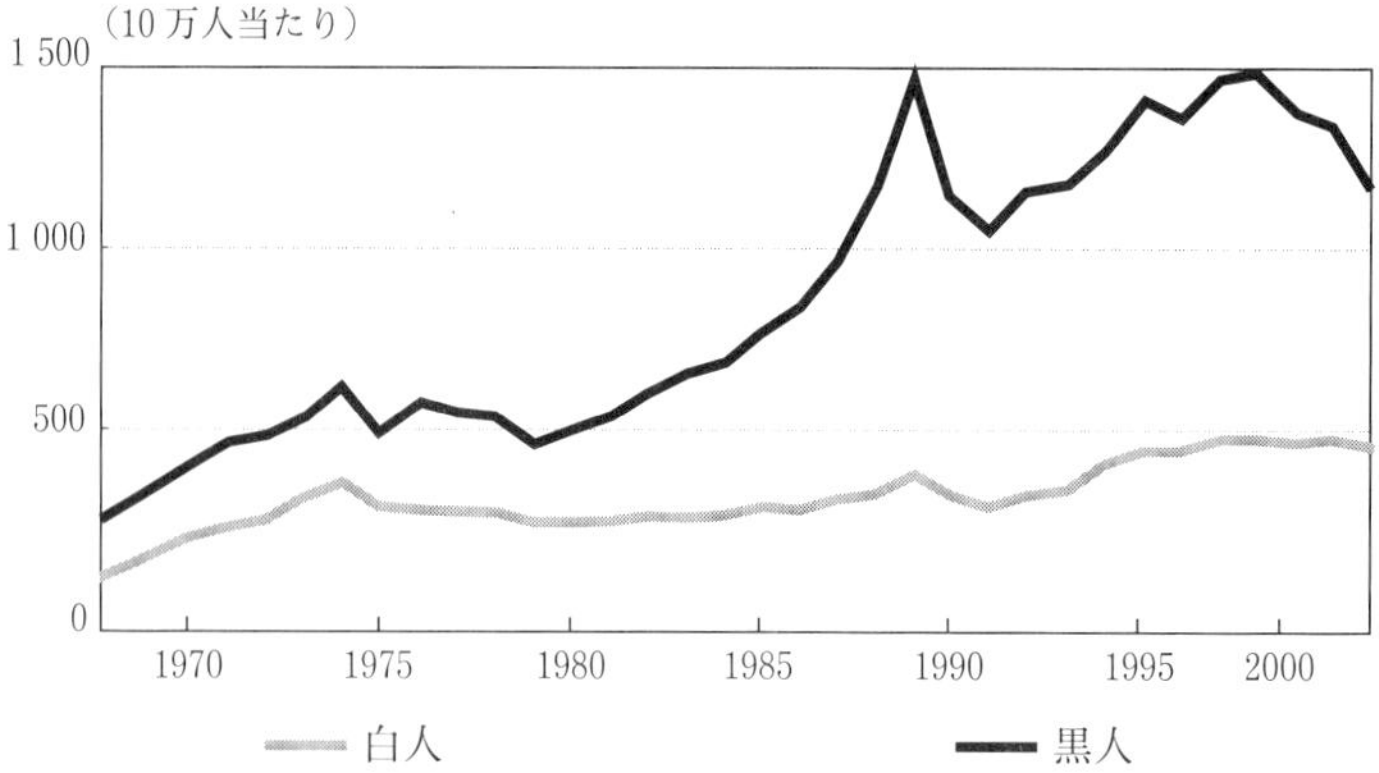

出典：前掲書, p. 46.

グラフ 13-4 米国の他殺率（1960 年〜2002 年）

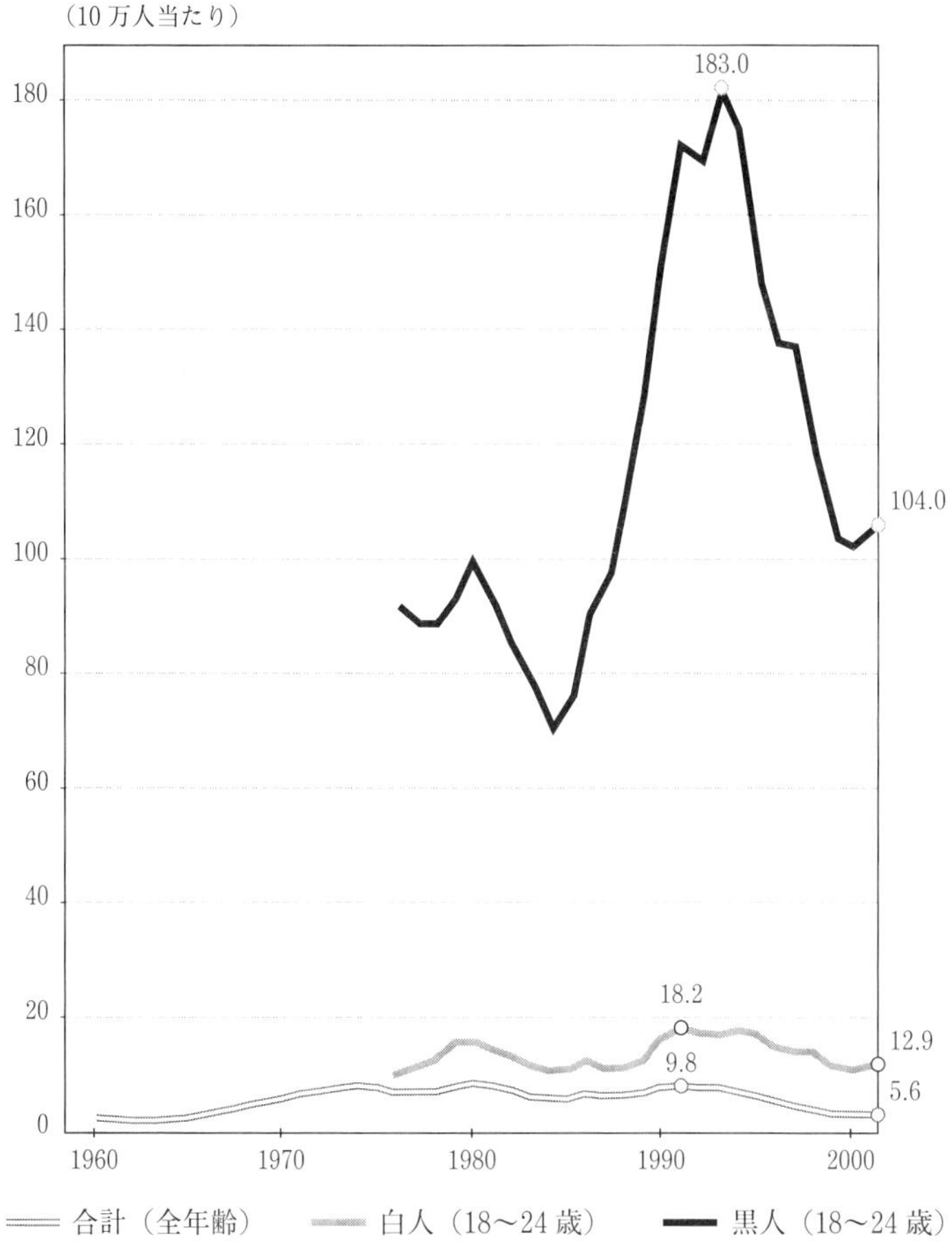

出典：前掲書，p. 170.

されている男子にとっては、刑務所行きを経験するリスクは二・九％でしかなかった。その人物が高等教育の受益者でない場合には、その率は上がって五・三％に達したが、（大学卒であれ、大学中途退学であれ）高等教育を受けた人物であったなら、〇・七％にまで下がるのだった。同世代の黒人の場合、全体として見たときの刑務所行きの可能性は二〇・五％だった。大学に進学しなかった黒人ならそのリスクが三〇・二％にまで上がるが、大学入学または卒業の学歴がある場合には四・九％に下がるのであった[15]。

他国の場合にまして特に米国では、一度収監されると、その経歴が一生ついて回る社会的烙印となることを知っておく必要がある。公営住宅への入居にしばしば決定的な制限がつくし、職を見つける可能性も狭まり、さらには、かなり多くの場合、投票権の喪失にもつながる。したがって、拘禁期間の長短は、刑罰の重さを推し測る上で良い指標とはいえない。刑罰はしばしば、非常に長きにわたる社会からの排除という形をとるのである。それゆえ、黒人大量収監の現実にアメリカの「独特の制度」、つまり奴隷制の再来を看て取るロイック・ヴァカンの解釈[16]はすこぶる的確であるように思われる。

黒人コミュニティの階層構造

たとえば、二〇〇八年から二〇一六年までを射程に置き、米国の黒人に関する事実と数値に先入観なしにアプローチする者は誰でも、それらの事実と数値から見えてくる全体像に整合性がないことを認めるにちがいない。大統領は黒人であり、世論調査の結果によれば、米国社会ではこの時期、人種的寛容が高いレベルに達していた筈だ。ところが、すでに確認したとおり、混合婚率は依然として低い。第一、大統領夫人も、大統領自身と同じように黒人である。〔バイデン〕副大統領夫妻はいずれも白人で、このカップルもまた人種的に同質である。そして刑務所には、夥しい数の黒人が収監されている。こうして、最もポジティブな要素と最もネガティブな要素が混ざり合っている。この混淆の印象から脱出するには、黒人という人種カテゴリーのコミュニティの一体的な投票行動に由来する幻想を超え、黒人の米国人についても、白人の場合と同様に、教育レベルに基づく社会的階層化が現実となっていることを認めなければならない。しかも、黒人の場合には、うまく浮上して展望を拓く「高学歴の黒人」と、社会の下層に沈む「低学歴の黒人」とにはっきり二極化している。

二〇一五年の黒人人口に関するデータは、このマイノリティにおける就学率の鮮明な再上昇を証拠立てているのだが、それによれば、二五歳以上の黒人のうち、BAディグリー（学士号）の保持者は二二・五％、学士号取得には到らなかったものの、大学に進学したことがある者は三〇・四％、中等教育修了免状を持っている者は三四・一％、そして、教育システムから発行されるどんな資格も有しない者は一三％である。[17]

エドワード・フランクリン・フレイジャー〔アフリカ系米国人の社会学者、一八九四～一九六二〕は、『黒人ブルジョワジー』の初版をフランス語で出したあと、一九五七年にその英語版を上梓して物議を醸した。彼は、黒人コミュニティ内部で差異化が進んでいることを明らかにしただけでなく、黒人上位グループの不安定なアイデンティティ状況、経済面での存在感の薄さ、支配的な白人社会への依存、内面的な空虚を描いたのだった。[18] 六〇年後の今日、われわれもまた、アメリカなるものが執拗に別扱いし、あたかも一枚岩のように扱う黒人集団を、階層化されている集団と考えなければならない。その集団の内部に、アファーマティブ・アクションの恩恵を受けた新たな中産階級と、ロイック・ヴァカンによって描かれたハイパー・ゲットーに閉じ込められて、しばしば刑務所へ送られたり、社会的に烙印を押されたりする下層プロレタリアートが共存していることを認めなければならない。『新たな黒人隔離』の著者である俊敏

表 13-2　米国における人種別教育水準（2015年）

25歳以上の教育水準（%）	黒人	白人	ヒスパニック	アジア系
高等教育修了	22.5	36.2	15.5	53.9
高等教育未修了	30.4	27.6	21.3	16.1
中等教育修了	34.1	29.5	29.9	19.1
それ以下	13	6.7	33.3	10.9

な女性ミシェル・アレグザンダーは、あくまで節度のある言葉遣いで、黒人集団内のマジョリティがエリート層に見捨てられている状況を描いた。それによれば、エリート層は、アファーマティブ・アクションから引き出した優位性を保全することに汲々とし、路上にたむろしてしまう黒人の若者たちを警察の攻撃的態度から保護することにあまり熱心でないという[19]。コミュニティで一致して民主党に投票する黒人有権者たちの共同体主義的投票行動は、おそらくはトランプ登場以前の共和党への白人労働者の投票にも劣らず、経済的な虚偽意識のあり方の一つを表している。

とはいえ、われわれはこの問題について、根元的に悲観的なビジョンを採用するよう強いられているわけではない。アメリカは動き続けている。その動きの中で、社会の下層階級も、米国社会全体と同様に安定化への途上にある。就学から外れて警察の主要な獲物となるあの若者たち、いわゆる「ハイスクール・ドロップアウト（高校中退者）」の比率も、黒人人口の中で着実に下がってきている[20]。

「白黒」で見る新自由主義の強制収容所

いずれにせよ、いわゆる「黒人問題」に目を眩まされないようにしよう。米国社会は非常に大きな自己批判能力を備えているので、あの国では定期的に、黒人、白人、ヒスパニック、アジア系に関する比較対照データが公にされているのだが、これが最終的には裏目に出て、由々しい方向へと人を導きかねない。そこには、人種を本質化してしまうリスクだけでなく、ネイション全体のダイナミズムを見失うリスクもある。

黒人たちは米国人であって、米国人である以上、米国社会全体の機能の中でその一部分を成している。われわれはまず、黒人が米国の建国当初から、その存在によって、白人の間の平等の確立や米国流民主制のダイナミズムに欠かせない役割を担ってきたことに注目した。その次に注目したのは、高等教育の展開によって生み出された階層化の新しい文脈において、いったいどのようにして「黒人問題」が、新保守主義革命の開始や、ニューディール政策以来の福祉国家に対する攻撃のための梃子に使われ、ひいては白人の間の不平等の途方もない拡大を可能にしたのかという点だった。いずれの場合にも、黒人集団の運命が白人集団のそれとの関係の中で決まっていくということ、そしてその逆もまた然りということが確認された。もしこうして知的に冷厳な態度をあくまで貫きつつ、近年において黒人の大量収監が担った一般的社会機能を理解しようとするならば、どうしても次の二つの点を了解しておかなければならない。第一に、当該の時期には、白人も黒人も含めた一体としての米国社会が、社会的観点から見て安全でない状況に向かって歩んでいたということ。第二に、黒人の収監がどのようにして米国の全体的バランスの維持に役立ったのかという点を理解する必要があるということ。

たしかに米国の政治システムは安定しており、二大政党が政権交代を繰り返しつつも、一九七八年頃以来つねに最富裕層優遇の政策を実施してきたのだが、だからといって、過度に機能主義的な見方をして、自由主義的で非平等主義的な人類学的システムにおいては不平等が自然に受け容れられやすいという面を強調し過ぎてはならない。フランス型の平等主義的価値観を欠いていても、非平等主義の心性は不平等を何の戸惑いも抵抗もなしに受け容れるわけではない。その点にこそ、私が思うには、経済的不平等の擡頭が米国で刑務所の増殖——疑いもなくシステムの緊迫を示すしるし——を伴った主要な理由がある。

連邦刑務所と州刑務所における収監者の人口比は、一九六六年〜一九七四年に一〇万人当たり一〇〇人だったのが、二〇〇〇年には五〇〇人、二〇〇七年には五二〇人に増加した。その後少し減って、二〇一三年には四八〇人となった。ローカルな刑務所も勘定に入れると、二〇一一年には、一〇万人当たりの収監者数が計七四三人に達していた[21]。国際比較では、この数で第二位に来るのはロシアだが、米国の数値からはかなり離れていて、五六八人である。二〇〇九年の米国では、男性成人の一・四%が投獄されていた。これを人種別に見ると、白人の〇・七%、ヒスパニックの一・八%、黒人の四・七%であった。米国における収監問題の規模の大きさをしっかり捉え、「新自由主義下の強制収容所」という概念の妥当性を鑑定するために、まずは、ロシア出身の分析家の見解を聴いてみよう。ロシア出身者なら、歴史的事情により、米国の現象の社会学的意味を把握する用意がよりよくできているだろう。

ロシア系米国人の科学者ドミトリー・オルロフは、一九六二年にサンクトペテルブルクで生まれた。米国に来たのは一二歳のときだった。彼は二〇〇六年に、来るべき米国の崩壊に関する陽気な未来学の小論文を書き、その中で、幾つかもっともな論拠を挙げ、極限状況での延命への心身の準備において一九九〇年のロシア人たちに劣るアメリカ人にとって、国家の崩壊はよりいっそう苛酷な経験となるだろうと述べた。彼の『「崩壊ギャップ」を埋める』は、精神を喜ばせてくれるご馳走である[22]。

その試論の拡充版にあたる著作『崩壊を発明し直す——ソ連の経験と米国の予想』を開くと、そこには刑務所について述べるパラグラフが一つあり、ニコライ・ゴーゴリ〔一八〇九〜一八五二〕やミハイル・ブルガーコフ〔一八九一〜一九四〇〕の小説を想起させる。オルロフは、不平等の擡頭と収監件数の増加の連関を強調している[23]。

《収監競争では当初、ソ連人が決定的にリードする形勢だった。なにしろ彼らには「強制収容所（グラーグ）」という革新的プログラムがあったから。（……）最終的には米国人が競争を制し、現在、刑務所に留め置かれている人口の比率で世界記録保持者となっている。（……）米国の司法システムは、いい学校に行った者、大企業、金持ちを優遇し、充分な教育を受けなかった者、無一文の者、貧乏人を冷遇する。そこでは、司法対策としてお金を適切に用いさえすれば、ほとんどどんな法律上の問題も避けることができるようである一方、国選弁護人に甘んじなければならないような者が法律上のトラブルに巻き込まれようものなら、それがどんな些細なことであっても、罰金や刑務所行きにつながりかねない。基本的に、ある程度以上こみ入った裁判システムはことごとく本質的に不公正であり、その極度の複雑性をコントロールするのに足るだけの資金を有する者に有利なのである。明らかに米国ではそのようになっているので、法律関連のもめ事では、お金を持つ者は、それを持たない者に対して、告訴するぞと単に脅しをかけるだけで勝利を手にすることができる[24]》

米国では、一九六五年から二〇一三年までに、弁護士の数が人口一〇〇〇人当たり一・五人から四人に増えた。つまり、弁護士二・五人分は法律上のもめ事が増えたということであり、したがって、強者が弱者を支配する訴訟メカニズムも二・五人分多く働いたということになる。

今われわれは、国家への隷従に市場の自由を対立させる経済学者兼哲学者たちの新自由主義理論から遠くかけ離れた地点にいる。米国の収監率に照らし合わせてみるとき、ある種のベストセラー本のタイトルには呆然とさせられる。ミルトン・フリードマンの『資本主義と自由[25]』は甚だしい見当外れに思えるし、フリードリッヒ・ハイエクの『隷従への道』[26]は完全に皮肉だとしか思えない。市場を王様のように祀り上げていたら、新たな強制収容所が出現したのである。米国では死刑制度が一九七六年に復活し（一九七二年から一九七六年までの約四年間は全米で死刑制度が廃止されていた）、その後、実に気前よく執行された。一方、ロシアでは、一九九六年にモラトリアム（一時停止措置）が導入されて以来、死刑制度は事実上廃止されている。個人主義の文脈における不平等の増大が、米国の抑圧システムの進展を物語っている。

歴史的・人類学的なシークエンスの把握に立ち帰ろう。一九八〇年〜二〇一五年、米国で一貫して急速に不平等が拡大し、同様に雇用の不安定化も深刻化した。個々人の内に、健康や老後の問題に対処できなくなるのではないかという潜在的な恐怖が棲み着いた。この恐怖は、社会階層の下の方にいればいるほど強迫的なものとなる。収監システムの発展はこの恐怖を別の恐怖、すなわち投獄されることへの恐怖によって処理する。新自由主義の前進は、政治システムの安定にもかかわらず、自然でも容易でもなかった。アメリカの国家は、部分的にその機能を替えたのだ。選挙は従来どおり自由の原則に基づいて実施された。表現の自由も存続した。一方で、シンクタンクの創設、新聞雑誌の買収、もっぱら金目当ての宣伝を事とするテレビ局の設置などを通して、大量の金銭がイデオロギー空間に流れ込み、表現の自由を行使できる条件が変えられた。そして、隠れたところで巧妙に、大量収監の実施によって恐怖体制が敷かれた。大量収監はまさに国家暴力の一環である。たとえ新しい刑務所のかなりの部分が民間システムによって建設され、管理されたとしても、そのことに変わりはない。しかし、なぜ黒人を標的にしたのか。

たしかに、収監の脅威は全市民にのしかかる……。しかし、一般に白人はその脅威を免れる。そうだとすれば、国家が人種的に狙いを絞った抑圧をおこなうお蔭で、白人の間の平等が最終的に忌まわしい姿に変異を遂げたと考えなければならない。教育へのアクセスと所得配分においては消えてしまった白人同士

表13-3　各国の収監率（10万人当たり）

米国	743
ロシア	568
ベラルーシ	381
ウクライナ	338
台湾	278
ポーランド	218
ニュージーランド	199
ハンガリー	165
スペイン	159
英国	153
ルーマニア	136
オーストラリア	133
カナダ	117
ポルトガル	113
イタリア	111
オーストリア	103
ギリシア	102
アイルランド	100
ベルギー	97
フランス	96
オランダ	94
ドイツ	85
スイス	79
スウェーデン	78
デンマーク	74
ノルウェー	73
フィンランド	59
日本	58
韓国	49

出典：Roy Walmsley, *World Prison Population List*（9e édition), International Center for Prison Studies.
注：2011年現在利用できる最新の数値。

の平等が、ひとつの否定的な形をとって存続する。白人が共通に有するもの、それは今や、収監の恐怖にさほどは晒されないという特権なのだ。

社会的・経済的なこの推移は、自由主義的で、非平等主義的な絶対核家族に固有の価値観に対応しているのだろうか。私はといえば、教育領域における新たな階層化と人種的分断によって、経済的・社会的不平等が、英語圏の諸社会における通常の人類学的規定を越え出てしまったというふうに思っている。第一、人類学的な規定による制約の踏み越えという仮説なしには、二〇一六年の米国大統領選におけるドナルド・トランプの当選が理解し難いものになってしまうだろう。

第14章　意志と表象としてのドナルド・トランプ

二〇一六年一一月のアメリカ合衆国大統領選におけるドナルド・トランプの当選は、米国のエリート層を、さらには全世界のエリート層を驚かせた。しかしそれは、本書に含まれているテーゼのうちの二つを申し分なく例証してくれる事件でもあった。どんなテーゼかを確認しておこう。一つは、教育領域に現れた新たな階層化が経済的・政治的衝突に強い影響を及ぼすとする主張である。そしてもう一つは、民主制の原初的な基礎を突きとめて、民主制の発生や再生には何らかの他者の存在が――したがって外国人恐怖症《フォビア》が――必要であるとする指摘にほかならない。

エスタブリッシュメントを顧客とするメディアは、トランプを下品で、非常識で、邪悪な男、あるいは気のふれている男として表象した。ところが有権者たちは、苦境にありながらも合理的に、アメリカを本来の基盤へと立ち帰らせる意志を表明した。

トランプへの投票の合理性

グローバリゼーションは、そもそも米国に先導され、管理され、当然米国に利益をもたらしていると思われていたのだが、その発展の果てに、ほかでもない米国の住民たちのただ中にまで、過剰な経済的不平等と社会的不安定を発生させた。かくして、バーニー・サンダースやドナルド・トランプの保護主義を選好する方向への逆転が起こるための必要かつ充分な条件が満たされたのだった。

成功したトランプの擡頭のみならず、阻止されたバーニー・サンダースのそれをもよく理解するために、われわれはまず、アメリカが国外に対して相対的に閉鎖的だった一九三〇年代初頭から、貿易と移民に最大限に門戸を開いている昨今の状況まで、どのような歴史的プロセスを辿ってきたのかを瞥見しておかなければならない。

南北戦争の終結から一九二九年の危機まで、米国の経済的離陸は、高い関税障壁に護られた中で実現したのだった。一九三〇年代初頭、課税輸入品の課税率は平均五〇％だった。一九三四年になって初めて、フランクリン・D・ルーズベルト大統領の下で、貿易の門戸が開かれ始めた。当時の関税率は、課税品も非課税品も一緒にして平均すると一八・四％であった。それが二〇〇七年、ちょうど金融恐慌〔日本では「リーマンショック」と呼ぶことの多い国際金融危機〕にさしかかる頃には、一・三％という低水準にまで下がっていた。

米国は、一九七〇年代の初めにはすでに構造的な貿易赤字を抱えるようになり、以来今日まで、その状態から脱け出たことがない。つまり、当時からずっと、米国は全世界の主要で中心的な消費市場として、ケインズ経済学でいう世界総需要を調整する機能を担ってきたのである。しかし、早くも一九七〇年代の終わり頃には、国内自動車産業が凋落するなど、産業危機が到来していた。ところが、まさに同じ時期に、新自由主義の政策が加速的に実施された。第12章で述べたとおり、レーガンが一九八〇年に大統領に選出され、さらに一九八四年の大統領選では民主党候補ウォルター・モンデールの挑戦を歴史的な大差で退け、悠々と再選された。この折、モンデールは選挙キャンペーンで保護貿易を唱えていた。当時の民主党は、まだ昔どおり、白人も黒人もひっくるめた労働者階層の代表として振る舞っていたのである。勝ったレーガンが打ち出していたのは、黒人を厚遇し過ぎるというイメージの定着した福祉国家に対して宣戦布告し、福祉政策に敵対する反連邦税的アイデアをうまく混ぜ合わせた政策だった。

輸入が伸び始めたのは、一九六〇年代に入ってからだった。当時、「一九六五年の移民および国籍法」〔別名、ハート＝セラー法〕が、一九二四年以来かなり厳重に制限されていた移民への門戸をふたたび開いた。これを機に、経済的に安全でないと感じていた米国人の心に、国境も安全ではないという新たな感情が加わった。一九六〇年には、人口一億八一〇〇万人のうち、外国生まれが九七〇万人で、総人口の五・四%であったが、それが推移して、二〇一三年には、人口三億一五〇〇万人のうち外国生まれが四一三〇万人で、総人口の一三・一%を占めるという状況になった。二〇〇九年頃には、不法移民——主にヒスパニックである——の数が一〇〇〇万人と見積もられた。実際、オバマ大統領時代のアメリカは、哲学者カール・ポパーのいう「開かれた社会」として描ける社会であった。

一九八〇年から一九九八年にかけての米国を振り返ると、第一に、いわゆる格差拡大のすさまじい勢いに目を奪われる。それでもこの間、世帯所得の中間値は、四万八五〇〇ドルから五万八〇〇〇ドル(二〇一五年時点のドル換算)へと上昇した。この上昇は、個人の給与額が上がった結果というよりも、世帯収入への女性たちの貢献の結果だった。当時、女性が大勢労働市場に参入し、共働き世帯の数を大きく増やしたのである。

一九九九年~二〇一五年は、米国にとって、経済的自由主義の推進が絶頂に達するとともに、グローバリゼーションに起因する危機が始まった時期だった。二〇〇一年一二月に中国が世界貿易機関(WTO)に加盟し、中国は、米国で中国製品に課せられる関税が再上昇するという脅威から解放された。たちまち現れた結果は、米国の産業危機の加速だった。国内の製造業はぶん殴られたも同然だったからである。一九六五年から二〇〇〇年まで、米国の第二次産業の被雇用者人口は、相対的には減少しつつも、絶対値では一八〇〇万人前後で横ばいに推移し続けた。ところが、二〇〇一年三月から二〇〇七年三月に到る期間には、その数値が一八%下降した(1)。

格差拡大がまた始まった。一九九九年から二〇一五年にかけて、米国の世帯所得の中間値は、二〇一三年と二〇一四年にわずかな上昇が見られたものの、五万八〇〇〇ドルから五万六五〇〇ドルへと低下した。

この途中に金融恐慌があったわけだが、あの国際金融危機は本当に終結へと導かれたのかどうか、よく分からない。なにしろ、二〇〇九年に一〇％にまで上がった失業率が、二〇一六年初めには五・五％にまで下がったのは事実だが、人口に占める被雇用者率は、危機の前には六三％だったのに、六〇％を少し下回る水準で止まってしまっている。

二〇〇〇年代初頭に米国の人びとが感じていたストレスの大きさを理解するためには、さまざまな経済的データや所得額の領域の外へ出なければならない。実際、「自由貿易をやめたら物価がもっと高い水準にとどまるので、消費者が商品を買えなくなってしまうのですよ」と、わずかな謝金で難なく教え諭してくれるノーベル経済学賞受賞者のたぐいは、いつだって見つけることができるのだ。しかし、消費者が買えるか、買えないかではなく、死んでしまうのだとしたら、果たしてどう考えるのか。

人口学者の判断は決定的である。アン・ケース〔米国の医療経済学者、一九五八年生まれ〕とアンガス・ディートン〔英米国籍の経済学者、二〇一五年ノーベル賞受賞。一九四五年生まれ〕が二〇一五年一二月付のジャーナルに発表した共著論文が、一九九九年から二〇一三年までに、四五歳から五四歳までの年齢の白人住民の死亡率が上昇していたことを明らかにした。このような死亡率上昇は、世界中の他の先進社会にも類例がない。

主な死亡原因は、**グラフ14-2**が示すように、明らかに社会心理的なものである。すなわち、麻薬中毒、アルコール中毒、自殺。したがって、自由貿易と規制緩和の効用についての議論は、もはや「これにて終了！」である。成人死亡率のこの上昇が示唆するものこそが、二〇一六年にドナルド・トランプがまず共和党の大統領候補者に指名され、次に大統領に選出されるという事態を可能にしたのだと、私には思われた。奇しくもかつて私が、一九七〇年〜一九七四年のソ連の乳幼児死亡率の上昇に注目した結果、早くも

グラフ 14-1　米国世帯の所得低下（1999 年～2015 年）

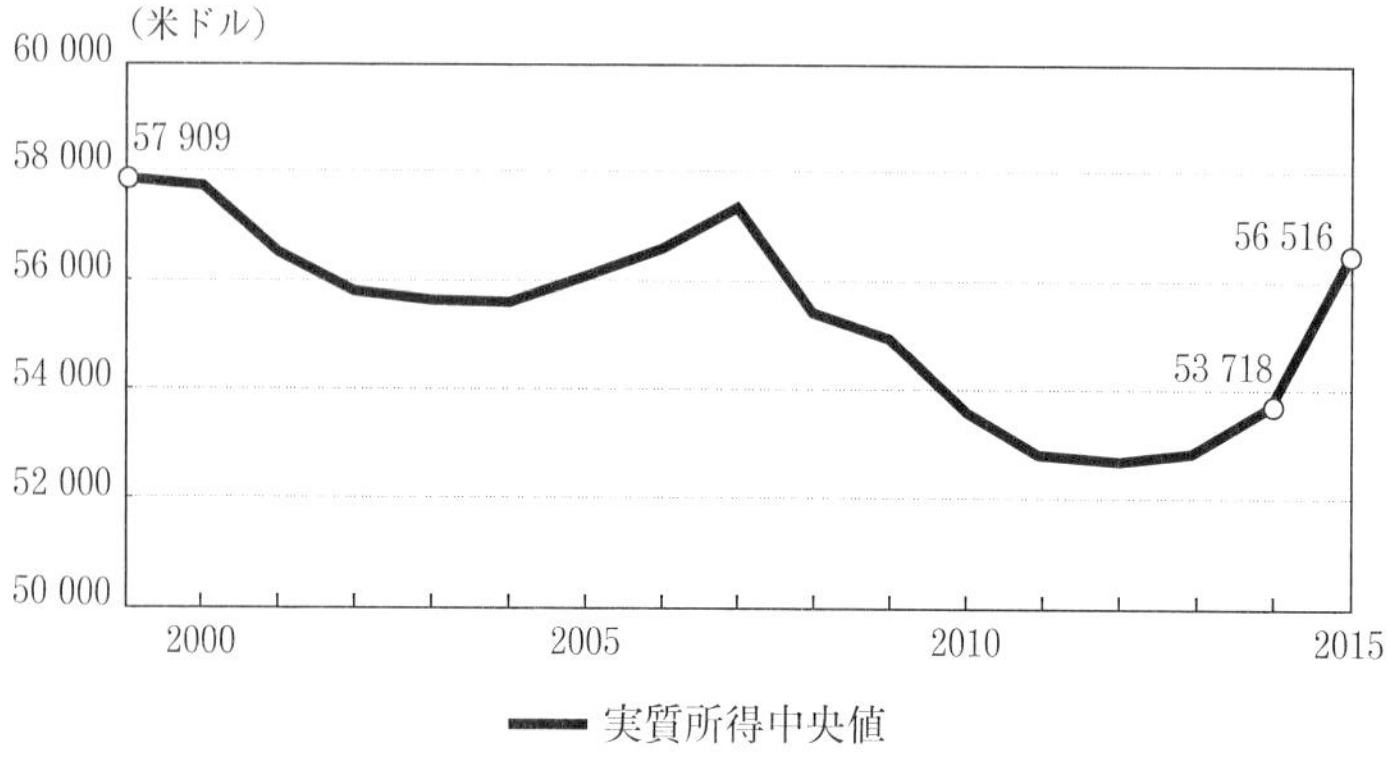

出典：United States Census Bureau.

一九七六年の時点で、ソ連システムの崩壊を予想することができたのと同じように。[2]

その後、二〇一六年一一月に発表されたジャスティン・ピアース〔経済学者、貿易問題等を研究〕とピーター・ショット〔米国の国際経済学者、貿易問題等を研究〕のジャーナル論文が、米国各地の郡のレベルで、中国との貿易自由化と死亡率上昇の間に確乎とした統計学的関係があることを明らかにした。[3] 実際、産業面で中国製品の競争力に直接的に晒された郡では、死亡率が独特の形跡を残して上昇したのだった。彼らの分析結果によれば、最も意味深い死因は麻薬中毒よりも、むしろ自殺一般であるようだ。なお、J・ピアースとP・ショットの論文は、倫理的含意によっても読者を惹きつける。自由貿易の効用を公にアピールする共同嘆願書などに署名する経済学者たちが犯罪者に相当することを暗示し、その責任について、過去にさまざまな市民グループがたばこメーカーや製薬会社を相手取って訴訟を起こしたのと同じような手法での告訴の対象になり得ると見做しているのである。

A・ケースとA・ディートンの論文で分析されている死

グラフ14-2　45歳〜54歳白人の死亡率上昇（1999年〜2013年）

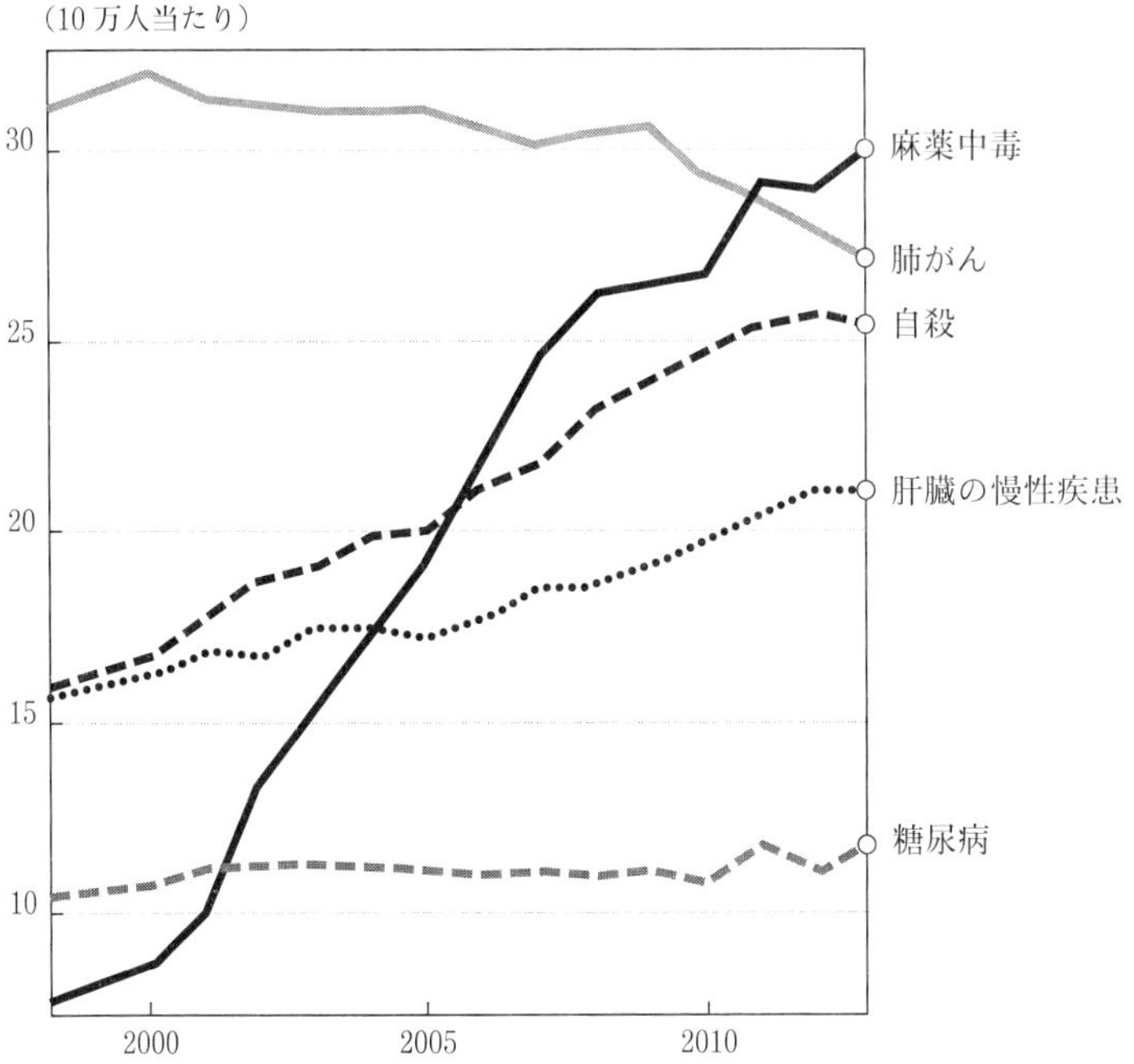

出典：Anne Case et Angus Deaton, « Rising Morbidity and Mortality in Midlife Among White Non-Hispanic Americans in the 21st Century », PNAS, vol. 112, n° 49, 15078–15083, décembre 2015.

亡数増加の分布は、教育による階層化を反映している。その増加は、中等教育またはそれ以下しか享受していない白人の米国人に集中しているのだ（一〇万人当たり一三四・四人増）。高等教育課程の途中まで就学した者の死亡率は横ばいであり（三・三人減）、高等教育を修了した「大卒」カテゴリーの死亡率は少し下降している（五七・〇人減）。しかし、だからといって高等教育享受者の幸福度を誇張するのは控えよう。やはりここでは——私がしばしば述べている方針と逆のように見えるかもしれないが

表14-1　45歳〜54歳の死亡率の学歴別・人種別推移

	2013年の10万人当たりの死者	1999年〜2013年の推移	外的要因によるもの	自殺
非ヒスパニック系白人（合計）	415.4	＋33.9	＋32.9	＋9.5
中等教育もしくはそれ以下	735.8	＋134.4	＋68.7	＋17.0
高等教育未修了	287.8	−3.3	＋18.9	＋6.0
高等教育修了	178.1	−57.0	＋3.6	＋3.3
非ヒスパニック系黒人	581.9	−214.8	−6.0	＋0.9
ヒスパニック	269.6	−63.6	−2.9	＋0.2

——経済学的データに立ち帰るべきだ。所得推移の比較分析は、学歴による優位性が相対的なものでしかないことを示唆している。

二〇〇〇年〜二〇一六年に起こった推移をよく理解するには、次の事実をつねに意識していることが重要だ。死亡率上昇のような種類の劇的変化が白人米国人の最低学歴層において特に目立つとしても、経済の推移は、高等教育修了者たちにとっても、もはや本当には恵まれたものでなかった。実際、二〇〇〇年以来、**グラフ14-3**が示すように、彼らの世帯の平均所得は年々横ばいだったのである。

この頃から高等教育は、社会的上昇への道であるよりも、社会的転落から身を護るものとなっていた。そして実際、それこそが、学生生活を長く続けようとする志向が近年復活してきていることの原因なのだ。背景には、知的な解放や自己実現への意欲よりも、むしろ身の安全を追求する心理が垣間見える。長期就学を支える財政手段を教育ローンに頼るケースがますます増える以上、累積する負債が将来の所得を減じる役割を果たすにちがいなく、経済的に恵まれない家庭出身の高等教育修了者たちは、悪くすれば何らかの形の経済的隷属に追い込まれかねない。こうなるとどうしても、昔の年季奉公人（indentured servants）の身分に思い到らざ

グラフ14-3　所得の学歴別推移（1991年～2012年）

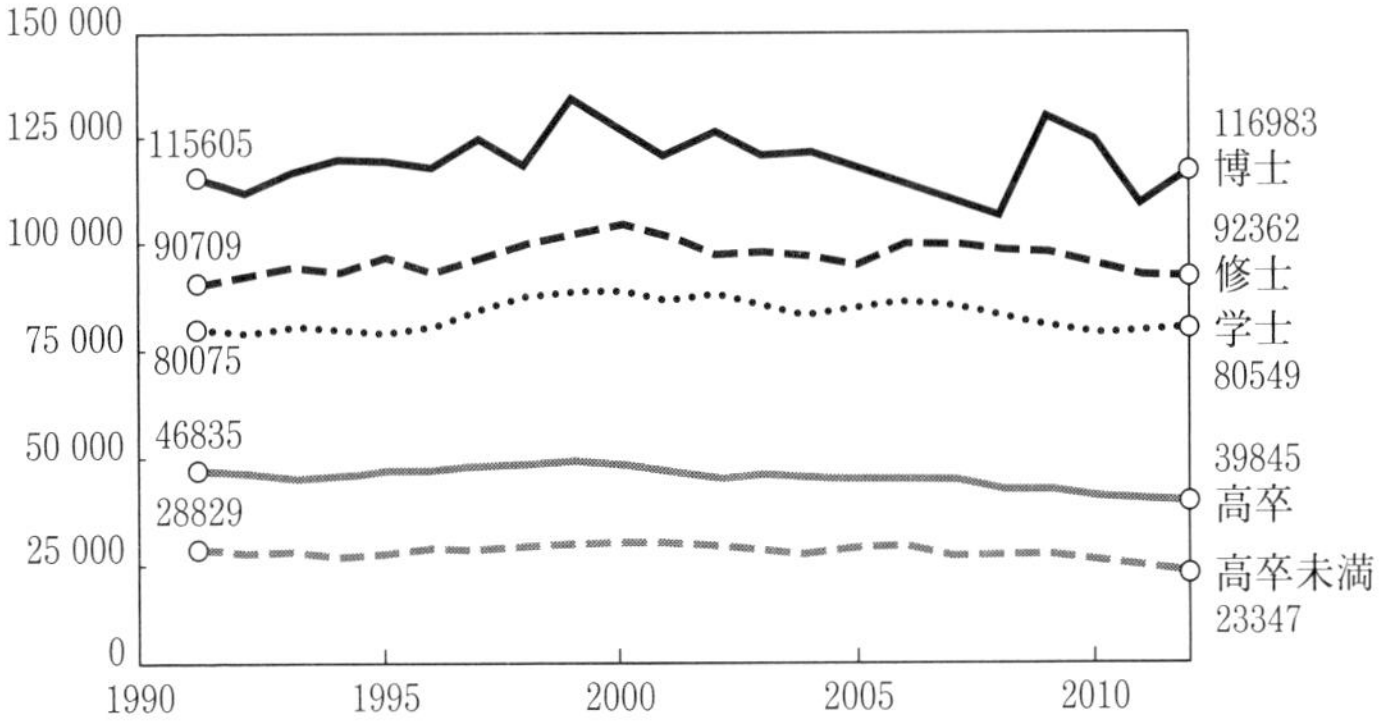

注：世帯主の学歴ごとの実質世帯所得の中央値（ドル、2012年を基準年とする）
出典：Russel Sage Foundation, Chartbook of Social Inequality.

るを得ない。彼らは、米国がまだ植民地だった時代に、欧州から大西洋の向こうへ渡るための渡航費用を、何年もの「奉公契約」を結ぶことで捻出したのだった……。

経済学者たちの不思議な魔法の世界から外へ出てくると、ドナルド・トランプの大統領選勝利という現象を理解することができる。ヒラリー・クリントンと彼の間で交わされた数々の侮辱と嘘をもってしても、次の事実を覆い隠すことはできない。ふつうの有権者の視点から見て、米国社会について真実を言っていたのはトランプのほうだったのだ。実際彼は、『THE TRUMP――傷ついたアメリカ、最強の切り札』[4]の中で、米国社会が苦しんでいる姿を描いていた。その時、他方の民主党陣営は、アメリカとその「諸価値」――寛容性、開放性――の永遠の卓越を讃えていたのである。

トランプへの投票の社会学的・人口学的構造はこの診断を裏書きし、グローバリズムというイデオロギーから離脱する時点での米国のメンタリティの様態を、まさにX線で撮影したかのようにまざまざと映し出してくれる。

教育における社会階層化と政治的選択

二〇一六年の米国大統領選キャンペーンを強く特徴づけたものの一つは、教育レベルの違いによる政治的対立の表象であった。トランプの支持者たちは、ニューヨーク、ワシントン、ロサンジェルス、サンフランシスコなどのエスタブリッシュメントの新聞で毎度、「教育レベルが低い」だの、「無教養」だのと描写されていたし、ヒラリー・クリントンはといえば、一九世紀ヨーロッパ風に響く言葉で階級的軽蔑を露わにし、彼らのことを「嘆かわしい人たち」と言ってしまった。メディアで活躍するコメンテーターたちにとって、共和党への投票者の理念型（典型的イメージ）は、辛うじて中等教育を受けただけの白人であった。それに対し、民主党支持者の理念型は、黒人かヒスパニックでない場合には、「大学卒」の人間なのだった。投票日の出口調査を参照すれば、この表象は部分的にしか正確でなく、単純すぎるこのビジョンにはもっと含みを持たせなければいけない。以下の記述において、総計はけっして一〇〇％に達しない。民主党の代表でも、共和党の代表でもない候補者がいたからであるが、ここでそうした候補者のことを気にする必要はまったくない。

所得水準を基準とする投票行動の分布はいたって関連性が弱い。年間所得が五万ドル未満の有権者の過半数がヒラリー・クリントンに投票した事実（五三％。トランプへの票は四一％）はたしかに注目される。が、これは、民主党支持層の中に人種マイノリティ（黒人・ヒスパニック）の割合が多いことの反映であろう。年間一〇万ドル以上を稼ぐ米国人の層では、共和党陣営と民主党陣営は引き分けだった。共和党はもはや、金持ちのための政党ではないのだ。

これに対し、学歴という基準のほうは、鮮やかなまでに有権者層を分割する。中等教育を完全または不完全な形で受けただけの白人男性層では、七一％がトランプに投票し、クリントン票はわずか二三％にとどまった。しかしながら、人種も性別も区別しない全体数を考察すると、それほど戯画的ではない数値が得られる。トランプが中等教育層から得ていた支持は五一%だけで、その層の四六%はクリントンに投票した。高等教育の途中までで就学をやめた、つまり大学に入学はしたが卒業はしなかったという経歴の人びとの内では、トランプ支持が多数派で、クリントン支持が四三%であったのに対し、五一%を占めていた。また、学士号取得者から受ける支持においても、トランプはクリントンに僅かしかリードされていなかった（クリントン支持四九%に対し、トランプ支持は四四%）。民主党が共和党を引き離して本当に独走するのは、最高学歴層において、つまり、「大卒」にあたるBA取得ののちも大学院に進み、修士や博士といったポストグラデュエート・ディプロマを取得した有権者層においてである。この層では、五八%がクリントンに投票し、トランプ支持はわずか三七%にとどまった。この分極化はまったく驚くべき現象だ。なぜなら、「左翼」政党であるはずの民主党を、絶対的な文化的支配者の側に位置づけるからである。クリントン主義は、かのマイケル・ヤングの予知的悪夢の例証のようにも思われる。すなわち、能力主義システムがエリート層を導いて、低学歴層——教育における「飢えたる者」（革命歌「インターナショナル」冒頭の「起て、飢えたる者よ」を想起させる表現）——を軽蔑させかねないという予知的悪夢だ。アカデミアに住む大学教員や研究者や学生たちはほぼ全員、その定義からして、いわゆるポストグラデュエートである。

あの大統領選の直後、大学に所属するエリートたちが示す自由貿易への執着は、市場で活躍する企業人たちが抱いている執着よりも強く、より同質的なものとして現れた。資本の世界は分野によって利害が異なり、自由貿易に対してそれぞれプラグマティックな態度をとる。中国その他の低賃金労働から自らの超過利潤を引き出す部門と、米国内の労働の成果でしか生きられない部門とに分かれている。そして特に、資本の世界には、自由貿易体制の下でも、保護貿易体制の下でも、金儲けをしていくことはできるのであって、要は適応することなのだ、と心得ている人びとの流動的な集団が存在する。とはいえ、個々の経済活動は、グローバリゼーションに対してどんな関係を持つかによって価値を評価されることになる。ヴァーチャルやデジタルの世界で労働を取引するシリコンバレーの若いボスが、自由貿易と移民流入に対して、フォードやゼネラルモーターズのように鋼鉄とエネルギーを必要とする企業のトップと同様の態度をとることはあるまい。トランプを前にして、前者は怒りを爆発させるだろう。後者は様子見するだろう。

エリート層の城塞――シリコンバレーとアカデミア

二〇一四年に刊行された予知的な作品『新たな階級紛争』の中で、カリフォルニア在住の著者ジョエル・コトキン〔米国の都市研究者、一九五二年生まれ〕は思慮深くも、シリコンバレーの企業家たち――グーグル、アマゾン、フェイスブックなどのトップたち――の内に、彼らの年齢の若さにもかかわらず、また、彼らが自らに与えているモダンで、流行の最先端にいるイメージにもかかわらず、寡頭支配者としての素質があることを見抜き、それがすでに明確な形をとりつつあることを指摘した。シリコンバレーのあのスターたちはすでに、自分たちの経済的利害に応じて策動し、政治分野に大胆に介入しているというのである(5)。なるほど、アマゾンのボスのジェフ・ベゾスが『ワシントンポスト』紙を買収したことは記憶に新しい。ただし、統計の数値がいかに決定的でも、それで人間が自由を失うわけではない。たとえばピーター・ティールは、シリコンバレーの著名な投資家であり、おまけに同性愛者でもあるが、それにもかかわらず公然とトランプを支持し、トランプの選挙運動にも貢献したのである。なお、この件に関連して、シリコンバレー方面の順応主義のありようを推し測らせてくれる情報の一つに次のものがある。同性愛者コミュニティのある雑誌は、ティールがトランプを支持したことを「あり得ない」こと、あるいは「あってはならない」ことと捉えるあまり、事もあろうにティールの性的指向のリアリティに対して疑問を投げかけたそうだ。ともあれ、投票所の出口調査によれば、LGBTの有権者集団の内でトランプを支持したのは一四％だけだった。七七％がクリントンに投票していた。

J・コトキンは、アカデミアに「新たなインテリゲンチャ」（The New Clerisy）という表現を充て、既成権力の二つ目の核と見做している。彼曰く、超高学歴者たちの関心事は経済的な事象ではあり得ない。なにしろ彼らは、社会的身分によって市場の荒波から護られているのだから。そもそも、彼らには知的優越感が染みついているので、その高みから彼らは、異文化や性に関する寛容さに対して閉鎖的な下層民を見下すことができる。それゆえ彼らは四六時中、純然たるイデオロギーを脳内に仕込んで、ビジネス界の人びと以上に見事に、自由貿易への階級的執着を表明する。

すでに指摘したように、アカデミアは今や、人びとを選別する一大マシンと化している。アカデミアこそが、不平等を社会的に通用させているのだ。だから、経済的不平等を拡大する自由貿易に対してアカデミアが忠実であるのは、論理的なことといえる（たとえ、エリートの巣ではない一般のカレッジの場合に、この忠実さの岩盤がもう少し弱いとしてもである）。さらに、アカデミアは人間一般への愛を標榜しているので、その愛がアカデミアに、合法または不法の移民の受け入れという理想に対して、格別に開かれた態度を取らせる。事ほど左様にアカデミアには、トランプに最大限敵対するための物質的・イデオロギー的条件が揃っている。実は、国際主義的順応主義といえるこの同じ現象が、イギリスでも大学で、とりわけケンブリッジ大学とオクスフォード大学で目についた。そこでは、ブレグジット（英国のEU離脱）への偏執狂的な敵意が国民投票の前にも後にも観察されたのであって、そのありさまは、米国の有名諸大学を席巻する反トランプの激昂の予兆でもあった。アカデミアは左翼なのに、もはや民衆を愛していない。民衆は、上層階級の用いるイギリス独特の用語では「チャヴ」(chavs, 無教養な下層民）なのである。現地でそうした用語を過激化しているのはさまざまな階級差別的態度だ。その点はイギリス固有であって、それに匹敵する態度が米国で見られたためしはない[6]。

フランスでは、同じ態度も、イギリスにおけるほど臆面なく露出されてはいない。それに、言表することが憚られている。しかしアカデミアは、フランスでも左翼的であると同時に、おそらくは社会の中で最も順応主義的な極の一つを代表している。自ら知らずして、あるいは知っていても認めずに、アカデミアは平等と民主制の基本概念を拒否している。まず、権威主義的ヨーロッパと、すでに破綻しているその単一通貨への執着によって。また、労働者たちを圧《お》し潰す自由貿易の受け容れによって。さらにまた、不法移民の流入に対する「やさしさ」によって。この「やさしさ」は、結局のところ、民主制が機能するためには安定した国境が必要だという原理の否定に等しい。より無自覚であるとしても、フランス版アカデミアの順応主義的マグマは、イギリスにも米国にも類例を見出せないほどに分厚い。

この論点の結論に代えて、ひとつのより広範な問いを提示しておこう。すなわち、先進的社会において、左翼的なアカデミアと大衆に不利な経済政策の擁護の間に定着した奇妙な関係についての問いである。この問いを前にして、偶然だの、「アクシデント」だのという見方を援用するビジョンに甘んじるわけにはいかない。なにしろ、イギリス、米国、フランスの間で事態が符合しており、いわば同時発生的なのである。高等教育界にしっかり根を張った、これほどの数の近代的左翼が並行的に民衆に対して敵対的になるなどという推移が、偶然の仕業である筈がない。

すでに見たとおり、先進的社会の中に不平等主義的で反民主的な下意識が擡頭したのは、平等主義的な感覚と民主制を胚胎していた教育領域の同質性が破壊された結果であった。しかし、その変動をもたらしたのは、高等教育も含む大衆教育の進展であって、それを望んだのは左翼である。つまり左翼は、自らは知らずして、社会を不平等性へと導いたわけだ。いったいなぜ、どのようにして、西洋の三つの主要民主主義社会において、左翼が教育システムの不平等主義的逸脱に引きずられ、自らは事態を理解することもなしに右翼に変貌してしまったのかを理解するためのカギは、おそらく、左翼と教育のあいだの歴史的・イデオロギー的なつながりにあると思われる。

経済的対立が人種的対立に取って代わる

黒人の八九％がヒラリー・クリントンに投票し、トランプに投票したのは八％だけだったという事実を額面通り受け取ると、二〇一六年の大統領選挙も、ロナルド・レーガンの時代から、もしかするとリチャード・ニクソンの時代からずっと米国政治を導いてきたレールの上を走った選挙だったと、つまり、有権者の選択はその有権者がどの「人種」に属しているかで決まるという法則に沿った選挙だったと思えるかもしれない。しかしながら、黒人の投票率、とりわけ若い世代の黒人のそれの低下がクリントンの落選に無視し難い役割を果たした事実は、事がもはやそう単純ではないことを示している。

既述のとおり、トランプにいったん潰されるまでの共和党は、従来からの白人大衆の支持層を虚偽意識の中に呼び込んで制御していた。労働者層のみならず中間層にも惨憺たる結果をもたらす経済政策を推進するために、人種への合図となる「犬笛」を吹き、そこに宗教的・道徳的な「諸価値」を重ね合わせていた。共和党はたしかに黒人を大量収監し、けっして強行に可決はしない中絶禁止法案を公約していたが、特に繰り返して実施していたのは、富裕層を優遇する減税だった。ところが、ドナルド・トランプが、まず共和党のエスタブリッシュメントに対して勝利し、次には米国政治システム全体のど真ん中を制した。しかもそれは、虚偽意識製造マシンへの燃料供給をやめ、労働者集団をある種の階級意識へと連れ戻すことによってであった。彼が自由貿易を攻撃し、保護貿易を擁護した意味はそこにあった。保護貿易の選択だけが、産業崩壊で酷い目に遭う白人労働者たちと、彼らにもまして苛酷な目に遭う同階級の仲間である黒人たちに、かつては分厚かったアメリカ中間層への復帰の可能性を与えるのだから。

外国人恐怖症《フォビア》やレイシズムに直面するたびに、歴史研究者は、悪の普遍性について深く考えてみる必要がもちろんあるが、その前に、またその後も、支配的グループの標的になっているのがどの民族的あるいは人種的集団なのかを、的確に見極めることができなければならない。たとえば、現下のフランスで白眼視されているのは黒人よりもアラブ人であり、その事実は、そこにあるとされる「レイシズム（人種差別主義）」がむしろ「文化的理由による外国人恐怖症《フォビア》」のカテゴリーに入ることを示している。ブレグジットの第一の原因は、イギリスへのポーランド人移民の大量流入だった。そこに現れていたのは、フランスの場合にもまして明らかに、人種的理由ならぬ「文化的理由による外国人恐怖症《フォビア》」だったといえる。肌の色の白さに関しては、ポーランド人はイギリス人と何も違わないのだから。

米国の南側の国境に沿って壁を建設する（あるいは完成させる）という構想を打ち出したトランプが白眼視したのは、黒人ではなく、メキシコ人だった。しかも彼の攻撃は、最近の合法または不法の移民を標的にするだけにとどまらなかった。ヒスパニック出身の判事に向けられた攻撃を思い出そう。あのような事実は、近代アメリカの文脈においては、トランプが、そのアメリカのイデオロギーの基軸となっていた「白人／黒人」という人種的二元論から距離を取ったことを意味する。

しかし、トランプのケースにおいては、文化面での外国人恐怖症《フォビア》であって、「レイシズム」ではないとそう簡単に言うわけにはいかない。米国で人口統計に用いられていると同時に通念的なものでもある「ヒスパニック」というカテゴリーは特異で、たしかに定義ではカスティーリャ語（スペイン語）を母語とする人びとを指すわけだが、それでいて、メキシコ人の大半のルーツとしてアメリカ先住民を意識させる狙いを持っている。「ヒスパニック」という括りは、同時に文化的でも人種的でもあるのだ。

とはいえ、ヒスパニックはたいてい黒人ではなく、反ラティーノの「レイシズム」は、黒人に向けられるそれとは性質を異にする。反メキシコの壁がトランプの当初の主要なモチーフだったのだから、「外国人恐怖症《フォビア》」という概念は、外部の他者に対する恐怖、国境を脅かされる恐怖を喚起する点で、トランプ主義によりよく適合するようにさえ思われる。それに、何といっても、ヒスパニックに関しては米国市民であるか合法的移民であることが条件となるけれども、一般に黒人とヒスパニックは、トランプの経済政策で受益者にこそなれ、損害を被ることはない。保護主義的経済政策は、結果的に肉体労働の価値を引き上げるのだから。

もしトランプの選挙キャンペーンを、反自由貿易と外国人恐怖症《フォビア》――この二つの概念は経済的かつ民族的＝国民的な保護という構想の中で結びついている――として定義するならば、それを人種差別的であり、特にアンチ黒人的であると見做すのはリーズナブルではない。トランプが黒人有権者層を惹きつけることに成功しなかったことを、また惹きつけようと試みることすら本当にはしなかったことを考慮する場合でも、である。

ではなぜ黒人有権者層は民主党に投票し続けるのか。この点が説明すべき課題として残っている。トランプに揺り動かされた共和党がついにその政策プログラムを白人庶民層の利益に沿うものにした[7]その時、クリントン率いる民主党のほうは、以前にもまして徹底的に人種概念を活用し、黒人有権者層を虚偽意識の中に閉じ込めることに成功していた。第13章で分析した黒人コミュニティ内の階層化が、黒人疎外の持続において重要な役割を演じたのだ。

人種概念の過剰強調とクリントンの帝国主義的構想

二〇一〇年以降、米国の政治学者たちとジャーナリストたちの言説に人口学的要素が頻出するようになった。白人中心の米国の終焉と、諸々のマイノリティ――黒人、アジア系、そして特にヒスパニック――が政治的マジョリティを制する時代の到来などが予見されるようになったのだ。事実、全人口のうちの「非白人」部分の増加は、一九七〇年以降、顕著であった。ただ、二〇一六年の有権者人口は、なお七二%までが白人で構成されていた。たしかに、教育による階層化の影響でこの集団は分裂し、「白人高学歴層」は民主党支持へと、そして「高卒またはそれ以下の白人層」は共和党支持へと方向づけられているようだった。状況の全体をよく推し測れば、民主党のほうが人口の推移で順風に恵まれるのは明らかだ、という見方が定着しつつあった。さまざまなマイノリティの人口集団が絶え間なく膨らんでいくだけでなく、開明的な白人の支持者集団が相変わらずそこにはいるのだから、将来的に民主党が優位に立つのは不可避だというのだった。共和党については、少数派になっていく低学歴白人層の内部に寂しく閉じ籠もり、結局生き延びられないのではないかと心配する声も上がっていた。このような言説が人種概念の生命を維持するのに力強く貢献したことはいうまでもない。

折しも、黒人であって、とびきり高いレベルの高学歴者であるバラク・オバマが大統領に選出されていたので、この展望の正しさは現実によって確認されているようにも見えた。それに、注目しておこうではないか、この構想にはある種の偉大さも欠けていない。なにしろ、自らの人種上の与件を「チェンジ」することのできるアメリカ、ラテンアメリカ系やアジア系の移民に対して自らを開くことで、ヨーロッパ起源の白人ネイションであることから脱却できるアメリカを、具体的に振り付ける構想なのであるから。この構想の矮小さを示すものとして指摘すべきはやはり、金融エスタブリッシュメントたちがバラク・オバマ、続いてヒラリー・クリントンを一致して強力に支援したことだろう。彼らから見ればそれは、黒人とヒスパニックを「傭兵」のように巧みに動員することで有権者集団をコントロールできる寡頭支配グループを設置するための資金供出であった。

こうした寡頭支配的性格が確認されるとしても、依然として壮大な構想ではあった。少なくともヒラリー・クリントンの見地に立てば、その支配は地球規模に拡がるべきものだったのだから。トランプの「国家プロジェクト」に対立する「帝国プロジェクト」であった。

しかし、中国に騙され、同盟国（トルコ、サウジアラビア、フィリピン）に愚弄されたアメリカをごまかさずに引き受け、選挙民に向かって世界の現実を述べることができたのはトランプのほうだった。ともあれ、彼の最大の功績は、ドイツを経済的ライバルと見定めたことであったろう。ドイツの戦略的目標の一つは今や、中国に毀損された米国産業にとどめを刺すことなのだから。

クリントン陣営による黒人有権者層の掌握――エリートたちのもうひとつの裏切り

帝国プロジェクトはリーズナブルなものではなかった。しかし、ごく短期的には、米国の所得ピラミッドの頂点の〇・一％を占める寡頭支配者たちのために最大の利潤率を保障し、同じ所得ピラミッドの最上位一％の内に入って、頂点の〇・一％の次に続く者たち――因みにこのグループには、トランプに敵対する声明文に共同署名した経済学者たちの大半が含まれる――のためには、羨望の的となり得る以上の生活水準を保障することができた。経済一辺倒主義に支配される文化と、資金面で金融寡頭支配者たちに依存する政治の文脈の中では、帝国の夢も申し分なく合理的に見えていた。

しかし、このような構想で武装していながら、いったいどうしてクリントン派の民主党員たちは、経済のグローバリゼーションで経済的に破壊され、メキシコからの移民流入で雇用を脅かされている黒人有権者層を味方につけると豪語できたのだろうか。

ここでわれわれは、フランクリン・フレイジャーのあとに続き、ミシェル・アレグザンダーの言葉を先鋭化させながら、黒人集団の階層化を考慮に入れることで、同集団の「虚偽意識」と、〔一致して集団的に民主党に投票する〕投票規律を理解しなければならない。黒人集団は、その下層部分においては失業と刑務所行きのいちばんの犠牲者であり、スケープゴートにほかならない。社会の皮肉なメカニズムのせいで、彼らの苦境そのものが一九八〇年から二〇一五年まで、新自由主義的社会システムの安定化に貢献したのだった。したがって本来、黒人集団は民主党の方針に激しく反対してよかった。しかし、この人種グループの上層部分はアファーマティブ・アクションの受益者であって、居住地区と結婚をめぐって存続する執拗な差別にもかかわらず、経済面では、グローバリズム的で帝国主義的なクリントンの構想に満足することができた。中間層と下層は単純に、黒人コミュニティ内のエリートたちに追随させられていた。そして、エリートたちを支えていたのは伝統の力だった。実際、リンドン・ジョンソン大統領以来、かつての民主党は、すべての黒人の政治的解放の尖兵だったのである。

二〇一六年の大統領選キャンペーン期間中のあるエピソードによって、黒人有権者層が民主党クリントン派のエリートたちに支配され、自分たちの経済的利害に反する投票行動へと仕向けられていたことが判明した。

先述のとおり、保護貿易への政策転換は、白人労働者と比べて取得資格などで平均的に劣る大半の黒人労働者の利益につながる。ところで、二〇一六年には、民主党内に保護貿易主義の大統領候補者がいた。その候補者バーニー・サンダースは、ごくふつうの階級的利害の論理によって、黒人たちから、若い世代の民主党党員たちが彼に寄せたのと同じくらいの熱意をもって支持されてよかったはずだ。ところが、実際に起こったのはその正反対のことだった。いわば「囚われの身」にある黒人有権者層が、深刻な政治的疎外のありさまを晒して、サンダースの予備選敗北を決定的にしたのだ。予備選から予備選へと、黒人の人口比率の高い各州で、ヒラリー・クリントンがバーニー・サンダースを打ち負かしていった。「予備選でのサンダースへの投票」と「黒人の人口比率」をつなぐ相関係数は州レベルにおいてマイナスで、マイナス〇・八一だった[8]。この係数は極端に高く、人文科学では出会うことさえ稀なレベルであり、統計理論によれば、反サンダース票の「分散」の三分の二近くが黒人の存在によって説明され得ることを意味する。つまり、寡頭支配的で帝国主義的なクリントン陣営が民主党を制することができたのは、まったく単純に、同陣営が黒人有権者層をうまく操ったからだといえるわけだ。黒人エリートたち——彼らは彼らなりに、グローバリズムのシステムのささやかな「おこぼれ」にあずかっている——の迎合なしには、このような進路選択の間違いは起こり得なかっただろう。少なくともミシェル・アレグザンダーは、さすがに、バーニー・サンダースを支持したのだった。

民主党のヒスパニック問題

ヒスパニックの有権者層は今や、米国の全有権者の一二%を占めている。ドナルド・トランプから攻撃を受けたにもかかわらず、ヒラリー・クリントンに投票したのはこの層の六六%で、一二%がトランプに票を投じた。ヒスパニックの元来の投票傾向は、さほど強く民主党に傾いているようには見えない。たとえば二〇〇四年の大統領選では、彼らのうちの四〇%がジョージ・W・ブッシュに投票した。人類学の見地から、また社会のダイナミズムを踏まえる見地から見て、ヒスパニックと黒人を同じ概念の袋に入れるのは重大な誤りである。〔もともと出身国によって家族構造が多様な〕黒人とは逆に、メキシコ人とラティーノの大半は、特定的で整合性のとれた家族システムを持っている。

フランクリン・フレイジャーの描出によれば、米国の黒人の家族はひとつの脆い実体であって、奴隷制が終わって以来、周囲に存在する白人たちの価値観の土台の上でなんとか自らを安定させようとしている。夫または父親である男性を劣等の地位に留め置くことで自らの土台を損なってしまう黒人の家族は、経済危機や文化的変容によって絶え間なく脅かされている。自分の母親の住まいに避難するシングルマザーのイメージとともに、黒人の家族は二〇〇〇年代の初め頃、世人の眼に、離婚率が高い中で不安定化する核家族の戯画バージョンのように映った。それはちょうど、一九六〇年代、七〇年代の文化革命の直後に、庶民層の白人の家族が行き着く果ての姿と思われていたものと一致する。ハンナ・ロージン〔イスラエル出身の米国人ジャーナリスト、一九七〇年生まれ〕が二〇一二年に出した『男の終わりと女の擡頭』という本は、洗練されていると同時に下品で、誇張の多すぎる本だが、米国社会が全体として母権制に変わり、責任を全うする女たちと無責任な男たちばかりになっている、といった状況を描いている。しかしそれでも、父権的な最上層階級がわずかながら存続することを認めている(9)。このようなモデルにしたがえば、黒人たちのあり方は、庶民層における男性の役割の破壊の極端なケースを表すことになるだろう。実際、教育関連の統計を見れば、今では、黒人社会での女子の優位が白人社会における以上に鮮明だということが分かる。

メキシコ人や、その他多くのヒスパニック、なかでもペルー出身やボリビア出身のヒスパニックは、黒人のケースとはまったく異なる家族類型の当事者である。第2章で見たように、彼らを特徴づける「一時的父方居住を伴う核家族」は、若い夫婦が夫の側の家族と何年間か同居することや、場合によっては、独立後も夫の親の住居の近隣に居住する（近接居住）ことを想定するけれども、あくまで結婚した子供たちの独立を最終目標とする。末子は、完璧に形式の整えられた末子相続の手順にしたがって、年老いた両親の世話をしなければならない。

このタイプの家族システムは、メキシコやペルーやボリビアの早期の経済的離陸を助けたとまでは言い切れないが、その代わり、同化のストレスに晒される移民たちにとって、優れた保護装置を提供するものと考えられる。ここでもまた、乳幼児死亡率が卓越した指標となる。二〇〇七年に、白人の米国人の乳幼児死亡率は、出生数一〇〇〇当たり五・六人であった。これは「凡庸な成績」だといわねばならない。日本やスウェーデンでは二・五人であり、フランスが三・八人、ドイツが三・九人、韓国が四・一人、英国が四・八人、キューバが五・三人……という具合なのだから。米国人のうちでも黒人（非ヒスパニック）に限った場合、同じ年の乳幼児死亡率は一三・三人で、白人のケースの二倍以上にまでは跳ね上がる。一方、意外なことに、一括して「メキシコ人」と呼ばれている人口カテゴリーでは、それが五・四人に、また、その他のラティーノ米国人においては四・六人にとどまる。米国社会で支配的な立場にある白人集団よりもわずかに、しかし明確に、乳幼児死亡率が低いのだ[10]。

ラティーノは平均的教育水準がたいへん低く、米国に存在する他のどんな民族的・人種的カテゴリーと比べても劣るのだが、それにもかかわらず、すでに注目したとおり、混合婚の比率が高く、黒人のそれを大きく上回っている。

ラティーノは長い間、出生率が目立って高いと言われてきたが、今日ではその指標もまた、彼らの米国への同化が加速していることを物語る。米国における出生率の動向を示す数値の最近の低下については、金融恐慌で若いカップルが経済的困難に直面したからだと説明されることが多い。なるほどそのせいか、二〇〇六年から二〇一三年にかけて、白人女性一人当たりの出生率は一・九一人から一・七五人へと下降し、黒人女性のそれも二・一二人から一・八八人に低下した。しかし、同じ時期に、ヒスパニック女性一人当たりの出生率はなんと二・八五人から二・一五人まで低下したので、これは正真正銘の急降下である(11)。景気の影響では到底説明がつかない。トランプが移民問題でヒスパニックの人びとを標的にしていたまさにその時、ヒスパニックのほうでは、人口学的な米国標準への同調——これは同化の結果であり、その確かなしるしである——を加速させていたのである。

要するに、ヒスパニックが米国で辿ってきている道程には、最初から徹底的に「のけ者」にされてきた集団である黒人のそれとの近接性や一致を示すものは何もない。異国で移民になり、同化していくプロセスが彼らにとって楽々街道であるかのように主張するつもりは勿論ない。そうではなくて単に、彼らに立ちはだかる困難は伝統的タイプの困難だと確認しているのである。おそらく彼らの運命は、約五〇年の年月を隔て、苛酷さが少し軽減された形で、アイルランド系のカトリック信者たちのかつての移民経験に類似している。

それゆえ、ヒスパニックを支持勢力にしようとする民主党の戦略は最終的には失敗するだろう。先程も述べたが、すでにヒスパニックの二八%がトランプに票を投じた。なぜか。たしかに、彼らの間に存在する教育面と経済面での階層性が彼らの選択を多様にしているにちがいない。また、反カストロ主義の立場ゆえに必ず右寄りの投票行動を取るキューバ・コミュニティの特殊性にも言及すべきだろう。しかし、われわれが特に認めなければならないのは、諸々の非白人マイノリティを一括りにして語る言説は米国社会のダイナミズムに矛盾するということだ。社会生活の現場におけるラティーノの適応のうまさは、黒人の家族が問題を避けて際限なく居場所を変えていくのと好対照だ。ロサンジェルスのワッツ地区は、暴動事件が起きた一九六五年頃は住民のほとんどが黒人だったが、今ではヒスパニックが多数を占める居住地の一つになっている。カリフォルニアは、かつて一時期、アメリカ「西部」のさらに西に位置して、混合婚率も高かったので、アメリカ独特の強迫的な人種観念がついに雲散霧消する地になりそうだと期待されたのだが、そのカリフォルニアから、黒人人口は逆流するように離れていっている。

最後に、本当に悲しいことではあるが、最悪の事柄に言及しておこう。同化途上にあるヒスパニックに向けて民主党が送り続けるサブリミナル・メッセージは、「われわれはあなた方を保護する。われわれにとって、あなたがたは黒人と同様の存在なのだから」といったものだが、このメッセージにはヒスパニックを不安に陥れる性質がある。なぜなら、米国社会で気分よく暮らしたい、周りの人びとと同じひとりの人間でいたいと望むならば、黒人であってはならないというのが、あの社会の基本原則だからである。ゆえにラティーノたちは、二〇一六年に、相手がトランプのような男だったにもかかわらず、クリントンを救わなかった。これからの数十年を睨んで、彼らの投票行動が民主党に政界多数派の立場を確実に得させるというシナリオは予想しにくい。

民主制の失地回復はつねに外国人恐怖症的

英語圏における民主制の失地回復——ブレグジット、次にトランプの当選——は、イギリスでは反ポーランド人、米国では反メキシコ人というかたちで、色濃く外国人恐怖症《フォビア》に染まっているように見える。その外国人恐怖症《フォビア》のリアルさに疑いの余地はない。するとわれわれは、自由主義的民主制と普遍主義を同一視する習慣に導かれて、二〇一六年の選挙に現れた反抗の民主的性格の真正性を否定する方向へ導かれるだろう。もし人間が善良ならば、平等の原則は内輪だけでなく、外との関係にも適用しなければならない。一国の市民の間の平等に、地球上のすべての人間の平等が対応しなければならない。民主党左派は、保護貿易主義者サンダースの勝利になら喝采しただろうが、しかし、トランプのことは忌まわしい人物と見做さなければならない。同じようにフランスでも、二〇一七年の大統領選の折、われわれは、労働者階級がマリーヌ・ル・ペン〔「極右」とも評される右翼の政治家、一九六八年生まれ〕よりも、ジャン＝リュック・メランション〔ラディカル左翼の政治家、一九五一年生まれ〕に惹かれてほしいと思ったものだ。

ここにおいてわれわれは、誤った歴史観の犠牲になっている。経験主義的・人類学的であるよりも演繹的・哲学的な見方で民主制を捉え、その誤りの犠牲になっている。第11章でやや詳しく論述したように、歴史は多くの実例をもって、民主制がその源泉においては普遍主義的な性質のものでないことを教えてくれる。古代ギリシアで「イソノミア」〔法の前での市民の平等〕の概念が出現する以前、都市国家アテナイの民主制の誕生は、エスニックな性格をむき出しにしていた。市民の集合体が自らを確立したのは、奴隷たちを排除し、国内の「外人」を排除し、ギリシアの他の都市国家の市民たちを排除し、異邦人を排除することによってだった。クロムウェルの革命的イギリスは、プロテスタントかつナショナリストで、カトリック教徒を不可触賤民扱いし、新しい選民の優越性の名において、アイルランドで残虐行為を犯して恥じなかった。アメリカ民主制はといえば、それが最初にダイナミズムを発揮したのはインディアンと黒人に対する敵対性においてであったし、成熟期に入ったのは、トランプの崇拝対象であり、トランプに劣らず野卑な人物であったジャクソン大統領のレイシズムと共にであった。ヨーロッパでは、一七八九年から一九〇〇年にかけて各地で民主制が擡頭したが、それは、民主制に劣らず各地で発生したナショナリズムの進展を伴っての動きだった。因みに、ナショナリズムとは、「他者」――大抵の場合、自分たちにとって特に脅威だと感じられる隣国の人民――に対抗する社会的集団の確立にほかならない。

民主制、それは結局、自らの領土において、自らのために自らを組織化する特定の人民のことだ。この集団は、自分たちの国境を護る。人類一般のために物事を決する抽象的な集合体ではないのである。もしもわれわれが、原初の民主制を構成していた、暗くて、エスニックで、ナショナルな要素の歴史的明白性を受け容れるならば、その時われわれはまた、いったいなぜ、寡頭支配への抵抗が、教育の新たな階層化と自由貿易によって解体に追い込まれた西洋「民主主義国」の一つひとつに関わる民主制の失地回復が、つねに外国人恐怖症《フォビア》の色合いを帯びているのかを直視し、理解することができる。民主制は再生する。しかしそれはアメリカではメキシコ人の排除を、イギリスではポーランド人の排除を通してなのだ。フランスの現在の選択と目される「イスラム教徒の排除」は、正常な機能を果たせない。若年世代では人口の一〇%をも占める国内の一グループを標的にしている以上、ネイションの内部破裂に行き着くほかないからだ。とはいえ、こうした若干の列挙からだけでも、諸国民が一般に民主制に、あるいは、西洋寡頭制の今日の用語でいえば「ポピュリズム」に立ち帰ろうとしていることが感じ取れる。「摂理にもとづく前進」と、トクヴィルなら言っただろう。ただし、教育による新たな階層化は不平等主義的なので、二〇世紀前半の古典的な民主制への単純な復帰の可能性はもはやない。当時の民主制は、普遍的な識字化が果たされながらも、同世代人口の一定数が大挙して大学に進学するほどの高等教育はまだ普及していなかった時代の文化的同質性に錨を下ろしていたのである。

話題を民主制の歴史に戻そう。たとえ創設基盤において普遍主義的でなかったにせよ、民主制が到るところとは言わないまでも、少なくともかなりの数の地に現実に存在した限りにおいて、普遍的な現象として現れることができた。同系統と思われる政体の間に連帯関係も確立し、そこから逆に、これだけ各地に民主制が生まれたのは、民主制がそもそも人類の生得的な普遍主義の所産だからだといった幻想を生むまでになった。そんな幻想に酔うわけにはいかないが、だからといって閉ざされた悲観的展望に固執するのも、新手のドグマティズムの罠に嵌まるに等しい。多元主義的民主制は、平等な個々人の解放を市民の集合体の内部で実現するので、そこから、ある種の固有のダイナミズムによってさらにその先へ、自由で、かつ到るところで一般に他者たちと平等である市民という抽象的概念へと到り得る。この派生的普遍主義が、やがては具体的に、隣り合っておよそ似たように推移する人民同士の関係をポジティブなニュアンスで彩ることだろう。国内の「内輪」では自由で、平等で、解放的である外国人恐怖症《フォビア》的諸国民の並行的な前進が、最終的には、民主主義的で自由主義的な普遍を実現するかもしれない。

各人民の内部で個人を解放し、隣国の人民にも同じ傾向の存在を見抜くという条件を満たすならば、民主制はより高いレベル、すなわち普遍的要求を発する段階、民主制レベル2に進むことができる。このゲームをすでに演じたことがあるのは、米国とイギリスとフランス、それぞれの人類学的基底によってア・プリオリに個人主義的と定義される三つのネイションである。一方、ネイションの人類学的基底が個人の出現を促さない国々――ドイツ、日本、ロシア、中国――では、自由主義的民主制を普遍化する構想が開花するのはあまり見かけない。

国家構想に対抗する世界構想

米国の将来の悲観的解釈の一つとして、同等の力を備えた二つのイデオロギーが拮抗して、両者の争いが膠着するだろうという予想がある。一方の共和党がナショナルで、民主主義的で、保護貿易主義で、白人の勢力なら、他方の民主党はグローバリストで、エリート主義で、帝国的で、多人種的だという。トランプの当選に続いた「冷たい内戦」の雰囲気は、そんな予想が的中するかもしれないと示唆する。二〇一六年大統領選の二人の主要候補者の獲得票数はほぼ同数で、しかもヒラリー・クリントンのほうが少し上回っていたくらいなので、米国がナショナリズムへと大きく急変するとは考えにくい。カリフォルニア州とニューヨーク州という二つのリーダー格の州が民主党陣営の地盤になっていることや、主要都市や一流大学でグローバリズムが優勢であることから推して、社会全体がトランプの構想に同調する可能性はありそうにない。

より深い次元で語ろう。高学歴層と低学歴層に分かれた米国社会の分断が続いている以上、件の二つの陣営、二つのイデオロギー的砦の定着もアメリカを長期的に二分割し続ける可能性があり、そうなると、実のところ、米国は経済的にも戦略的にも無力化へと追い込まれかねない。その場合、民主制の失地回復は、その母胎としての外国人恐怖症《フォビア》の内部に囚われたままになりそうだ。今なお世界最強の大国であり、人類全体の将来に関して、いわばオーケストラの首席指揮者のような立場にある国家にとって、それはばかげた状況だといわなければならない。

しかし、楽観的な解釈も存在する。この解釈はトランプの勝利に、すなわち外国人恐怖症《フォビア》をともなう民主制の失地回復に、民主制がその第二段階である普遍主義的段階へ向かって歩みを加速していく前のワンステップのみを認める。さらに、この図式の第一段階を真に表象するのがトランプであるかどうかも定かとしない。なぜなら、民主主義的で保護貿易的な方向への政策転換の口火が切られたのは、バラク・オバマの下でであったからだ。

実際、オバマ政権時代の二〇〇九年に採択されたバイ・アメリカン条項は、米国製の資材と製品を用いるインフラストラクチャーに限定して景気対策の公共融資を割り当てた。これを民主制の失地回復レベル2への「序説」と見做せるのかもしれない。いずれにせよ、国家再評価の中心的要素である保護主義の擡頭はたしかにトランプ登場に先立ち、米国の二大政治勢力の両方でほぼ同時に起こったのだといえる。なるほど、外国人恐怖症《フォビア》の社会的な在処に応じて最終的にそれを体現することに成功したのは、民主党のサンダースではなく、共和党のトランプだったけれども——。ともあれ、自由貿易信仰の失墜が、今や米国社会全体に及んでいる。大卒者でさえもはや経済的グローバリゼーションの恩恵に浴せず、所得水準がいっこうに伸びない状況であることを考慮すれば、この現象は合理的かつ理性的であろう。米国社会では、今後もずっと二大勢力に分割された状況が続いていくのだろうか、それとも、外国人恐怖症《フォビア》的でないネイション概念に同調する多数派が形成されるのだろうか。

若年世代の経済状況の行方とイデオロギーのあり方が、将来を予見させてくれるかもしれない。すでに言及したとおり、高学歴の青年層は、教育ローンの負債を抱え、やがて自分たちの所得水準が加速的に低下していくのを経験する。無論それも考慮すべき事実だが、若者たちが経験する危機の何たるかを充分に認識するために、われわれはここでもまた、家族次元と宗教次元の行動の深層へと降りていかなければならないだろう。そこにデータが存在すれば、西洋民主制におけるこの危機の一般的特徴を提示できるだろう。

絶対核家族の凋落と若者の巣立ちの困難

年齢別所得推移の分析から判明することの一つは、すべての西洋民主主義社会で――オーストラリアだけはおそらく例外だが――、若者を取り巻く状況が厳しい方向へ推移しているということだ。早くも一九九九年に、ルイ・ショヴェル〔フランスの社会学者、一九六七年生まれ〕が、フランスに関してこの現象を明らかにし、（持続的な）経済危機の下でも旧世代は幸運な経済的環境の中で人生を不安なく終えることができるけれども、まさにその時、若者たちは不安定で報酬の少ない雇用状況に置かれ、「ガレー船を漕ぐ」が如き生活に沈み始めているのだと強調した(12)。イギリスの新聞『ガーディアン』が二〇一六年に出したある卓越した特集記事は、このテーマを比較調査の手法で扱っていた(13)。

一九七九年～二〇一〇年の米国で、世帯主が二五歳～二九歳である世帯の可分所得の増加は、平均上昇率を九％下回っていた。それに対し、世帯主が六五歳～六九歳の世帯の可分所得上昇率は平均を二八％上回り、七〇歳～七四歳の層でも平均値より二五％高かった。**表14－2**を見ると、この不均衡がイギリス、フランス、スペイン、イタリアではさらに一層大きいことが分かる。

人口の最若年層の所得減少は、ネオリベラリズム革命と、その諸要素の中でもとりわけ際立って自由貿易が自動的にもたらす効果である。自由貿易は、資本を有しない者を一律に、実にまったく公平に圧し潰すのだ。だから若者たちは、労働者たちと共に、真っ先に犠牲の祭壇に供せられる。市場の支配は、当該の若者たちが高学歴であるかないかにかかわらず、親に対する彼らの経済的依存を劇的なまでに強めた。壮年のエリートたちがかつてなかったほどに個人の自由を称揚していたまさにその時、若い世代の個人は、自立の可能性が減じていく現実に直面していたのである。

自分の住まいを持つことが、若者にはたいへん困難になった。イデオロギー的な建前と社会的現実の間のコントラストが、英語圏においては、ブレグジットとトランプ勝利という大転換の前夜には、かのブレ

表 14-2　新自由主義革命の中の若者と老人

	25〜29 歳	65〜69 歳	70〜74 歳
英国	−2	62	66
カナダ	−4	5	16
ドイツ	−5	5	9
フランス	−8	49	31
米国	−9	28	25
スペイン	−12	33	31
イタリア	−19	12	20
オーストラリア	27	14	2

注：1979 年〜2010 年の世帯可処分所得の平均推移（%）。

ジネフ共産党書記長時代のソ連における言説と実態の隔絶を思い出させるほどの強度に達していた。米国でも、イギリスでも、カナダでも、さらにはオーストラリアでも、一八歳〜三四歳の若者がそれぞれの親の住居で暮らすケースが増加し、その中には、大学卒業後も親の家に舞い戻らなければならない多くの高学歴者も含まれていた。[14] ピュー研究所〔米国ワシントンDCを拠点とする世論調査機関〕の調査もまた、二〇一六年五月に、一八歳〜三四歳の個人が自分の親と同居している率が、米国で一八八〇年頃の水準に戻ったことを教えてくれた。一八八〇年前後といえば、先述したように、米国の家族の核家族的特徴がまだ弱い程度にとどまっていた時期である。[15]

現在、米国の絶対核家族は、冗談ではなしにその「絶対」的性格を失いつつある。明らかに、若者の一時的同居への、原初的未分化性への部分的復帰過程に入っているのだ。われわれはすでに、ほぼ完成された形の核家族が、一七世紀のイギリスで、若者たちを使用人として受け入れることのできる農耕システムと、生活の資を欠く老人たちのための国家の介入を要請していたことに注目

表14-3　親の家に居住するヤングアダルト（欧州各国、2008年、%）

	女性	男性	25〜34歳合計
デンマーク	**0.5**	**2.8**	**1.6**
スウェーデン	2	3.9	2.9
ノルウェー	2.2	4.7	3.5
フィンランド	1.9	8	4.9
オランダ	3.1	11.8	7.5
フランス	8	13	10.5
アイスランド	7.4	15.1	11.2
ベルギー	9	18.8	13.9
ドイツ	9.2	18.7	13.9
英国	**10.5**	**20**	**15.2**
オーストリア	14.7	30.7	22.7
アイルランド	17.9	32.2	25.0
スペイン	29.8	41.1	35.5
イタリア	32.7	47.7	40.2
ポルトガル	34.9	47.6	41.2

出典：Eurostat, « Un homme sur trois et une femme sur cinq âgés de 25 à 34 ans habitent chez leurs parents », n° 149, octobre 2010.

した。同じように、米国でも、真に「絶対」的な核家族は、完全雇用とルーズベルト由来の福祉国家が整った一九五〇年頃の環境の中で初めて開花したのだった。その後、新保守主義革命が雇用へのアクセスを困難にし、国家を弱体化させた結果、傾向が逆転して、米国の家族は、歴史上二回目になるが、改めて未分化核家族の型に、すなわちホモ・サピエンスの原初的モデルに近づいたのである。

この先祖返り的現象を見ると、米国の高学歴の若者たちが国家介入型の政策に関心を抱くのも、そのうちの少なくとも一部分がバーニー・サンダースの「社会主義」に熱狂するのも、よく理解できる。新自由主義は、実際には若者たちを父親の権威の下へ連れ戻してしまう。ネオリベラルの紋切り型教科書が教えるところとは正反対に、先進諸国の若者たちにとっては、むしろ国家こそが自由の保障なのだ[16]。

デンマークは絶対核家族の国であるが、あの国では、ルター主義の時代や社会民主主義隆盛の時代に遡る国家主義が市場一辺倒主義に抵抗した結果、絶対核家族の「絶対」的性格が保たれた。若者たちが国家から充実した支援を受け、そのお蔭で非常に早い時期に親の住居から離れる。セシール・ヴァン・ド・ヴェルド〔カナダの社会学者〕は、イギリスの伝統における若者の自立規範のみならず、住居を得ることが困難な状況下でその自立の具体的な実現レベルが下がっていることをもしっかりと研究した。彼女はまた、デンマークの核家族的・国家主義的モデルがどのように効果的に抵抗しているかをも描出している[17]。

EU統計局〔欧州委員会において統計を担当する部局〕が提供した比較データは、三〇年近く新自由主義が続いたあとの今日のイギリスにおける「核家族性」のレベル低下を明らかにしている[18]。

米国の若者における外国人恐怖症への抵抗

学歴と人種のすべてのカテゴリーを区別せずに一緒に扱うと、一八歳～二九歳の米国人のうち、トラン

表14-4　米国人の年齢別投票行動（2016年、%）

年齢	トランプ	ヒラリー・クリントン
18-29歳	36	55
30-44歳	41	51
45-64歳	52	44
65歳以上	52	45

プに投票したのは三六％だけで、五五％はクリントンを選択した。この差は大きい。ただし、白人に分類される若者の層では、トランプが四八％を得票して、得票率四三％のクリントンを負かした。このように、たしかに「若者効果」が存在していて、トランプ的な暗いビジョンを遠ざける働きをしているのだが、その若者たちの世代においても、白人集団の明確な親トランプ志向は無化されなかった。若年層はシステムに苛《さいな》まれているカテゴリーの一つなので、この層が有権者集団の反抗の一翼を担ったことは驚くにあたらない。それを思えば、若者たちが外国人恐怖症《フォビア》に比較的よく抵抗したという事実から引き出すべきは、アメリカ文化の明るくて開放的な次元が依然として健在だという仮説である。

なお、確信してよいことの一つとして、米国の有権者集団の最も若い部分のイデオロギー的変容はまだ始まったばかりだということ、そしてその変容は十中八九、近い将来に加速するということがある。ある非常に重要な要素が、二一世紀初頭に成人年齢に達した世代の米国人におけるイデオロギー的急転を際立たせる。その要素こそ、トランプやサンダースの登場という現象や、グローバリゼーションへの異議申し立てが、一時的な熱病などではないことを請け合っている。というのも、最近の研究により、米国における宗教的信仰の急速な衰退が今や明らかなのだ。本書で幾度も見てきたように、歴史上、宗教的信仰の衰退はイデオロギー的革命の予告に等しい。

アメリカをヨーロッパから画然と区別してきたのは、これまでずっと、アメリカにおける宗教的信仰の根強さだった。もちろん、本書でもすでに注意を喚起したように、日曜に教会でミサにあずかる米国人の割合を四〇%～五〇%などと伝えてきた世論調査は、宗教実践の実態からかけ離れた過大評価でしかない[19]。大抵の場合、そんな数値は二で割って受け取るべきだろう。しかしながら、一九五〇年頃に成人した世代がアンケートに回答していた宗教実践を、二一世紀初頭に成人年齢に到達した世代のそれと比較すれば、申告される宗教実践の精勤度が四〇%～五〇%から二〇%へと低下したことが確認できる[20]。自らのことを「不可知論者」、「無神論者」、「特定の宗教には帰依していない」と公言する若い成人の割合は、二〇〇七年から二〇一四年までの間に、二五%から三五%へと拡大した[21]。

　ここでわれわれが確認しているもの、それはおそらく米国社会の最終的世俗化であり、この最終的世俗化から、宗教をベースとする新保守主義が共和党陣営で死に絶えつつあることと、目下ひとつの全般的革命が進行していることが分かる。宗教のこの衰退が、共和党陣営におけるトランプの勝利を説明するし、若者のあいだに国家に好意的な態度が擡頭していることをも説明する。トランプに対する若い世代の相対的抵抗を考慮するならば、民主制の失地回復が外国人恐怖症《フオビア》という母胎から出発しても、次の段階では、加速しつつ、普遍主義的な民主制レベル2に到達していくという楽観的な仮説を仮に抱いたとしても、それほどおかしなことではない。

第15章　場所の記憶

ここまで六つの章を割いて、基本的な家族型が核家族であることに特徴づけられる英米世界のダイナミズムを歴史の長い持続の中に観察してきたが、ついに今、世界の他のいくつかの主要国の最近の推移を検討すべき時がやってきている。それらはいずれも、程度の差こそあれ、過去に家族構造が父系的変容を受けたことのあるネイションだ。ドイツと日本の伝統的家族構造は直系家族であり、ロシアと中国のそれは外婚制共同体家族である。ただ、英語圏との相互作用のなかで世界のパワーゲームを規定し続けているそれらの国々にアプローチするのに先立ち、われわれはここでいったん歩みを止め、方法論的な確認をしておく必要がある。というのは、実際のところ、直系家族はもはや、ドイツのものであれ、日本のものであれ、現代の居住地のほとんどの部分を構成する都市空間には存在していない。ベルリンへ行っても、東京まで出かけても、三世代構成の世帯で暮らしている人口集団を見出すことはほぼない。また、モスクワも、北京も、一人の父親と既婚の息子たちが同居して一世帯を営んでいる例は多くない。ところが、それにもかかわらず私は、このあとに続く章で、あたかも直系家族の価値観や外婚制共同体家族のそれが、件のネイションの推移と適応を暗黙のうちに導き続けているかのように話を進める。そうである以上、私はまず、どのようにして、そしてなぜ、そのような恒久性の仮説を受け容れるに到ったのかを最初に説明しておかなければならない。手始めに、フランスのケースに言及する。

この問題は、実はフランス研究にとっても、非常に興味深く、かつ重要なのである。フランスの人類学的システムは、基本的に、平等主義核家族のパリ盆地と直系家族の南西部の対立で成り立っている。もちろん、この二つ以外の家族形態に特徴づけられている地域も多いことを忘れてはならない。それらすべてを含むモザイクがフランスなのであって、「単一にして不可分」と称せられるこのネイションは、実際には、すべてのネイションのうちでも最も多文化的なのだ。とはいえ、南西部でも、直系家族を営む世帯の

地図 15-1　フランスにおける近親者との同居率（1982 年〜2011 年）

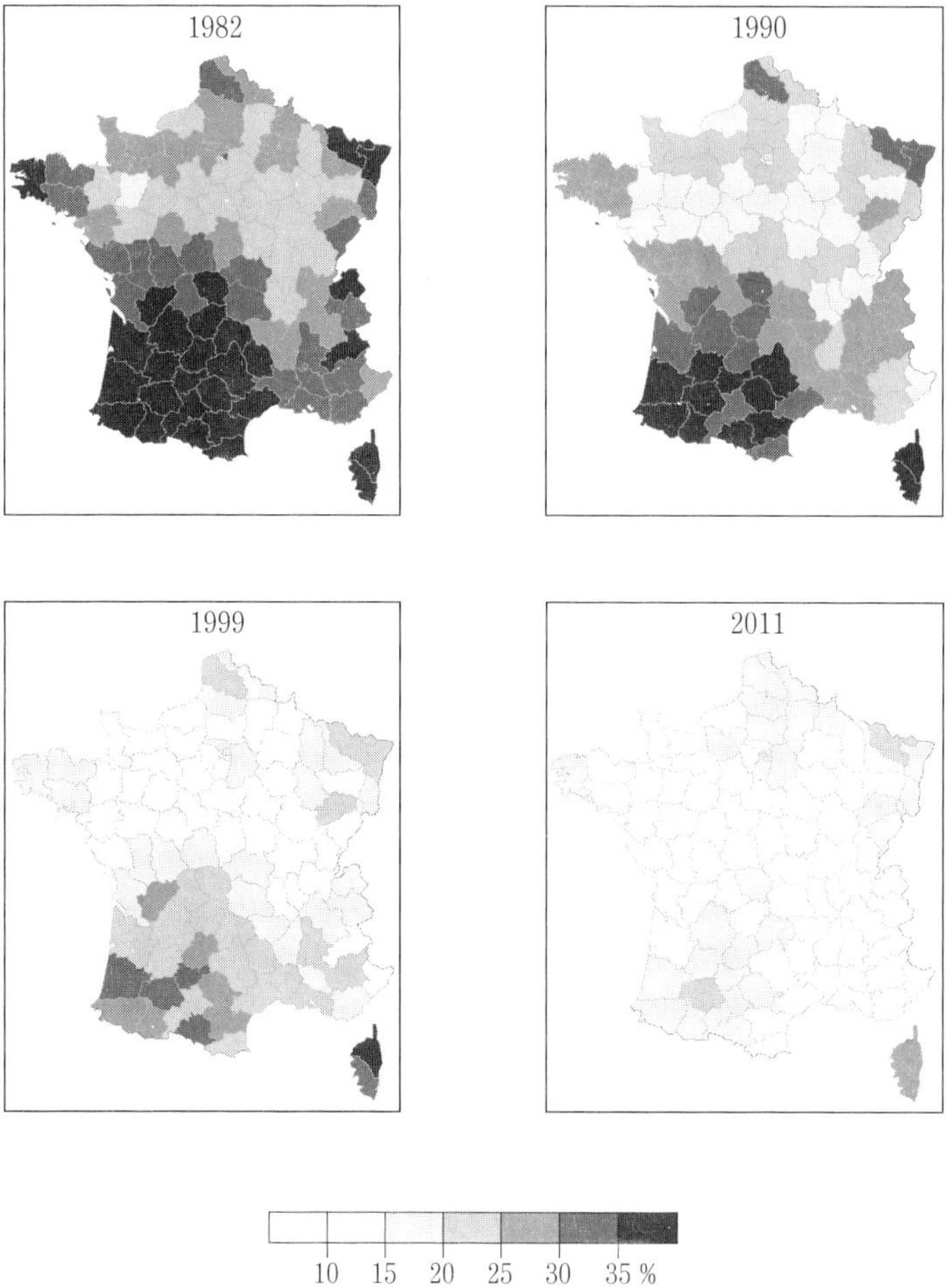

出典：Loïc Trabut et Joëlle Gaymu, « Habiter seul ou avec des proches après 85 ans en France: de fortes disparités selon les départements », paru dans INED, *Population et Sociétés*, n° 539, décembre 2016, p. 114.

大部分はすでに消失した。ベルリンや東京でと同じように、トゥールーズ〔フランス南西部の中心都市〕でも、三世代同居の居住形態はもはや一般的でない。とはいえフランスには、かつての複合世帯の痕跡や残滓が存続している。その残存形態の分布を捉える地図が二〇一一年に作成されたのだが、この地図は、ちょうどX線写真のように、フランス本土で複合世帯が比較的多く残存しているのが南西部であることと、一九八二年から二〇一一年にかけて、その複合世帯もさらに若干減少したことを透視させてくれる。

南西部は、一三世紀から一九世紀まで直系家族隆盛の中心であったが、今日では核家族地域に変わっている。かつて長子相続権が行使されていたトゥールーズ一帯でも平等主義的な遺産相続の規則が適用されるようになってすでに久しい。この点は、ドイツでも、日本でも同様である。

世帯の核家族化を地球規模で観察するとき、核家族の普遍的勝利を予言するのは容易いと思えるかもしれない。早くも一九六三年に、『世界革命と家族型』と題する著作でその予言をしたのが、米国の社会学者ウィリアム・グード（一九一七〜二〇〇三）だ。グードは、親や親戚縁者から解放されたカップルの出現を、都市生活が機械的にもたらす結果、あるいは産業化の必要に応じるもの、というように見ていたのではない。彼はそれを、ある特定の家族理念、若者や女性や被抑圧者が担うあるひとつのイデオロギーの勝利として提示したのだ。曰く、《夫婦中心家族のイデオロギーはラディカルで、ほとんどすべての社会で伝統を打ち崩す。その展開の出発点となるのは一連のラディカルな一般的諸原則であって、この諸原則が、おそらくすべての発展途上国で夫婦中心家族群を政治的に立ち上がらせる。このイデオロギーは、土地再配分要求のそれとほとんど同じほどに普遍的な訴求力を持っている。階級、カースト、性別といったあらゆる障壁に抗して、個々人の平等を主張するのである(1)》。

グードは、かなり月並みに、このイデオロギーの起源を西洋に位置づけていた。しかし、彼によれば、このイデオロギーはすでに発生源から離れ、それ自体の運動によって世界中に伝搬しつつあるのだった。今日、グードのこの本を読むのは、なんとも幻惑的な経験だ。なぜなら、この本は純粋な夫婦中心家族――これは実は当時のアメリカ的な家族である（絶対核家族型は、一九五〇年から一九六〇年まで米国で最盛期にあった）――の全世界的普及を語っているわけだが、昨今確認できるのは、それに続く西洋イデオロギー、すなわち、夫婦中心家族からも離れ、理想的には男性または女性の同性愛に体現される純粋の個人というイデオロギーの全世界的普及なのだから。一九六〇年頃のカップルの権利のあと、今度は同性愛の権利が、西洋の旗振りの下、到るところで擁護されるべき普遍的価値として認定されている。同性愛恐怖症《ホモフォビア》は、プーチンのロシアと、多くの発展途上国に向かって投げかけられる非難の標的の一つとなっている。

しかし、グードの本が出た時はまだ一九六〇年代初めだったのであり、彼のテーゼの普遍主義は、今日のイデオローグたちの場合と違って、世界の多様性に対する絶対的軽蔑を伴ってはいなかった。それどころか、彼は社会学者であるのと同じくらいに人類学者で、地球上の伝統的家族システム――ドイツ、ロシア、中国、インド、日本、アラブ世界――を熟知していた。彼の本は、その方面の学習や研究へのよい入門書になり得る。それに彼は、西洋の夫婦モデルが実は古風なものであって、少なくとも歴史を一〇〇〇年は遡れることを知っていた[2]。夫婦の価値の上昇と核家族の家庭のあり方についても、彼の描写は精確で、ニュアンスにも富んでいる。彼はまた、父系制共同体家族が、男女の個人にとってあまりにも息苦しい形態であるゆえに、自壊の可能性を潜在させていることにも勘づいている。彼の本は、共産主義体制に戦闘的フェミニズムの要素があることを強調している。因みに、この要素は今日一般に忘れられているが、なぜ最近、東ドイツから中国に到るポスト共産主義空間のいくつもの地域で女性のステータスが低下傾向にあるのか、その理解を助けてくれる。[3] しかもグードは、父系制の反個人主義的家族モデルが社会の上層部に根を張っていて、被支配的な社会集団のほうが相対的に両性平等的であることにも着眼していた。[4]

この着眼は、的確な認識能力の証しのように思われる。なにしろ今では、父系制の形態は社会の上層で発明されたこと、そしてその伝搬はじわじわと、そしてつねに不完全に、社会の下層へ向かって進行したことがすでに判明しているのだから。この事実を知ることは、グローバリゼーションの時代にはきわめて重要である。グローバル化推進のイデオロギーが、事実でないイメージをまことしやかに流布させているからだ。各国のエリート層が互いに似ているのに対し、民衆はそれぞれに異なるローカルな文化の中に閉じ籠もっている、というイメージである。ところが、現実は然《さ》にあらず。世界のどこでも民衆階層は、程度の差こそあれ、ホモ・サピエンスの自然な家族により近い状態にとどまっており、したがって国や地域を超えて近似し、要するに「アメリカ」に近似しているのである。それゆえ、グローバル・エリートこそが今日、英米人、フランス人、オランダ人、あるいはデンマーク人〔のような核家族文化出身者〕でない場合には、たとえ悠々と五つ星ホテルから五つ星ホテルへと、空港から空港へと渡り歩く生活をしていても、たとえば男女関係において平等主義的な夫婦の型に近づくべく最大限努力しなければならない状況に置かれる。

グードは、慎重な書き方をしているけれども、あくまで諸々の社会の収斂と核家族モデルへの同調を証明しようとしている。もしも「家族システム」と「同居集団」〔あるいは世帯〕を同一視するなら、彼の立証は完璧だ。けれども、家族システム、すなわち、男女、親子、兄弟姉妹のあいだの関係を組織する諸価値の総体と、国勢調査が対象とするような同居集団〔世帯〕を区別するならば、彼の立証はその力を失う。実際、農耕時代にある価値システムを体現していた同居集団が崩壊したあと、その価値システムだけがなお生き延びることは充分に考え得る。世帯が核家族化しても、メンタリティまで核家族化するとは限らない。権威主義、不平等主義、男尊女卑が、核家族世帯で構成される社会の中で生き延びることは、ア・プリオリにあり得る。ここで、「ア・プリオリに」という表現が喚起するのは、ひとつの論理的可能性にすぎない。ひとえに経験主義的な証明だけが、核家族的世帯が必ずしも核家族的メンタリティを生み出すわけではないということ、そして、過去の農村の複合的世帯の解体が個人主義的なメンタリティを醸成するとは限らないということを、われわれに認めさせる可能性を持っている。

　この点はきわめて重要だ。それゆえ私は、いかにして自分自身が、グードに近い認識から、非個人主義的で、父系的ないし不平等主義的なメンタリティが核家族世帯中心の社会でも生き延び得る——ときには拡がり得る——という確信へと転じたのかを述べようと思う。私の転向は完全に経験主義的であって、確言しておくが、個人的などんな選好にも由来していない。そもそも私にとって、価値観の恒久的存続を可能にするメカニズムを理解するのは一朝一夕のことではなかった。その理解に到るには、家族関係と価値観の継承を精神分析学的に見ることへの私自身の暗黙の同意を捨てなければならなかった。価値観の残存という仮説は、認めるのが困難な仮説だが、しかし、ドイツ、日本、ロシア、中国の昨今の推移を理解しようとする者にとって必要不可欠の前提なので、このあと私は、自分が知的転向に到るまでに経たいくつかの段階を手短に報告する。

私の当初の想定——移行期の危機を経て核家族システムに収斂する

　私は一九八〇年代の初めに、政治的イデオロギーの地理的分布を基底的家族システムのそれに結びつけたが、当時私の頭の中にあった説明モデルは、グードの説に似ていた。当初のこのモデルによれば、ロシア、中国、セルビア、ベトナムなどの農村で起こった共同体家族の崩壊が人びとを個人として「解き放った」が、急に解き放たれた個人はすぐには自由に馴染めず、党や、中央集権化された計画経済や、警察国家に、ほとんど機能不全に陥った家族の代替物を求めたのだった。この場合、全体主義の社会・政治形態は移行期的なものにすぎない。稠密な世帯が消滅して過去のものとなり、後続世代が「核家族的」家庭環境で暮らす――私は「家族」と「世帯」を混同していた――以上、やがては、グードが想像したたぐいの変化、すなわち夫婦中心主義や個人主義への収斂が現実となるはずだった。ただ、私の想定していたシークエンスは、たとえ核家族化が一面では個々人の自由願望の帰結だとしても、当初は個々人をパニックに陥れ、むしろ自由からの逃亡を促すと予想していた点で、グードの想定ほどには無邪気でなかった。

価値観の継承に関する私の見方は暗黙のうちにフロイト的だった。子供たちを、教育によって型に嵌められる存在のように見ていた。私の世代においては、精神分析はすでに公認の学説の地位を得ていて、われわれに、脅迫的な親のイメージに満ちた無意識を、いわば「精神の監獄」のようなものを想起させていた。人類学者はそれを「翻訳」し、家族が個人の頭脳に強い規範を植えつけると考えていた。折しも、テオドール・アドルノ〔一九〇三〜一九六九〕、エーリッヒ・フロム〔一九〇〇〜一九八〇〕といったフランクフルト学派から派生した一連の文献が、権威主義的家族構造の中で育った個人にとって、自由な環境で生きるのが困難であることに言及していた。私の理論モデルは、そうした標準的な解釈に、家族形態の多様性、躾け方の多様性、そしてそうした多数性の帰結としての政治的メンタリティの多様性といった仮説、つまり、政治的メンタリティも全体主義的であったり、自由主義的であったりするという仮説を付け加えていたにすぎない。そして、私は当時、都市環境の中で世帯が核家族化するのに伴って、（平等主義的な、あるいは平等主義的でない）権威主義的家族が消失すれば、それに呼応するイデオロギーもまた、年月の経過とともに消え去るだろうと考えていた。

そうすれば、やがて収斂の時がやって来るだろう。新たにできた核家族が子供たちを生み出し、その子供たちは自由主義的な規範によって育てられるので、移行期の全体主義的イデオロギー——ロシアや中国の場合なら共産主義、ドイツの場合ならナチズム——を拒否することができるだろう。ナチズムは外部の軍事力によって排除されたので、ドイツの民主化はこのモデルの検証に役立たない。それに対して、共産主義体制の内発的崩壊は一応、このモデルの多少の証明とは見做され得るだろう。

ロシア史は今日、共産主義が移行期のイデオロギーに過ぎなかったことを示している。ロシアには、実際、予見に合致する長いスパンの連続的歴史展開が見出されるからだ。すなわち、まず共同体家族、次に共同体家族の崩壊、次に家族の核家族化と全体主義体制の組み合わせ、最後に全体主義体制自体の崩壊。

とはいえ、私は一方でたしかに、共産主義体制が崩壊するや否や、自由化されたロシア社会の組織の中に共同体家族の痕跡が残存している可能性がありはしないかと自問した。けれども、奇妙なことに、一九九〇年代を通じて私を面食らわせたのは、ほかでもない西洋諸国の社会の推移だった。実は私は、人類学にしか説明できない意外な恒久性に着目し、それに導かれて、先進社会がこぞって自由主義という唯一のタイプに収斂するという仮説を捨てるに到ったのである。

一九九〇年代の移民現象——西洋における「分岐」

一九九〇年代初頭に西洋の四つの社会——米国・イギリス・ドイツ・フランス——における社会統合について調べていたとき、私は、イスラム圏出身の移民二世の混合婚率によって測定できる同化のレベルが社会によって大きく異なることを、意外の感をもって確認した。西ヨーロッパ諸国の社会が米国の消費社会モデルに同調していた時代に、そのような確認は理論的な問題を惹起せずにいない。イスラム教徒の移民の娘の混合婚率が、イギリスやドイツではほぼゼロに近いのに、同時期のフランスですでに相当な数値に達しているという事実を、どう説明すればよいのか。当該のどの国でも、都市が膨らみ、郊外が生まれ、消費が盛んで、第三次産業化が進み、そして特に、核家族世帯が圧倒的多数を占めていた。どの国でも、民主主義的で自由主義的な公式の政治的価値が謳われ、選挙がおこなわれ、報道機関は検閲されず、移動の自由が保障されていた。それなのに、何かがそこに存在し、社会生活の中に隠れていて、それがイギリス、ドイツ、フランスの状況を収斂させず、ある点で分岐させていた。

　混合結婚の比率は、強力な指標である。まず、未来を予見させる。ある社会でその数値が高ければ、混合カップルが多くの子供を生んで、社会の人種的あるいは民族的な細分化の可能性を消し去る。が、混合婚率は、近過去のすべての要約でもある。同じ社会集団の出身でない個人同士が結婚するには、その二人が子供時代、思春期、若い成人の時期に互いに近い時空にいなければならない。混合結婚の端緒には、すべての出自の子供たちが一緒に遊ぶことがタブーでない環境がある。したがって、都市の中での人口集団の地理的分布にひとつの役割があり、幼稚園、小学校、中学校、高校、大学の数と機能も影響を及ぼす。移民を受け入れる社会の親たちの態度、つまり、自分の子供が戸外で自由に遊ぶのを許せるかどうか、その子供が友だちを自宅に連れてくるのを歓迎するか、禁止するかも、ひとつのカギである。しかしながら、われわれは、こうしたさまざまな要素のうちのどれが混合結婚の多寡を説明する上で最重要なのかを、ア・プリオリに答えることはできない。混合結婚に対するフランスの開放性と、イギリスやドイツの極端な閉鎖性の原因は何なのか、正確には分からないのである。

　ヨーロッパのこの三国について一九九〇年代初め頃のデータを用いた拙著『移民の運命』では、それぞれの国の混合婚率を測り、その値が明らかに分岐しているという事実を受け容れ、それから、家族領域の価値観の恒久的存続が社会統合モデルの多様性を説明し得ると示唆するにとどめた(5)。穏当に提示できると思えた仮説は、過去の平等主義核家族の内に探知されていた価値観、すなわち、子供たちも人間一般も皆平等だという価値観が、フランスでは相変わらず生きていて、高い率で混合結婚を生み出す能力に何らかの形でつながっているという仮説だった。同じように、絶対核家族の非平等主義という平等に関してやや曖昧な価値観がイギリスで相変わらず支配的であるとすれば、また、直系家族の不平等主義がドイツで生き延びているとすれば、そのことを踏まえて、遠隔の文化圏から来た移民の子供たちとの混合婚率が英独で低いことも、理解できそうに思われた。ドイツではユーゴスラヴィア人の混合婚率が高く、イギリスではアンティル諸島出身者のそれが高い。しかしフランスは、ヨーロッパ、アンティル諸島、イスラム世界など、どこの出身の移民の子供も混合婚率が高いという点で際立っている。だとすれば、どうして認めないのか。フランスでは人間についての平等主義的な人類学的先入観が相変わらず生きていて、その先入観がきわめて多様な出自の個人たちの間の差異を無視することを可能にし、混合結婚に好都合な条件を構成している、と。反対に、人間は基本的には同じだという普遍主義的前提が欠如していれば、出身の文化が遠すぎると見られる移民の子供との結婚はブレーキをかけられたり、阻止されたりしがちなわけで、それがイギリスやドイツの事情ではないか、と。もちろん、この両国での現象の表れ方には大きな差異があるけれども――。これ以上、細部の説明に入るのは煩雑に過ぎるだろう。ここで重要なのは、価値観の継承メカニズムを理解する上でのこうした分岐の理論的含意である。

研究のこの第二段階で、家族形態の目に見える差異の消失に注目した私は、人びとの態度を規定する要因として、家族システムよりも、地域で相互に影響を及ぼし合う諸個人間のすべての関係を一括する、より広範な概念である人類学的システムをより強く意識し、参照するようになった。子供の教育を、親に限らず、学校教員や近所の隣人たちを含む大人たち一般が、さほど明確な目的意識もなしに与える感化・影響として考えようとしたわけである。しかし、それでも、判然としないメカニズムによって各国の領域内に維持されるさまざまな価値観の恒久的性格は、依然として謎だった。

資本主義のさまざまな型

私の次の仕事は経済的グローバリゼーションをテーマとするものだったのだが、これは、私がかつてP・ラスレットやA・マクファーレンに引き続いて一七世紀〜一九世紀の農民家族の構造化の中に捉えた諸価値の残存を確認させてくれた。拙著『経済幻想』において、私は、資本主義経済が英米スタイルとドイツおよび日本のスタイルに分岐する現象に、人類学的な基底の見えない力が作用していることを改めて認めるほかはなかった。[6] とはいえ、この分野では、先行研究を支えにすることが可能だった。多くの文献が、資本主義の多様性を扱っていたのである。フランスでは、ミシェル・アルベール〔フランスの経済学者、一九三〇〜二〇一五〕が『資本主義対資本主義』の中で、アングロサクソン型とライン川流域型を対立させていた。[7] イギリスとオランダでは、チャールズ・ハンプデン＝ターナー〔イギリスの経営哲学者、一九三四年生まれ〕とアルフォンス・トロンプナス〔オランダの組織理論学者、一九五三年生まれ〕が、共著『資本主義の七つの文化』で、米国、日本、ドイツ、イギリス、スウェーデン、オランダのそれぞれの資本主義を構造化している価値システムを区別し、指摘していた。[8] 私に残されていたのは、そうしたデータを人類学的に読み取るためのカギを考案し、たとえば英米モデルの諸特徴――短期利益主義、最高利潤率の追求、産業解体、金融化、不平等の増大――が、絶対核家族のメンタリティである柔軟性《フレキシビリティ》重視、平等への無関心などの経済領域における帰結ないし効果であることを見抜くことだけだった。一方、直系家族に由来する階層構造的統合や継続性重視の価値観のほうは、ドイツと日本の産業機構の抵抗力を、また、経済における長期利益志向を説明していた。この二国では、構造的な貿易黒字が、諸国民との貿易の世界に投影されるかたちでドイツまたは日本の兄弟の不平等性から生まれる非対称ビジョンを見事に象徴していた。

これらの著者たち全員がフランスを明確に分類できないでいた――フランスのケースは、M・アルベールに言わせれば「分類不可能」であり[9]、ハンプデン＝ターナーとアルフォンス・トロンプナスによれば「安易なカテゴリー化を許さない」のだった――ことは、私の仮説に確証を与えてくれる事実だった。なにしろフランス本土は、平等主義的核家族の中央部と直系家族の周縁部の組み合わせなので、その人類学的モデルによれば、単純な資本主義は生み出しようがない[10]。国土の中央部においては、自由主義が英米の方向へ向かおうとするが、平等原則が所得の差異化に対抗する。それでいて周縁部――もちろんアルザス地方を含むが、特にローヌ＝アルプ地方〔フランス南東部のリヨン市を中心とする地域〕と南西部一帯が直系家族のエリアである――においては、よりドイツ的な経済感覚と、技術継承を優先する姿勢が君臨している。

フランス――ネイションの下部構造を成す差異の持続

ネイションごとの価値観の持続については、制度的な再生産のメカニズムによってそれを説明する誘惑に駆られるかもしれない。ネイションがそれぞれ国家を営み、画一的な官僚機構、法律体系、司法組織で国土全体をカバーしているので、それらの制度が各ネイションの典型的な行動様式を永続させているのだろうと想像するわけだ。しかし、フランスのケースが、一見手堅そうに見えるこうした「消極的」な説明を粉砕してしまう。周知のように、フランスでは、国家が国土全体を一律の行政機構と法律体系の内に包み込んでいる。ところが、エルヴェ・ル・ブラーズ〔フランスを代表する人口学者、一九四三年生まれ〕と私が、共著『不均衡という病』の中で検討した地域ごとの教育と経済の推移は、二〇〇〇年代の初頭になっても依然として、もはや存在していないはずのローカルな家族システムによって条件づけられ、導かれていた(11)。

『不均衡という病』は、メンタリティを規定する要素として、宗教と家族を半々に重視していた。そこで、家族構造の分布を示す従来からの地図の上に、一七四〇年から一九六〇年までに現れた宗教的実践の分布図を重ねてみたところ、二つの分布図が、完全には一致しないものの、おおむね合致した。平等主義核家族の地域であるパリ盆地では、その中心部がフランス革命にも先立って脱宗教化していた。活発なカトリシズムが一九六〇年代頃までフランスで生き延びることができたのは、直系家族または非平等主義的核家族が主流を成す地域――国土の周縁部分――の大半がその地盤となっていたからである。しかしながら、宗教と家族の対応関係は絶対的ではなかった。たとえばフランス北東部のロレーヌ地方では、平等主義核家族の土地柄にもかかわらず熱心な宗教実践が続いたし、直系家族と脱キリスト教化の組み合わせが確認されたケースもあり、とりわけガロンヌ川〔スペインのカタルーニャ州北西部に発し、フランス南西部を流れてボルドーに到る川〕の流域がその例だった。

さて、「栄光の三〇年」とも呼ばれた戦後成長期の終わりの時期、一九七五年頃のフランスに視点を定めてみよう。複合的な世帯は、もはやほとんど存在しない。それが存続しているのは、南西部一帯や、アルザス地方〔フランス東部、ドイツ国境に接する地域〕や、フィニステール〔ブルターニュ半島西端の県〕

の田園地帯だけだ。カトリックの宗教実践は、それが長く生き延びていた地域で、つまり西部、最北部、東部、中央山岳地帯の南東部、バスク地方で、消滅に近い状態へと向かっている。次に、バカロレア資格（高校卒業資格）取得者と大学生の数が飛躍的に伸びた時期、すなわち一九六〇年から一九九五年にかけての教育革命に注目しよう。すると、家族的または宗教的な価値観によってもたらされた行動の痕跡が存続している、と述べるだけではまったく不充分だと分かる。分布図が明らかにしてくれるのは、教育進展の動き自体が、「消えた」はずの家族的・宗教的システムに導かれていたということなのだ。一九八〇年頃の分布図では、若者のうちのバカロレア資格取得者の比率は、「消えた」はずの直系家族の比率を転写したかのように見える。一九九五年頃のデータを見ると、高等教育機関に進学しようとするバカロレア資格取得者が同世代人口に占める割合を地域ごとに示した分布図が、これまた「消えた」はずのカトリック教徒の地域ごとの人口比を表す分布図と酷似している。そして、非常にしばしばそうであるように、経済と政治は教育の動きを追いかけて変化する。こうして、教育水準の低い地域では失業率が高く、極右勢力の得票率も高いことが確認できる。

つまり、フランスの国土は依然として、もはや存在しないことになっている人類学的および宗教的な力によって構造化され、活性化され続けているのである。ここでもまた、表面には見えない価値観の安定性を公準として前提することで、社会の動きの理解が可能になる。

継続を理想とし、系族を形成する直系家族は、南西部に多い長期就学を説明する要因であり得る。カトリシズムの有する相互扶助の価値観は、宗教そのものを超えて生き延び、特定の社会組織に、グローバリゼーションがもたらすストレスに対する抵抗力を与えた可能性がある。宗教的次元を考慮に入れると、諸文化の永続化という地域に密着した現象の現実的理解に近づくことができる。否応なしに、家族だけでなく、界隈、地域などのテリトリーを直接念頭に置くよう強いられるからである。

私は共著者とともに、消滅したあとも作用し続ける宗教に言及するために、いいかえれば、死んでいると同時に生きている信仰を扱うために、ゾンビ・カトリシズムという概念を導入した。われわれはまた、ゾンビ・直系家族を語ることも、あるいは、中央山岳地帯の北西側のドルドーニュ県とニエーヴル県の間辺りを対象に、ゾンビ・共同体家族を語ることもできただろう。

一八世紀に核家族だった家族型は、二〇〇〇年になっても核家族にとどまっていたから、一見したところ、ゾンビと称すべきだとは思われなかった。しかしながら、核家族地域であるフランス西部の内陸部に存在する非平等主義的なメンタリティの恒久性は、ゾンビ・絶対核家族という呼称を提案してもおかしくないことを示唆する。パリ盆地で持続する平等主義はといえば、平均寿命の延びと再構成家族（いわゆる「子連れ」の再婚によって成立する家族。「ステップファミリー」ともいう）の増加によって平等主義的相続がもはやきちんと機能しない今日、ゾンビ・平等主義核家族という概念の援用に利点があり得ることを示唆している。

さらばフロイト

『不均衡という病』のデータを検討するのに先立って、先述のとおり私は、家族という基本単位が再生産のための特権的な場であることに変わりはないにしても、価値観の継承は、家族の枠内でのみならず、一つのテリトリーを共有する大人たちと子供たちの間でおこなわれるという結論に到っていた。実際、単なる一家族よりも大きな「人類学的システム」を考えれば、「家族システム」の実態を現実に即して正確に表象できるのではないか。価値観継承のメカニズムを解明しようとする研究者は、たとえフレデリック・

ル・プレイのように直系家族に強く惹きつけられているわけではなくとも、家族に関しては本能的に、世代の連続性が主軸を成すような垂直的ビジョンを特権化しがちだ。しかし、一個の家族システムは、正確に捉えれば、単に自らの過去と未来の間に位置づけられる型どおりの一家族のことではなく、その主要な機能も一家族を超えている。生きた家族システムとは、ホモ・サピエンスの原初的家族類型をテーマとする第3章で示唆しておいたように、一つのテリトリーにおいて配偶者交換をし、子供を生み出す家族群の総体なのだ。このことは外婚制システムの場合には特に明白である。そして外婚制は、ホモ・サピエンスの原初的家族も含めて、人類の家族形態のうちで多数を占めている。しかもこのことは、「内婚制」といわれるシステムにおいてもまた真実だ。内婚制システムで関係の近い、または遠いイトコ同士が結婚する（その場合でも一定の割合の外婚は妨げない）のも、一つのテリトリーにおいてなのだから。

このような表象は、ある地理的空間で機能する人類学的システムという概念と高度に相性がよい、すなわち、その空間の内部ですべての大人がすべての子供に規範と価値観を教え込むことに多かれ少なかれ貢献する、という人類学的システムである。しかし、われわれは、これで探究の果てに辿り着いたのではない。たとえば三世代同居の世帯に具現化されるような、目に見える家族システムが存在しないのに、あるテリトリーにおいて価値観の自己再生産がおこなわれているという事実の謎を、本当に解明したとはいえない。

大人たちが子供たちに強い規範を教え込む場となるテリトリーを想像すること、それは、継承という現象に関して、明示的でなくともフロイト的解釈を踏襲することにほかならない。私は純然たる家族を枠組みとする考え方から離れはしたが、依然として、子供たちは教育によって――その教育が権威主義的であろうとなかろうと――鋳型に嵌められるのだと思っていたわけである。

エルヴェ・ル・ブラーズと共におこなった「フランスの謎」(『不均衡という病』の原タイトル)をめぐる研究をとおして、私はついに、個々の人びとの移住と、特にその移住が地域文化に影響を及ぼさないという事実が提起する問題について、親または大人によって何らかの規範が子供に強く教え込まれることを前提としているかぎり解明不可能であると理解した。フランス国内で頻度の高くなった移住についてのH・ル・ブラーズの研究は、次のようなきわめて重要な問いを伴っていた。これほど多くの個人が転居し、人生の大部分を人生を始めた場所とは別の場所で過ごすようになっている今日、典型的な地方文化が問題なく生き延びているのは、いったいなぜかという問いであった。事実、フランス国内の人口流動の激しさにもかかわらず、各地で地域独得の気質が存続している。どこを見ても、あたかもそれぞれの場所が固有の記憶を持っていて、その記憶が、もともとの家族構造や宗教的構造の消失にも、人口の入れ替わりにも、他の価値システムを出自とする人びとの転入にも、また別の人びとの外への転出にも無感覚で、そうした現象から何の影響も受けずにいるかのようだ。

子供の「躾け」が家族の枠内で、また近隣の人びとや学校によっておこなわれるという仮説を完全に捨てる必要はないにせよ、地方文化の恒久性がもっぱら個人レベルの強い規範によって確保されているという仮説はしっかりと問い直さなければならない。というのも、もしも本当に個人が、子供時代に獲得した非常に強固な諸規範の持ち主であるならば、移住者は生涯その諸規範を守るだろうし、自分の子供にも伝えるだろうし、移住という現象は、結果的にさまざまな価値観を混ぜ合わせ、地域システムの同質性を壊し、最終的には一種の平均値を表す国民文化を創出するであろうから。

ところが、経験的に確認される現実が証拠立てるのは、移住者がおおむねかなり容易に自分たちの習慣や信念から離れること、そして、ローカルな人間同士の相互作用の中で、無意識的な模倣を通じて大きな適応能力を示すことである。そのようにして、移住者はかなり頻繁に、子供時代に抱いていた価値観から身を引き離す。

この段階において、受け入れ社会に住む個々人が帯びているのは「強い」価値観ではなく、むしろその逆で、「弱い」価値観なのだと考えてみなければならない。さてそこで、根本的な逆説は、弱い価値観という仮説こそが、各地域の気質の持続性を、いいかえれば「場所の記憶」という現象を説明してくれるという点にある。実際、あるテリトリー上の圧倒的多数の個人が有する価値観が弱ければ、これまた弱い、または相対的に弱い価値観を有していて、それを受け入れ側の集団の価値観に取り替える傾向のある個人たちが移民として流入してきても、結果として元々のシステムが稀釈されることはない。

ここでわれわれは、ホモ・サピエンスという母胎の中心的要素である柔軟性を、このたびは模倣的行動という概念と結びついた形でふたたび見出している。したがって、この分析の最後に、われわれは断言してよいだろう。受け入れ社会の個々人のレベルにおける弱い価値観という仮説によって、場所の記憶の存在が理解可能なものになり得る、と。[12]

弱い価値観と諸国民の持続

「強い」価値観と「濃密な」継承様態の存在を否定しようというのではない。第一、それらの存在は家族の枠内で確認できる現実だ。児童精神医学と精神分析がすでに、人格形成における最幼年期の重要性を充分に明らかにしている。誕生から思春期までの期間、身体と精神はいっしょに発達するし、精神現象と知的能力が個々人の身体的構造の内に刻み込まれることさえ想定すべきだ。私は第6章で、六歳から一〇歳までの集中的な読書実践によって頭脳が作り変えられることを、特に内的人格の構築につながるメカニズムと見て、それに言及した。しかし、そうした濃密な継承様態が、価値観と信念と人間としての行動様式を条件づける要素のすべてではないことを認める必要がある。それとは別に、「弱い」価値観と信念と行動様式の多種多様な世界があり、その継承は、かなり軽やかな模倣プロセスの結果として実現する。この二つのレベルの継承は、矛盾するどころか、組み合わされて、互いに強め合うことができる。重要なのは、多くの個人が弱く有している価値観が、集団レベルではきわめて強く、頑丈で、持続的なシステムを生み出し得るということである。たとえば、ひとつの信念が、個々の人間によって濃密に抱かれていない場合でも、あるテリトリーにおいて、長い年月、ときには果てしなく生き続けることがあり得るのだ。

厳密にいえば、特定の価値観を担う集団のすべてがテリトリーに定着しているわけではない。もっとも、価値観や信念や行動様式を活性化する日常的な相互作用が生じるには、リアルな空間——村、町、界隈など——の内部に何らかの形で組み込まれることが必要ではあるが——。社会階層や宗教グループが永く存続するのも、集団内の模倣現象に依るところが非常に大きく、そうした現象は、強固な信念を再生産するわけではない。ここでいう価値観は、家族に関わるものとは限らない。生活上の重要な、あるいは取るに足らない、さまざまな要素に関連するものであり得る。

今日私は、「弱い価値観の力」との自分の最初の出会いが、時期的には私が混合婚率について調べていた頃だったにもかかわらず、移民問題関連でなかったことに気づく。一九九二年〔欧州単一通貨発行を図るマーストリヒト条約が調印された年〕から一九九五年まで、私的な討論の場で個人を相手にする限り、欧州単一通貨がばかげたプロジェクトであることを明らかにするのは容易かったが、集団レベルでは、ユーロ導入は不可避だという信念がすでに定着していて、揺るがし得なかった。弱い信念がすでに充分な拡がりを有する集団に担われていて、個人は、いっとき意見を一変させられても、会話を終えて自分が属する社会環境へ戻るのと同時に元の信念に立ち帰ってしまうのだった。

このような現実には気が滅入るけれども、「弱い個人的価値観」に「強い集団的価値観」を組み合わせる分析モデルには、心を少し躍らせてくれる含意もある。場所の記憶という概念を採用すると、諸国民それぞれの気質が持続していることを理解しつつ、個人を「悪魔化」することを、つまり、各国の国民の一人ひとりをその国の価値観の執拗な担い手と見做すことを避けられるのだ。場所の記憶という概念のお蔭で、人は、ドイツ、日本、ロシア、米国、イギリス、中国、アラブ世界やスウェーデンなどの文化が持続していることとの自明性を受け容れ、しかも同時に、ドイツ、日本、ロシア、米国、イギリス、中国、アラブ世界やスウェーデンなどに属する市民の一人ひとりを、生身の人間でありながら永劫不変の原型であるかのようには一秒たりとも想像しないでいられる。個人は、自らの属するグループから離れると、たちまち別の方向へ逸れ、元々の自分の文化から遠ざかるのだ。ただ、その速度に差があることも事実なので、それも認めよう。最後まで、リアリストでいたいものである。

複合的家族形態の消失後も国民レベルの価値観が恒久的であり得るという仮説が有効であれば、これ以降われわれは、本書の最後の三つの章において、一八五〇年頃や一九〇〇年頃には核家族システムに特徴づけられていなかったいくつかの社会の最近の推移を理解できるようになる。私はまず、ドイツと日本という「直系社会」を観察する。この二つの社会は、同族であると同時に、はっきりと異なっている。両国の人類学的な基底は共通でも、今日ではそれを超える正真正銘の分岐が確認されるからである。次に、ヨーロッパ大陸全域で見られる直系家族的価値観の持続と、ゾンビ・カトリシズムの存在という二つの要素が、どのようにして欧州連合（EU）を、その中でも特にユーロ圏を変貌させたのかを述べる。そして最後に、ロシアと中国という「外婚制共同体社会」を検討する。この二つの社会は、女性のステータスに関して大きく異なっており、これまた収斂ではなく、分岐へ向かうことが予想される。まずドイツと日本という二つの直系社会を対象とし、次にロシアと中国という二つの共同体社会を対象とする比較検討をとおして、われわれは人類学的基底が有する決定力の大きさを的確に——それが万能であるかのような幻想に陥ることなしに——認めることができるだろう。

第16章

直系家族型社会——ドイツと日本

最先進諸国のあり方が収斂に向かわず、分岐していると言うと、西洋のエリートたちの信念に楯突くことになる。彼らの信念によれば、「絶対的個人」という夢が普遍的に共有されていなければならないからだ。さもないと、無知蒙昧で集団主義的な勢力——これを体現するのは、批判者らのそのときの気分によって、イスラム教であったり、ロシアであったりする——に対して、効果的に立ち向かうことができないという。ドイツと日本も西側陣営に属しているのだから、核家族を人類学的基底とする諸々の社会と異なる軌道を辿っていくはずがない、と。

率直にいうと、西洋は、日本の異質性とはかなりよく折り合いをつけている。日本は、事の初めの要素である農業と文字を中国文明から引き継いだあと、おおむね自律性を保っている文化なので、西洋と違っているのは当たり前に見えるのだ。第一、日本自身が昔から自らの特殊性を主張しており、グローバリゼーションに決定的なやり方で参加していても、ヒロシマとナガサキの悲劇以来、諸国家間のパワーゲームに加わることは拒んでいる。日本が担う外交上の役割は取るに足らず、あの国の有するテクノロジーのパワーとはかけ離れている。それでいて、日本経済は国内総生産（GDP）で世界第三位であり、評価基準によっては、テクノロジーの面で第一位だといえる。本書の序章で述べたように、世界特許報告書によれば、二〇〇六年に登録された輸出可能な特許のうち、日本からの登録が二九・一%を占め、直接の競争相手である米国の二二・一%、ドイツの七・四%を上回っていた。一九八〇年代には、日本経済の擡頭が米国を多少たじろがせていたのだが、一九九〇年代に日本が慢性的不況に陥った結果、この国への敵意は決定的に失せてしまった。日本の経済的特殊性に「文化主義的」な説明を求める傾向にそこかしこで憤慨する研究者もフランスの大学にはいるようだが、その種の説明は日本人たち自身が主張しているものでもある(1)。ともあれ、少しばかり「異質」なこの国は、全体としては、独特の文学、漫画、ロボット、料理などによる世界文化へのポジティブな貢献という点で、皆から称賛されている。

今日、世界の文化シーンにはむしろ不在のように見えるドイツのケースは、これとは異なる。ナチスの野蛮は、ラディカルな普遍主義の人類観に正真正銘の挑戦状を突きつける。それゆえ、ドイツを「ふつう」だ、「ノーマル」だと再定義することが、一般の西洋主義者にとって理論上の急務となる。かくして、六〇〇万人のユダヤ人の皆殺しはドイツ特有の現象であって、ヨーロッパの他の国では考えられないことだという考えを拒否することが、優先事項にさえなった。ナチズム研究の最良の歴史家のうちにも、イアン・カーショー〔イギリスの歴史学者、一九四三年生まれ〕のように、個人としての私に言わせれば経験主義的自明性の否定であるような解釈に、加担しなければならないと感じた人びとがいたのだった[2]。

人類は皆同じと決めてかかる態度は、われわれの不安を鎮めてくれるかもしれないが、ドイツの過去の、現在の、そして未来の歴史的発展についての理解を禁じてしまう。ドイツも他の国と同様の一国にすぎないと独断的に宣言するのは、人類全体の識字化や、一五五〇年から一六五〇年にかけてのメンタリティの大変容において、ドイツが演じた決定的な役割を見ようとしないことである。一八八〇年から一九三〇年にかけて発揮された、経済と科学におけるドイツの伸張のパワーを忘れることである。二つの世界大戦の戦時中にドイツが示した軍事的な有能さ――ほとんど超人的な有能さ――を認めようとしないことである。エミール・デュルケームは、一九一五年著の論争的エッセイ「世界に冠たるドイツ――ドイツ的精神構造と戦争」で、その有能さに言及している[3]。このごく短いテクストの中で、計量社会学の創始者はすでに、戦争中のドイツを社会病理学の症例としていた。しかし、その同じ国が一九四三年〜四四年頃、イギリスとソ連と米国の連結したパワーに対する抵抗において示した新たなステージの超人的有能さに到っては、ひとつの社会的・精神的構造が生み出した病理と認定するに充分であろう。デュルケームが一九一五年に予見していたように、世界は抵抗し、ドイツの神経症的緊張は収まったが、それは、一九一七年に他界した彼が、あり得ることとはけっして想像しなかっただろう二つ目の世界大戦の後のことだった。ドイツは武力によって鎮圧され、一九四五年に分割された。するとわれわれは、あのネイションとその文化の凄じいまでのパワーを忘れようとした。そして今、そのツケを払わされる時が来ている。ドイツは、再統一からまだ四半世紀しか過ぎていないのに、共産主義体制で破綻した旧東ドイツの再建をすでに成し遂げた。東ヨーロッパ一帯を再編し、旧人民民主主義国の社会で教育を受けた熟練度の高い労働人口を活用している。西欧方面では、ユーロに囚われている、ドイツより弱い数カ国に対する正真正銘の産業的電撃戦に成功した。そして中国にパートナーシップを持ちかけ、米国の経済的ライバルを自任するまでになっている。

こうしてドイツは、並外れた行動能力を改めて示した。しかし、そのドイツは、二〇一五年頃の時点で人口が約八一〇〇万人にすぎず、その年齢の中間値が四六・三歳と高く、世界で最も高齢化している二国のうちの一つなのだ。それにもかかわらず、ドイツは世界第三位の輸出国で、その貿易黒字は、二〇一六年には国内総生産（GDP）の八％に達した。

こうしたデータが証拠立てるパワーに、また、われわれに突きつけられている知的挑戦に、どうして鈍感でいられようか。これらのデータは、依然としてドイツが他の国と同じような国ではないことを裏づけているのではないか。しかしながら、直系家族に由来する価値観の恒久性とそれが及ぼす効果を認めれば、われわれはここで、ドイツ人を人類の共通性から隔離することなしに、ドイツの特殊性を分析することができる。考えてみれば、日本もまた、歴史上のパフォーマンスにおいて並外れていたし、今日なお並外れている国である。非ヨーロッパ諸国のうちで先頭を切って、日本は一九世紀末に経済的に離陸し、今なお世界の最先進国の一つにとどまっている。特許取得数は、先述のように、世界全体の三分の一にも近い。

ところが、その日本は世界で最も高齢化したもう一つの国であって、年齢の中間値は四六・五歳と非常に高く、二〇一七年のデータでは、人口は約一億二七〇〇万人でしかない。東京〔首都圏全体〕は人口三八〇〇万人を擁するが、世界の風習とは無関係に独自の道を歩んでいる。なにしろ、道端にゴミが落ちていることがないのだから。しかも、この驚くべきネイションが擡頭したのは、地震に絶え間なく晒されている列島の上でなのだ。

現実には、ドイツと日本以外にも、直系家族系のとても多くの民族集団――朝鮮人、バスク人、カタロニア人、ルワンダ人、カメルーンのバミレケ族――が「桁外れな」エネルギーと、何らかの形の自民族中心主義を発揮しているので、ドイツや日本は尋常な人類の内には完全には入らないのではないかといった疑念から離れるのは知的にさほど難しくない(4)。北朝鮮は、突飛で、不安を感じさせるケースでもあるが、このケースさえも、直系家族モデルに並外れた効率性を発揮する能力があることを確認させてくれる。あの国の共産主義体制は、まさに変異して、朝鮮民族の唯一無二性を主張する自民族中心主義イデオロギーを採用した。最も伝統的な直系家族の規則にしたがって、ただ一人の跡取りへの権力の系族的継承のシステムも採用した。北朝鮮の全体主義は、一九九五年から一九九八年にかけて、約六〇万人から一〇〇万人の死者を出した大飢饉を乗り越えて生き延びたが、それにさえ甘んじなかった。平然として、毎年々々、核兵器と弾道ミサイルを製造している(5)。

この歴史素描の枠の中では、これらすべての社会を詳細に研究することはできない。それでもドイツと日本を同時に扱うことで、両国に共通の人類学的規定を、地理的・歴史的な他の諸要因から区別して取り出すことができるだろう。その上で、次にわれわれは、両国の資本主義の構造上の類似性を超えて、積極的な対外行動の道をふたたび見出す外向きのドイツと、隣国中国の擡頭がもたらす拘束の下で、何よりも自分自身をふたたび見出そうとしている内向きの日本という、二つのネイションの現時点での国家戦略上の分岐を説明しなくてはならない。

ドイツと日本の出生率の低さ――父系制レベルの残存

概念的かつ実践的な観点から見て、子供の出産ほど家族構造に近接するものはない。ところで、概して人口学者は、職業柄、先進的な諸社会のあり方が収斂していくという考えには靡《なび》かない。この事実は、とりわけ、ハンガリー人口統計研究所の所長であるジョーエト・スピーダルによって理論的に裏づけられた。それは、彼がすこぶる的確に「ヨーロッパにおける家族構造の多様性」と題し、ちょうど二一世紀に入る時期のヨーロッパにおける夫婦の同居様式と子供の状況を検討したジャーナル論文においてであった。[6]歴史上に起こった二つの人口転換――一つ目は一七七〇年頃にフランスで始まった転換、二つ目は一九六〇年頃に米国で始まった転換――の結果、先進諸国はそれぞれ、非常に異なるレベルの出生率へと導かれた。

表16−1は、二〇一五年における主要先進国の合計特殊出生率を降順に並べている。大摑みにいえば、農村部の伝統的家族システムによって決定された女性のステータスがこの分布を説明する。表の上欄には、核家族の国々、すなわちフランスと英米世界が、一・九人かそれ以上という数値と共に現れている。下欄に見えるのは、直系家族の国々、すなわちドイツ語圏、日本、そして韓国であり、数値は一・五人と一・二人の間だ。女性のステータスを示すのは二番目の縦列で、そのステータスが比較的高ければ数字1が、より低ければ数字0が与えられている。三番目の縦列は、二〇一七年初めの時点で同性婚が認められていた（1）か、認められていなかった（0）かを示す。同性婚の法的承認という社会変化も、後述のように、人類学的基底と関係しているのだ。[7]女性のステータスの高さと出生率の相関係数はかなり高く、プラス

表 16-1　各国の女性のステータス、同性愛、出生率

	出生率 （2015 年）	女性のステータス	同性婚制度 （2017 年 1 月 1 日 時点）
フランス	2	1	1
アイルランド	2	1	1
スウェーデン	1.9	1	1
英国	1.9	1	1
米国	1.9	1	1
オーストラリア	1.9	1	0
ロシア	1.8	1	0
ノルウェー	1.8	1	1
ベルギー	1.8	1	1
オランダ	1.7	1	1
フィンランド	1.7	1	1
デンマーク	1.7	1	1
カナダ	1.6	1	1
スイス	1.5	0	0
オーストリア	1.5	0	0
日本	1.4	0	0
イタリア	1.4	0	0
ドイツ	1.4	0	0
スペイン	1.3	1	1
ギリシア	1.3	1	0
台湾	1.2	0	0
韓国	1.2	0	0
ポルトガル	1.2	1	1

〇・六〇である。

家族類型による出生率分布の法則性を破る例外の大半は、その家族類型の内部における女性のステータスの逸脱によって（容易に）説明がつく。スウェーデンとロシアのケースはすでに言及したとおりで、この両国では、直系型や共同体型の家族類型にもかかわらず、女性のステータスが高いのである。ここに、フィンランドも加えてよいだろう。フィンランドでは、スウェーデン風の直系家族の伝統と、ロシアのタイプに類似するが、父系的性格の弱い、フィンランド固有の共同体家族が混ざり合っている。

台湾の出生率が非常に低いことは驚くにあたらない。台湾の伝統的家族システムは、直系家族の痕跡をとどめる華南風のニュアンスを伴いつつ、中国の共同体家族の伝統に属しているのだから。いずれにせよ、台湾はもともと父系制の強い土地柄である。イタリアの合計特殊出生率が一・四人と低いのもまた、イタリアの中部と最北部に父系制が強く染み込んでいることを想起すれば、「正常」とはいえる。

カナダが一・六人であるのは、英米世界がほぼ同質的に一・九人である中で、やや低い。ケベック州の存在は、この偏りの原因ではない。残るは絶対核家族のデンマークで、この国の出生率一・七人は、これまた意外に低い。しかし、二つの隣国のデータと比べると、ドイツの一・四人よりは、スウェーデンの一・九人により近いとはいえる。

スペイン、ポルトガル、ギリシアの低出生率は、別様の解釈を必要とする。スペインとポルトガルが直系家族型であるのは、国土の北縁部分だけ、つまり、ポルトガル北端のミーニョ地方から、スペインのアストゥリアス州、バスク州、ガリシア州を経て、スペイン北東部のカタルーニャ州に到る帯のような地域だけである。なお、ポルトガルは、フランスのブルターニュ地方同様に母権的傾向があることでも人類学者に知られている。スペインの残りの部分は平等主義核家族の地域であり、それはポルトガルの中部も同じだ。ポルトガルの南部は、共同体型の傾向と母方居住の傾向に特徴づけられている。ギリシアは多様であるが、アテネとエーゲ海の島々は、母方居住優勢の文化に支配されている[8]。

これらのケースでは、女性のステータスの低さとはほぼ無関係なものとして、出生率の極度の低下を考えなければならない。この低下は、北ヨーロッパの生活様式と消費水準に追いつこうとする強引な努力の結果なのだ。子供の数が少なければ少ないほど、高い消費水準と外見的にモダンな生活水準により早く到達できた。これらのケースを表現するために、私は、チャン・キョンスプ（張慶燮）〔韓国の社会学者、ソウル大学教授〕が提示した「圧縮された近代」（compressed modernity）[9]という概念の修正版を提案したい。たしかに、短期間で先進国のモデルに追いつこうとすれば、代償は避けられない。強いられる近代化の加速が文化的なひずみを生むわけで、そのひずみの一つが、早期に際立った形で現れる出産率の低下であろう。

もっとも、チャン・キョンスプは、「圧縮された近代」の概念を韓国の直系家族の反個人主義に関係づけている。その価値観は、子供を産むことと、産んだ子供をグローバル競争に参加できるレベルにまで教育することと、年老いた親の世話をすることを、同時に課すのである。「個人主義なき個人化」という概念を含むこの解釈の大部分は、ドイツと日本の分析にも適用できるだろう。ドイツと日本は先進国ではあるが、両国の人口に顕著な不均衡は、直系家族的価値観が「西側」から来たウルトラ個人主義に適応しないことにも起因している。ただ、韓国の場合には、近代化の時間的圧縮――これはスペインの状況と共通する特徴である――こそが、出生率の極端な低さ（僅か一・二人）の説明に貢献する。実際、その低さは、ドイツと日本が一度も達したことのないレベルであり、直系家族という要因だけでは説明しがたい。

各国の状況を詳細に分析すれば、先進諸国の社会でも女性のステータスが大いに多様であることが判明するだろう。二〇一五年時点での一・九人ないし二・〇人という比較的高い出生率は、細かく見れば、女性たちが労働と子育ての両方を同時にできるようにする制度的メカニズムの存在に対応している。家庭と仕事という二つの極の間の緊張関係は、女性が高等教育を経て、単純労働の雇用よりもキャリアを志向する場合には特に重要なポイントとなる。

このような解釈は、念のために言っておくが、人口学者にとってはまったく月並みでしかない。それはたとえば、「なぜ英語使用国の出生率は比較的高いのか」という表題のジャーナル論文にも、ほとんど民族学的な形の下で――なにしろ、タイトルからして英語圏という概念を潜在させているのだから――見出せる。[10] 著者のピーター・マクドナルド〔オーストラリアの人口学者、一九四六年生まれ〕とヘレン・モイル〔オーストラリアの人口学者〕は、この論文で、夫婦間の協力の文化――仕事と子守りを折り合わせる解決策をその都度工夫する夫と妻の関係――が、国家の強力な支援なしでも高い出生率を可能にしていると強調している。とはいえ、彼らによれば、近年発生してきた困難に対しては、国家の介入がもっと必要になるだろうとのことだ。

こうした人口学的考察において、フランスとドイツの対照はいわば必修科目のようなもので、避けて通れない。フランスでは、保育園と幼稚園が早期に母親を解放し、出産・育児に専念するための仕事の中断を非常に短い期間に短縮するので、出産が昇進を減速するのは事実だとしても、その中断でキャリアが続かなくなることはない。[11] それに対して、ドイツでは、フルタイムで子供の面倒を見るのが母親の道徳的義務だという感覚が優勢である。こうした考え方は、キャリア意識と両立し難い。こういうわけで、ドイツ連邦共和国では、国の提供する家庭外保育の施設が充実していない。しかし、この領域で、制度はメンタリティの反映にすぎない。フランスでは、「核家族的な」集団メンタリティの影響下、男女ともに、自分たちの子供の早期の自律性獲得を良いことと思う傾向が強い。ドイツでは、世間一般の通念が母親たちに、子供の面倒を見ないのは結局のところ、子供を捨てるに等しいことだと感じさせている。「Rabenmutter（ラーベンムッター）」というショッキングな表現があり、文字どおりには「母親カラス」という意味だが、子供の面倒をきちんと見ていない母親を意味し、専業主婦の生活以外のものを熱望する母親を指すのに用いられている。連邦共和国はドイツの出生率の低さをついに本気で心配し始め、家族向けに新しいタイプの支援をもたらすことに着手しているが、しかし今のところ、人口統計に効果は現れてきていない。

ドイツ再統一以前、東ドイツのほうは、明確により高い出生率を実現していた。当時、保育園や、母親向けの雇用機会などに関する国家の支援が東側で充実していたのだ。加えて、もしかすると「特に」というべきかもしれないが、女性の解放という明示的理想が共産主義イデオロギーの中心的テーマの一つだったという事情も関与していたかと思われる。

ドイツに比べて日本では、雇用から女性が遠ざかる現象に集団的圧力はさほど読み取れない。が、日本では、母親が子供に過剰に傾倒する現象が、しばしば夫婦間の「情動的コミュニケーション」の不足によって説明されている。それに、日本の精神科医たちは、子供と母親の濃密すぎる関係を潜在的に病理的なものと見做している(12)。

ドイツと日本で異なる現象が起きているのは、両国で営まれている人間関係のスタイルの対照性を反映しているといえそうだ。ドイツ文化が対人関係において遠慮のない率直さを価値づけるのに対し、日本文化は、他人を傷つけることへの恐れに取り憑かれている。とはいえ、保育園や幼稚園に頼ること、任せることへの拒否を説明するのに、ドイツ人の場合には外からの単純な圧力を頭から前提にし、日本人の場合には内的強迫ばかりを前提にするとしたら、それはあまりにもばかげているだろう。第6章で私は、プロテスタンティズムをとおして、目眩を起こさせるような内面性の確立と、個人に対する地域共同体の圧力増大が同時に実現したことに言及した。直系家族は、社会的規律と個人的内向を同時に強化する。今日、日本でもドイツでも、社会生活のすべての次元において、問題を内面に抑圧する力と外からの圧力が高いレベルで結びついていることに疑問の余地はない。

ドイツと日本のいずれにおいても、「近代化した」システムがあまりにも強い母性的イメージに行き着くときも含めて、それぞれの社会で女性に与えられる特殊なポジションに注目すれば、直系家族自体はすでにほとんど消失したにもかかわらず、直系家族に結びついたレベル1の父系的メンタリティが持続していることがわかる。

歴史を否定するのではない。社会形態の絶え間ない変容を否定するのではない。そうではなく、迂闊に変化を前提し、不可避的に人類の収斂という結論に行き着くようなパラロジスム〔誤った推論〕に陥らぬようにしようというのだ。人口学者は、充分にエビデンスのある統計結果の枠内で仕事をするので、そんな誤りは犯しようがない。パウ・バイサン〔スペインの人口学者〕とテレサ・マーティン＝ガルシア〔スペインの人口学者〕を引用しよう。われわれが先程参照した二〇〇六年のジャーナル論文の結論部に、彼らはこう書いている。「フランスと西ドイツの間に存在する差異についてのわれわれの検討をもう少し続けるならば、この二つの国は、ジェンダー間の役割分担（gender roles）に関する文化・家族モデルの近代化において、異なる軌道を辿ったように見える。両国のいずれでも、男が自分の家族を養うというモデルは一九六〇年代以降、弱体化した。しかし、ドイツでは、大方の賛成を得るモデルの中に、男がフルタイムで雇用され、女はパートタイムで働き、子供が生まれたら職を離れる可能性も留保するという方式が含まれているのに対し、フランスでは、妊娠後も雇用を維持するのが当たり前の（self-evident）モデルとなった」[13]

両国社会の分岐は、いわば「学生生活」の段階から始まる。というのも、この二人の研究者が注目しているように、フランス人には、今日では非常に長期にわたることもある高等教育の終了以前に子作りをする可能性があるからだ。ドイツでは、学業と子作りの両立は論外とされており、その結果、学歴による出生率の差が最大化している。

子供のいない女性たち

ロン・レスターゲ〔ベルギー人の人口学者、一九四五年生まれ〕は、第二の人口転換を構成した変動のうちで最も重要な要素を列挙した。それが、結婚年齢の上昇、婚外同居の一般化、離婚頻度の上昇、出産年齢の上昇、出生率の低下、婚外子の増加、最終的に子供を持たない女性の増加であった[14]。この人口学者が指摘したとおり、これらの変動に共通する決定要因は至極単純で、すなわち、人生の選択における個人の自由の拡大であった。出生率だけではなく、これらすべてのパラメータが各国でそれぞれに到達した多様なレベルを観察すれば、現下の「近代」について、内部矛盾や微妙な濃淡も掬い上げるような複合的な全体像を描けるだろう。たとえば、婚外子誕生の頻度は、ドイツでは、フランスやスカンジナビア半島や英米世界におけるほど急激には上昇しておらず、日本ではその上昇自体がごく小さな幅にとどまっている。また、出生率のバラツキは、使用される避妊技術の多様さへの言及によってもより詳細に描ける。

避妊ピルが女性解放の根本的要素となったことは間違いないけれども、それもまた、さまざまな社会がそれぞれの人類学的・宗教的基底に応じて受け容れたり、拒否したり、補完したりした革新なのだ。絶対核家族と、かなりゾンビ化の進んだプロテスタンティズムに支配されている英米世界では、パイプカット

（精管結紮《けっさく》術）の実施頻度が高い。これは、望まない生殖のリスクから男性を解放する技術で、女性の潜在力に対する見事な抵抗を示すともいえる。この技術の使用が証拠立てるのは、母権制の勝利というよりも、生活習俗の双系的特徴が——いずれにせよ少なくとも米国の富裕層では——持続しているということである。[15] 日本では、避妊ピルの拒否、ないし低率での使用が、女性の性的自由に対する抵抗の強さを明らかにしている。この事実は、父系制レベル1が根強く持続しているという仮説に適合する。

社会の変化が向かっている先はすべての社会の収斂ではないという仮説を公式に受け容れれば、人口学を人類学の一分野として定義し直すことも可能になるだろう。そうだとすれば、もしかすると、人口学的人類学、あるいは人類学的人口学を語るべきなのかもしれない。

多くの人にとって、子供を持たないことが人生の選択肢の一つになった（あるいは、「再度、人生の選択肢の一つになった」。一九〇〇年代のヨーロッパにおける独身者の比率の高さを憶えているならば……）。非出産という概念は簡単だが、それを測定し、比較するのは、案外難しい。「最終的子孫」といえば、特定の一世代の人口集団（人口学用語では「コーホート」という）に属する女性全員が産んだ子供の数の平均値だが、それと同じで、あるコーホートの女性全員が妊娠可能性の終わりに達するのを俟たなければ、非出産率を測ることはできない。女性が三八歳を過ぎると、生物学的に妊娠可能性が急速に落ちることと、その年齢以降は医療支援生殖の成功率も低いことに鑑みて、多くの人口学者がやむなく、未来予測によって、将来確定する完結出生児数の値や、四五歳か五〇歳で出産したことのない女性の割合を割り出した。つまり、コーホートが生殖時期の絶対的な限界に達する以前に、最終的な率を推定した。そうした推定値は一定ではなく、大胆さと厳密さにおいてさまざまに異なっており、また、アクセスできる最新データに記されている出生年が国によってまちまちでもあるので、国際比較はしばしば実施困難である。

米国では、四〇歳〜四四歳の女性のうち、それまでの人生で子供を一人も持たなかった人の割合が、一九七六年から二〇一五年までの間に一〇％から一五％に増えた。因みに、二〇一五年は、一九七〇年〜一九七四年に生まれた世代が当該の年齢に到った年である[16]。イギリスでは、この割合は一八％前後で安定しているように見える[17]。スウェーデンでも安定しているように見え、こちらは一六％前後である。但し、この二国に関するデータでは、コーホートの出生年がすでに少し古い[18]。ドイツに関しては、私は一九六七年に生まれた世代のデータに甘んじざるを得ないが、その世代に関する数値でさえ、伝統的に女性のステータスが比較的高い国々とはかけ離れている。非出産率が二八％にも達していたのである[19]。さらに前の世代のいくつかのコーホートに関する数値に依拠するなら、大卒のドイツ人女性たちの間では、その割合が四〇％にも達していたと見積もることができる[20]。

フランスは、スウェーデンおよびノルウェーと同様に、母親の学歴による出生率の差が最小であることに特徴づけられている。英米世界では、社会文化の女権拡張的傾向にもかかわらず、高等教育への就学が出産に及ぼすマイナス効果がより大きく、フランスに比べると、出産する全女性のうち中層、下層階級の人びとの占める割合がより大きい。

一九五五年〜一九五九年に生まれた四三歳の女性のうち、子供が一人もいない人は、フランスで一〇・四％、ノルウェーで一〇・八％、イギリスで一六・二％、米国で一六・一％だった。中等教育修了後に三年間の高等教育を享受した女性たちに限定すれば、最終的な非出産率は、フランスで一三・三％、ノルウェーで一三％、イギリスで二一％、米国で二一・二％だった[21]。もっとも、イギリスと米国に関していえば、より最近に高等教育を受けた女性たちの出産率が上昇した結果、高等教育就学と出産のあいだの矛盾が一定程度は解消された。修士課程修了（フランスでいう「バカロレア資格＋三年」よりも上のレベル）の学歴を有する四〇歳〜四四歳の女性のうち、子供を一人も持たなかった人の割合は、米国で一九九四年には三〇%だったが、二〇一五年には二二%に下がっていた[22]。

日本では、生涯をとおして子供を一人も持たなかった女性の率が、一九五五年生まれの世代ではまだ一二・七%にすぎなかったが、その後上昇し、一九六五年生まれの世代では二二・七%に達したと思われる[23]。この最初の数値には、独身でいることや生殖の拒否をひとつの理想にしたことなどない非キリスト教文化基盤のしるしが読み取れる。二つ目の数値には、女性が高等教育機関に進学することは認めるが、その後に子供かキャリアのいずれかを選ぶように強いる父系制レベル1の伝統の効果を見ざるを得ない。

ヨーロッパ諸国のケースにおいては、性に対して敵対的だったキリスト教的過去の存在を忘れてはならない。現在の非出産率は、たいていの場合、かつて宗教改革や反宗教改革の反セックス的ラディカリズムが可能にした水準をさほど超えているわけではない。ドイツでは、一九〇一年〜一九〇五年に生まれた世代に、子供を一人も持たなかった女性が二六%もいたのだ。第一次世界大戦中に男たちが過剰に多く死んだせいで、彼女たちの婿捜しに支障があったことは確かだが、しかし、一九三五年に生まれた後続世代では、非出産率が七・一%にまで下がったのである（むろん、戦争による男性の過剰死亡の結果、この世代はハンディキャップを負っていたと想像することもできる[24]）。

方向性が正反対の二つの現象がこれほど近接した統計結果をもたらし得たことを確認するのは、ある意味で魅せられるような経験だ。一六五〇年から一九〇〇年まで続いたキリスト教的な性の拒否・排除と、一九六〇年から二〇一五年にかけて顕著だった性の称揚が、同程度の非出産率に行き着いたのである。一つは否定として、もう一つは肯定として発生した二つの性革命が共同して、ひとつの安定した人類学的基底を浮かび上がらせる。この人類学的基底は、たしかに宗教によって変容もするが、しかし常に、性を一種の実験場にする。あるときは抑圧の方向で、またあるときは価値づけの方向で――。

ともあれ、父系原則の影響下での変容を被らなかった諸社会は、二〇一五年頃、大きな経済不況に起因する軽い落ち込みにもかかわらず、合計特殊出生率を一・九人ないし二・〇人の水準、つまり、世代の置き換え（人口置換）に必要な二・一人に近い水準にまで回復したのだった。そうした社会における女性のステータスは、「順機能」的であるといえる。父系的社会では、低められた女性のステータスが「逆機能」的に働く。なにしろ、女性においても高等教育が普及し、人生の選択の幅が拡大する状況において、人口置換に不充分な出生率へと社会を導いてしまうのだから。ここでわれわれは、人類の起源においてホモ・サピエンスを特徴づけていた人類学的形態からさほど遠ざかっていない社会のほうが、今日では、歴史によって大きく変容したタイプの社会よりもよく機能することを確認しなければならない。

同性愛に関する人びとの態度の最近の推移は、ホモ・サピエンスの世界で一般に同性愛が受け容れられていたこと（第3章）と合わせて、この解釈の正しさを強化する。[25] 女性のステータスの高さと機能的出生率の間のポジティブな統計的関係の確認に、同性愛の受容とほぼ満足できる水準の出産率の相関を重ね合わせる必要がある。二〇一七年一月一日の時点ですでに同性間の婚姻を制度化していた社会に値1を割り当て、未だそうしていなかった社会に値0を割り当てると、合計特殊出生率との間に、すこぶる有意な正の相関係数、プラス〇・五〇が得られる。より単純にいえば、同性婚を受け容れた国の女性一人当たりの子供の数の平均は一・七四人である一方、同性婚を受け容れていない国々のそれは一・四六人でしかないのだ。いいかえれば、同性婚を認める社会のほうが自己再生産の効率が良いわけである。

実は、女性のステータスの高さと同性婚承認を結びつける相関係数はさらに強く、プラス〇・七五である。してみると、同性愛行動の受容は、女性解放に伴う副次的現象にすぎないのかもしれない。この問題は、ある意味で理論的に興味深い。同性婚承認の法整備は、原初への回帰として、ホモ・サピエンスというわれわれの人類学的基底の再浮上と見做されるべきなのではないか。それともこれは、女性解放との組み合わせにおいて、まさしく近代の現象なのだろうか。どう考えるにせよ、いくつかの先進社会で女性の学歴の平均水準が男性のそれを上回るようになった結果、人類史において根元的に新しい何かが顕在化しつつあることは確かだ。

いずれにせよ、核家族型の人類学的システムがその相対的な自然さのゆえに、二一世紀初頭の今日、人口学的に見て順機能的であるという仮説の正しさが強化された。ホモ・サピエンスの原初の基底に最も近くとどまっていた社会が、父系制によって変容した社会よりも、近代の諸矛盾をうまく解決するのである。

グローバリゼーションの要素としての第二の人口転換——直系家族型社会の適応不全？

ニュアンスを強調するのもよいが、そのせいで肝腎の点を見失ってはならない。肝腎なのは、ドイツと日本が、人口学的に見て同じような軌道を辿っているということ、そしてそのドイツと日本が直系家族という人類学的形態から生成した二つの社会、つまり、父系制レベル1に特徴づけられた二つの直系家族型社会だということである。父系制レベル1は、女性たちの教育を禁止しないだけでなく、子供の教育係としての母親を大いに尊重する。しかし女性たちは、学業ののちに職業労働に就こうとすると、男性の特徴——子供を産まないということ——を自分のものとしなければならない。「核家族」型社会は、高等教育を受けて職業労働に就いている女性が女性であり続け、子供を持つことを許す。この二つのタイプの先進社会を対立させてみると、変化と収斂を混同しなくて済む。しかし、もう一つ別のパラロジスム（誤った推論）に嵌まると、あたかも厳密に分離された二つの軌道があるかのように錯覚してしまう。つまり、核家族型社会と直系家族型社会がいわば横並びで、それぞれ純粋に内発的に、別々に推移しているかのように考えてしまうわけだ。実際には、人口の変化は、人類全体が統合されていく過程にある世界で起こる。経済的グローバリゼーションは、多くの次元にわたるグローバリゼーションのうちの一次元にすぎない。第二の人口転換もまた、まず米国で起こり、その後世界に拡がったひとつの革命だと見做されなければならない。そのベースとなった価値観は、まぎれもなく核家族型社会由来だ。すなわち、個人主義的で、自由主義的で、女権拡張的な価値観。したがって、ここでわれわれは自問しなければならない。まさにこの価値観に適応しようとしたからこそ、ドイツと日本の直系家族型社会は人口面で機能不全を来し始めたのではないだろうか。

グローバリゼーションという概念をここでもし純粋に経済的な次元に限定するならば、グローバリゼーションへのドイツないし日本の対応は高度に効率的だと見做すことができる。実際、この二国は貿易において構造的に黒字国であり、日本の赤字は、福島原発の惨事によって引き起こされた原子力エネルギーの生産停止のあとに現れたにすぎない。今日では、世界の貿易に驚くべき非対称性と相補的関係が存在している。英語圏のすべての国が赤字で、一般的に直系家族型社会が黒字なのだ。しかしながら、もし人口動態を「世界化」(mondialisation)という概念(ここでは「グローバリゼーション」(globalisation)よりも広範で、文化的な諸価値をも内包する)の適用対象の一つとするならば、苦悩をともなう疑問が浮かび上がる。子供を生み出す力がドイツと日本で弱いのは、直系家族の単純で直接的な結果であるどころか、もっと微妙に、アメリカ的近代に対する直系家族型社会の反動なのではないか。個人主義の度合いの低い直系家族型社会では、女性たちが解放され、子供たちが「王様」になっていくような環境の中で、子供を有益な存在だと見做しにくいのではないだろうか。

仮に英語圏の圧力が存在しなかったら、直系家族型社会の人口動態はどのようになっていただろうか。この問いに答えることはできない。いったいどうして、ドイツまたは日本が純粋に内発的に、自律的な軌道を辿って発展していくさまを想像し得ようか。経済的推進力は間違いなく英米世界から、その世界が持っている、創造的破壊を介して変化する能力から来たのである。先述したように、直系家族型社会構造は、それ自体としてあまりにも完璧であるがゆえに、単純な自己再生産か、あるいはせいぜい経済次元の緩慢な完璧化への傾向を持っている。もしもそういうビジョンがモデルになるならば、われわれは場合によっては、直系家族型社会が、外から刺激されず、外圧で均衡を崩されることもなく、非常にゆっくりと前進しつつ、それでも子作りの規模をぴったりと、人口置換（一対一）を確保するために必要な合計特殊出生率二・一人に調節するありさまを想像してみることはできる。鎖国していた徳川時代の日本は、技術の完璧化と人口の停滞を組み合わせて、そのような準均衡状態から遠くないところにいた[26]。ただし、当時の日本で、直系家族はすでに完成したというには程遠かった。

今日、ドイツと日本では、社会を均衡状態に持っていくためには、女性一人当たり〇・七人、ちょうど三分の一の子供が足りない。この不均衡は、相当な時間が経過しないと表面化しないとはいえ、とにかく途轍もない規模なので、この二つの国に選択を強いた。ドイツと日本の選択がまったく異なることは後述する。まずは、あまりにも数が少ないけれども、とても大切に育てられている子供たちがどのような状況にいるかに目を向けよう。教育の領域ですでに、この二つの大国の軌道は分岐している。人類学的であるよりも、歴史的な理由によってである。

教育における二つの直系家族型社会の分岐

米国を考察する折にすでに用いたバロー＝リー・データバンクのデータにより、高等教育の進展を世代別に見ることができる。ここに掲載するいくつかのグラフは、連続する九つの世代について、高等教育課程を修了した個人の割合を示している。教育システム自体が国によって非常に大きく異なるので、曲線の示す絶対的なレベルは、せいぜい目安程度のものとする必要がある。とはいえ、曲線の全般的様相は、年代的推移を確実に跡づけている。

グラフ16‐1を見ると、米国の先行と、その米国がどちらかというと頭打ち状態で揺れながら横ばいに推移している間に、他の国々が米国に追いついていく様子が読み取れる。スウェーデン、イギリス、フランスは、異なる水準から出発して、およそ平行した軌道を辿っている。日本は他の国々よりも急速に進学率を上昇させ、その結果、二〇〇〇年頃に二五歳に達した若者世代以降、高等教育課程を修了した個人が世代人口の三五％を占めるという米国の状況に追いついている。当時、その比率はスウェーデンとイギリスでは二五％、フランスでは僅か二〇％にとどまっていた。プロテスタンティズムとカトリシズムの対立が宗教としての死を超えて生き延びているように見え、プロテスタントとカトリックの二重の「ゾンビ」現象が確認できる。

ところが、ドイツの軌跡はこのパターンから外れている。ドイツはスウェーデンと同一水準から出発しているが、この一致に不思議はない。スウェーデンはルター派だし、ドイツは、その三分の一がカトリックにとどまったとはいえ、ルター派発祥の地である。しかし、かつて人類を代表して前例のない普遍的識字化をやってのけたこのネイションが、第二次世界大戦以来、高等教育の非常に緩慢な普及に特徴づけられている。フランスは、二〇〇一年から二〇〇五年の間にドイツの水準に追いついた。高等教育課程修了者が二〇％しかいないという点で、ドイツの軌道は、その学歴層が三五％に達した日本のそれと分岐してい

グラフ 16-1　各国の高等教育の進展

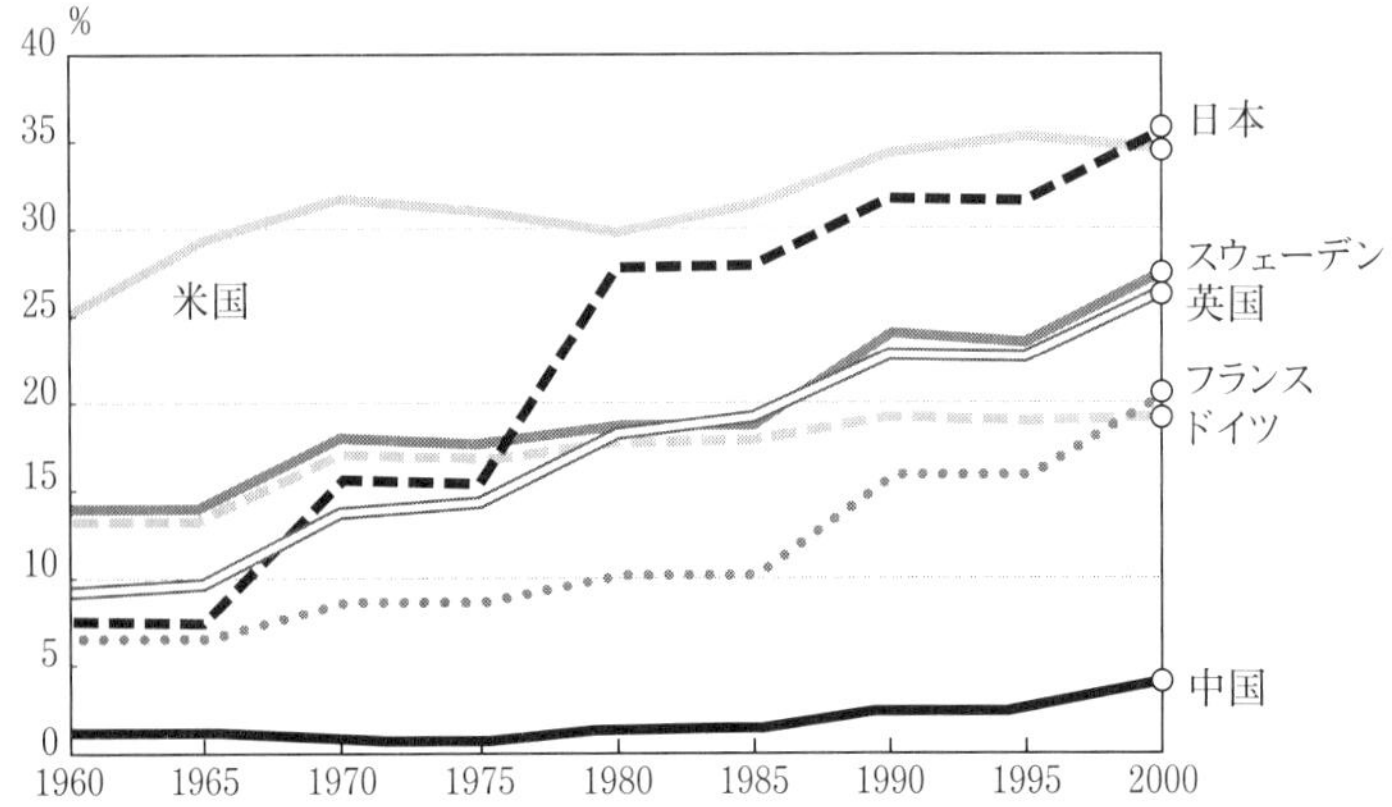

注：記載年までに 25 歳に達した世代における高等教育修了者の割合（%）。
出典：バロー＝リー（Barro-Lee）データバンク。

る。

家族構造であれ、宗教基盤であれ、どんな人類学的規定も、これほど対照的な現実は説明できない。第一次世界大戦前夜の時期におけるドイツの諸大学の高い評判や、ワイマール共和国時代のドイツの知的創造性を記憶している者にとっては、俄《にわか》には信じ難い状況だ。日本の伸張は、キャッチアップ時の直系家族型社会のあり方として正常なので、それよりもドイツの高等教育普及の停滞が説明されなければならない。そして、この場合、解釈は歴史的なものでしかあり得ない。ナチズムによって、ハイカルチャーの一部分と、それを担っていた社会階層が破壊されてしまったのだ。ナチズムは、ユダヤ人も、ユダヤ人でない者も含めて、自国のエリート層のかなりの部分を国外追放したり、大量殺戮したりした。この切除が、長きにわたって埋まることのない空白を作り、その空白が国の軌道に狂いを生じさせ、高等教育の相対的な停滞を招いた。日本の軍国主義は、そのような切除にまでは及ばなかった。要職から遠ざけたり、外出を禁じて監視したり、投獄したりはしたが、知的階層をまるごと殲滅することはなかった。その結果、日本では後年、無事で残っていた有識の人びとが戦後の復興を導くことができた。こうして日本では、直系家族が教育領域で有するポテンシャルが通常の効果を発揮でき、かくして迅速に、高等教育が米国と同等レベルまで普及した。

ドイツの経済エリートたちは、知的エリートたちよりもよく生き延びた。A・アトキンソンとT・ピケティが遂行した比較研究によって、国民所得の分配において最上位一%の人口が占める部分が、戦後のドイツであまり減らなかったことが明らかになっている。それが、**表13-1**に確認できる持続性である(27)。

男女別に見た高等教育の進展は、ドイツの軌道の特異性という仮説を裏づける。

ドイツと日本の父系制、スウェーデンのフェミニズム

われわれは第5章で、ドイツにおける識字化進展のプロセスに、並外れた父系的側面が存在することを観察した。一八世紀ドイツでは、男女の識字率の間に驚嘆させられるほどの差があった。その折に私は、読み書きの学習が、ドイツの直系家族にもともと備わっていた父系制の要素を強化したのだろうと指摘しておいた。これとは反対に、スウェーデンの識字化に関するデータが明らかにしていたのは、女性によるキャッチアップが非常に早い時期から始まったこと、そして早くも一八世紀に、男性の識字率を追い越していたということだ(28)。日本の場合は、印鑑が広範に使用されていたので、婚姻証書その他の書類に自分で署名できる者の割合を測ることができず、そのため、一八世紀頃の日本は、このタイプの比較対象にできない。

グラフ16-2、**グラフ16-3**、**グラフ16-4**は、それぞれスウェーデン、日本、ドイツを対象として、高

等教育の進展が、いかにそれぞれの国における初等教育進展の延長線上にあったかを示しているのだが、ただし、ドイツには特異な逸脱が見られる。

グラフ16―2に示されたスウェーデンのケースでは、出発点での男女格差が小さかったこと、女性によるキャッチアップの始まりが早かったこと、キャッチアップに続いて、女性が男性を追い越したこと――〔識字化と同様で〕歴史は繰り返す――が一目瞭然だ。今日では、女性のステータスの高さという意味でのフェミニズムはスウェーデンの代名詞とも言えるほどで、二〇〇〇年に二五歳になった世代では、高等教育課程修了者の人口比が女性では三〇%を超えているが、男性では二二%しか占めていない。

日本では、もともと男性が断然優位にあった。その格差は非常に漸進的にしか縮まらなかったが、それが縮まったのは、進学率の迅速な上昇の中でであった。一九九一年〜一九九五年以降、女性が優位に立ったかのような印象を**グラフ16―3**からは受けるが、おそらくこの印象は、当該の高等教育修了証の中身を分析すれば消えてしまうだろう。日本で女性が受けている高等教育はしばしば、プレスティージの相対的に低いタイプのものである。

ドイツに関する**グラフ16―4**の曲線は、ドイツの人類学的母胎にふさわしく、当初の段階での高学歴男性の多さと、男女格差の大きさ〔高等教育課程修了者が男性の世代人口の一三・六%を占めていたのに対し、女性では六・七%しかいなかった〕を明らかにしている。この男性優位は、その度合いにおいて、当時の日本で現れていたそれ〔大学卒の比率が男性では一一%、女性では四・四%〕を上回っていたわけである。この事実は、西洋に定着しているステレオタイプに反して、ドイツが日本以上に父系的であることを示唆している。とはいえ、直系家族は、他国においてと同様にドイツにおいても、女性たちや母親たちの就学を問題なく認める。一九六〇年以降、高等教育を修了する女性の比率はドイツでも順調に上昇し、やがて

グラフ 16-2　スウェーデンの高等教育の進展

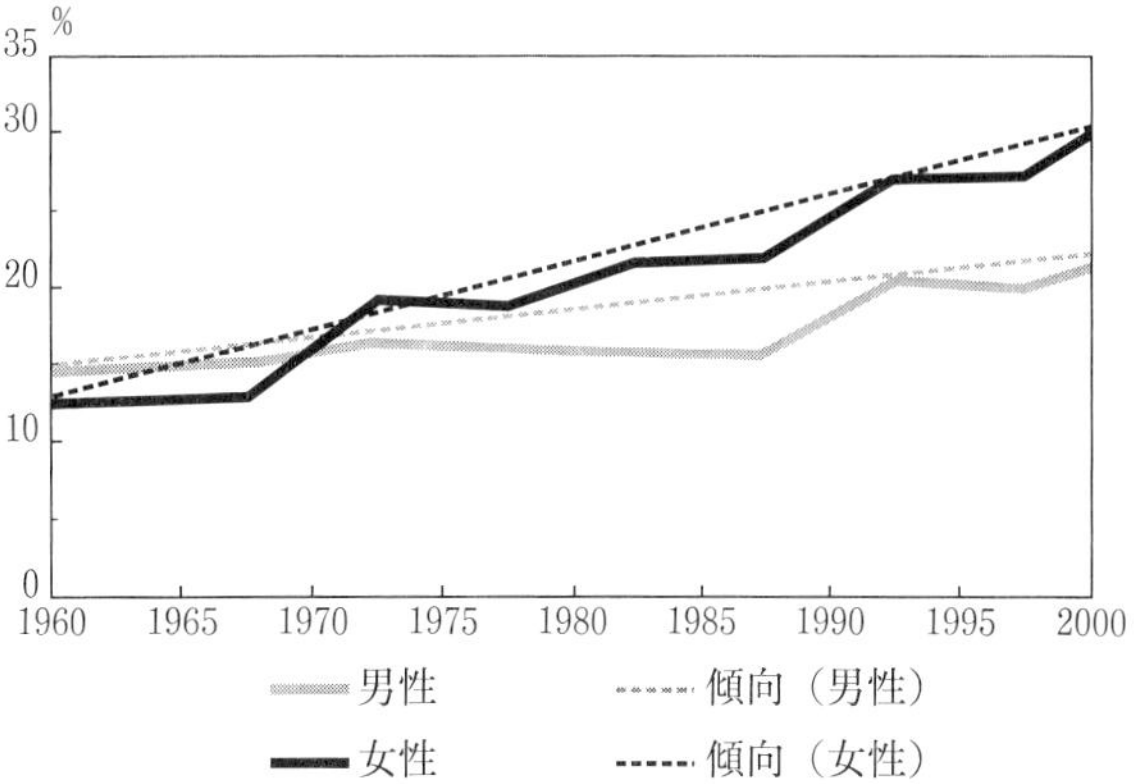

注：記載年までに 25 歳に達した世代における高等教育修了者の割合（%）。
出典：バロー＝リー（Barro-Lee）データバンク。

グラフ 16-3　日本の高等教育の進展

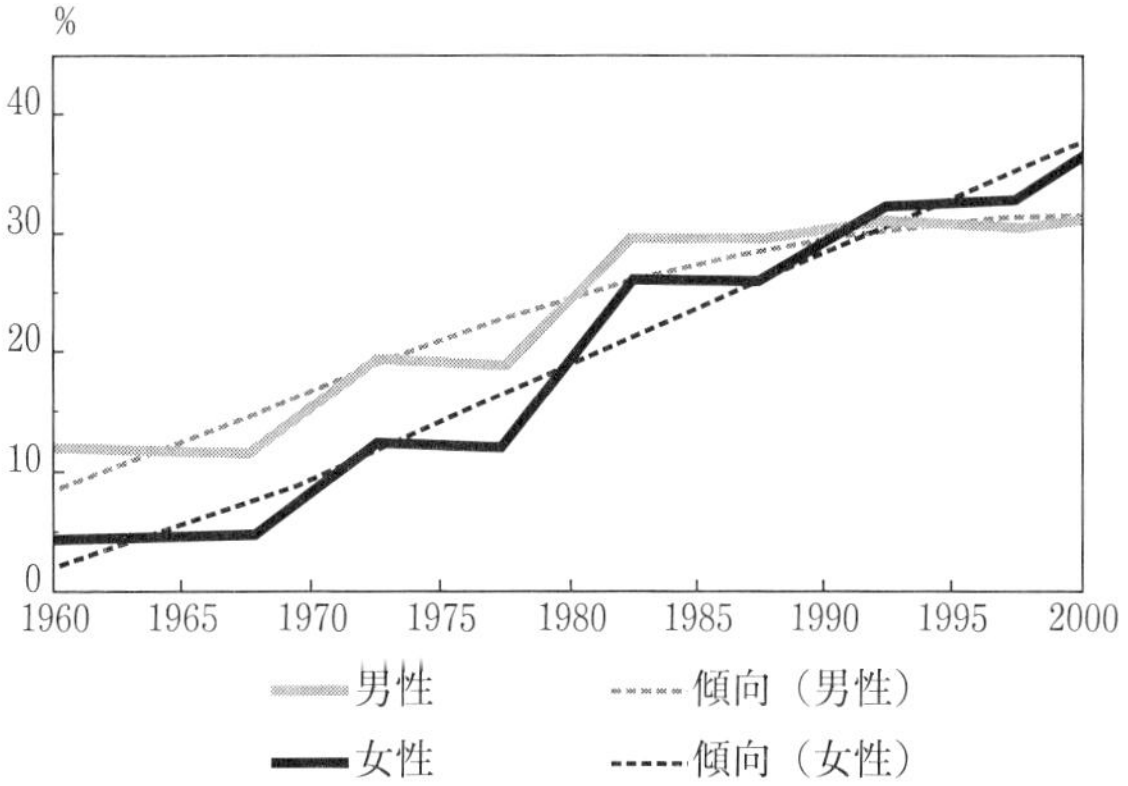

グラフ 16-4　ドイツの高等教育の進展

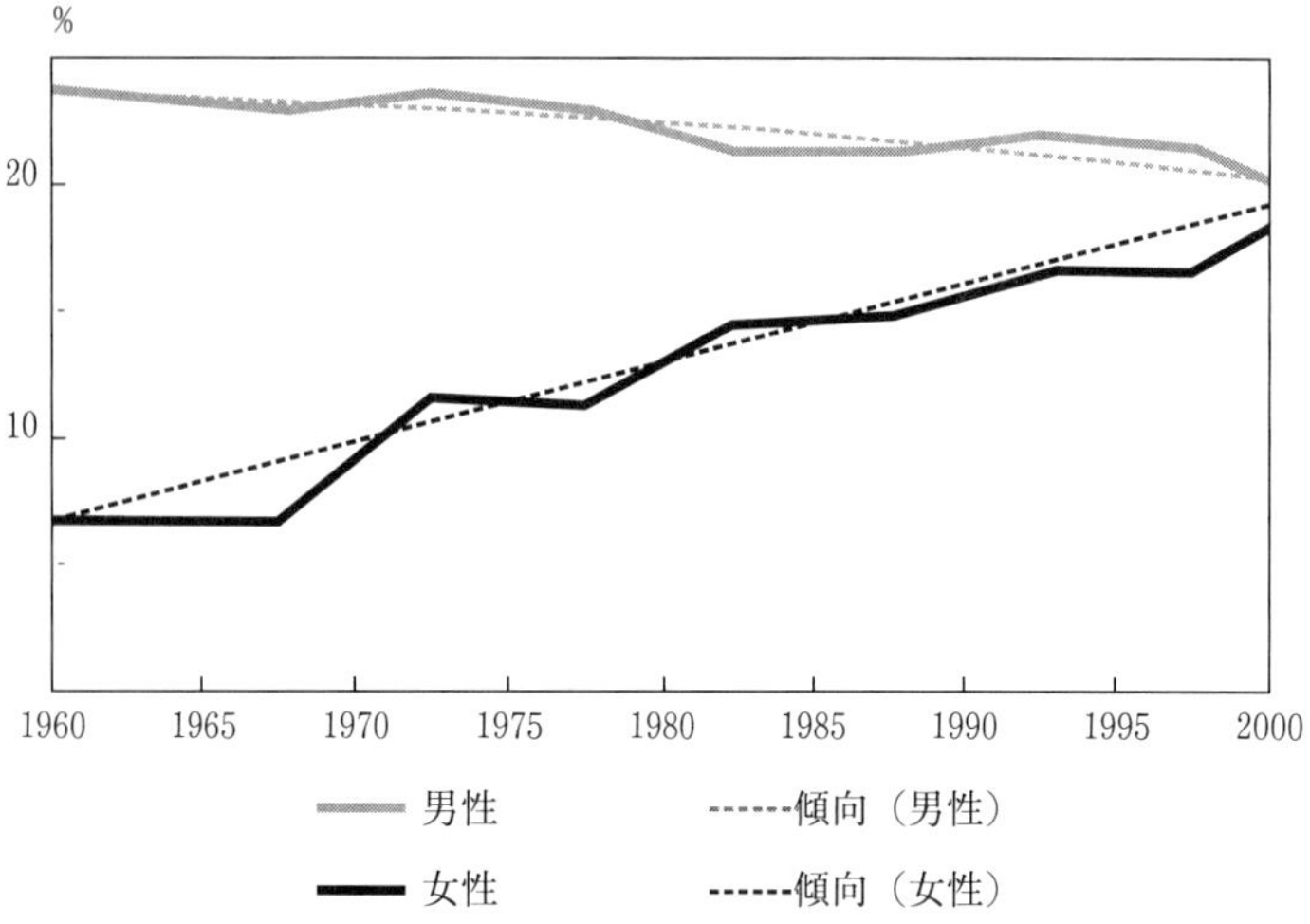

世代人口の一九・一%に達した。それとは反対に、男性のうちでは――そしてここに、西洋社会の「正常な」軌跡からの逸脱があるわけだが――高等教育課程修了者の比率がゆっくりと減少し始めて、二三・六%から二〇・二%に到った。かくして両性の平等がついに実現したのだが、それは、男性人口がかなり意外な軌跡を辿った果てのことだった。

この型破りな推移の意味を、われわれは理解しなければばならない。先述の出産率の分析、あるいはむしろ非出産率の分析がわれわれに教えてくれるのは、この推移が、男女の役割分担のバランスの結果としては解釈できないということだ。男性に見られる下降曲線は、いわゆる高等教育には含まれない産業関係の専門技術習得やキャリアにますます特化した進路選択を反映している。いいかえれば、ここでわれわれが出会っているのは、いわゆるレベルの低下ではなく、本来広く普及させる（ユニバーサルにする）ことのできる一般教育の後退……つまりは、大学《ユニバーシティ》の後退なのだ。

ドイツのこの軌跡はあまりにも奇妙なので、情報としての有効性を、別のソースから得られるデータによって確認してみなければならない。経済協力開発機構（OECD）は体制順応主義の見本のような組織であるが、この機構が提示している統計結果は、第三期教育〔中等教育修了者を対象とする教育段階〕がドイツではあまり発展していないこと、つまり先程からわれわれが注目しているのと同じ現象を明示している。二〇一一年に、二五歳〜三四歳の人口のうち、第三期教育に属する何らかの修了証書を取得済みの人の割合が、日本では五九％なのに、ドイツでは二八％でしかなかったという。かの連邦共和国が、この点では、かつて西ヨーロッパで最も識字化の遅かったポルトガルと近い水準にあるわけだ。

この角度からの展望を他のネイションにも拡げてみよう。教育関連のデータは、言語や宗教といった明白かつ単純な必須要素に還元されない骨組みをもって、ヨーロッパ諸国の社会の分岐の研究にひとつのきわめて重要な要素を付け加える。そのとき、ゲルマン的特質もラテン的特質も見えなくなる。公式カトリシズムも消え去る。スペインは、三九％という値をもって、先進諸国の先頭集団——日本、韓国、カナダを別にすると、すべての国が四〇％から四七％までの間に位置している——に離されずについていっているように見える。しかしイタリアは、二一％という値でこの表の下段にあり、大衆レベルの高等教育文化を発展させることを諦めたかのように見える。たしかに、この二つの「ラテン」の国は、家族構造においては大きく異なっている。スペインでは平等主義核家族が支配的で、国土の北部の縁に、かなり人口の多い直系家族地帯がある。あの国の人類学的システムは、北部に垂直性と権威主義の要素が存在するけれども、全体の傾向としては核家族的であり、一般に共有されているステレオタイプにもかかわらず、むしろ女権拡張的である。イタリアの人類学的システムは、中央に位置する共同体家族の伝統に支配されている

表 16-2　OECD 調査に基づく各国の高等教育

韓国	64
日本	**59**
カナダ	57
アイルランド	47
ノルウェー	47
英国	47
オーストラリア	45
イスラエル	45
フランス	43
スウェーデン	43
米国	43
ベルギー	42
オランダ	40
スイス	40
デンマーク	39
フィンランド	39
スペイン	**39**
ドイツ	**28**
ポルトガル	27
オーストリア	21
イタリア	**21**

注：25 歳〜34 歳の大卒の割合（学士・修士・博士を含む、2011 年、%）。
出典：*Regards sur l'éducation 2013. Les indicateurs de l'OCDE*, p. 38, 表 A1. 3a.

ので、強度に父系的であり、主要な大学はまさにエミリア・ロマーニャ州〔イタリア北部の州。州都はボローニャ〕とトスカーナ州〔イタリア中部の州。州都はフィレンツェ〕に、ボローニャとフィレンツェに存在している。

ＯＥＣＤのデータはまた、バロー＝リー・データバンクから提供された男女比較の統計結果の確認にも使える。二五歳〜六四歳の総人口を対象として第三期教育の分布に注目すると、この特定の事項に関する男女比（性比）が計算できる。高等教育を受けた女性の比率を男性の比率で割り、得られた数値に一〇〇を掛ければよいわけである。すると、その教育レベルに到達した男性一〇〇人に対して、同レベルの女性が何人いるかが判明する。

得られた分布は、典型的に「人類学的」である。**表16‐3**において、男女比の指標が一一五を超えている国々のうちに、スカンジナビア半島の諸国、ロシア、ポルトガルを見出すことに意外性はない。この三つのケースはいずれも、ユーラシア大陸の周縁に位置して、父系制原則の伝搬してくるのが最も遅かった地域の様態を示している。そこでは、ロシアでそうだったように父系制原則が勝利した場合でも、すでに幾度も述べたとおり、女性のステータスは低くはならなかった。ポルトガルの母権制は、ブルターニュ地方の母権制も同じだが、心理社会学者たちにとっては月並みな話になっている。しかしながら、変則的と感じられる点が二つある。まず、イタリアに関して、どちらかというと女権拡張的な指数一二三が出ている。しかしこれは、高等教育の普及が全体として停滞している状況の中に置き直して評価されなければならない。オランダでの指数が低いという事実は、もっと気にかかる。なぜなら、ドイツ世界との思いがけない関係が窺われるからである。オランダの内陸部はたしかに直系家族の地域ではある。しかし私は、沿岸部、特にホラント州が担った歴史的役割の重み

表 16-3　高等教育における女性の優位性

	男性	女性	性比
スウェーデン	28	40	143
フィンランド	32	44	138
ポルトガル	13	18	138
ロシア	46	60	130
デンマーク	29	37	128
ノルウェー	33	42	127
イタリア	13	16	123
カナダ	46	56	122
アイルランド	34	41	121
オーストラリア	34	41	121
イスラエル	42	49	117
フランス	27	31	115
ベルギー	32	36	113
米国	39	43	110
スペイン	30	32	107
英国	38	39	103
日本	47	46	98
オランダ	33	30	91
ドイツ	29	24	83
韓国	45	36	80
オーストリア	22	17	77
スイス	38	27	71

注：25 歳～64 歳の総人口に占める高等教育修了者の割合（%）。
出典：同上，p. 41, 表 A1. 5a.

に鑑みて、オランダをあえてドイツ、オーストリア、スイスのグループに分類し直すことは躊躇する。次章でわれわれは、ヨーロッパの権威主義との関係において、オランダのこの曖昧性をふたたび見出すことになる。

この階梯の下の方に、一〇〇未満の指数とともに、日本、韓国、そしてドイツ文化圏のすべての国の名が見える。ドイツはここでも、オーストリアと、（ドイツ語圏スイス人が多数派を占める）スイスに、つまり、ドイツと同様に父系的性格の強い直系家族を主流とする二つの国に忠実に随伴されているわけだ。さて、日本とドイツの教育領域の推移の比較分析はこうして、類似性と分岐を同時に明るみに出す。すなわち、同じ父系制を共有していながら、大学教育普及の進展に日本は拍車をかけ、ドイツはブレーキをかける。

次にわれわれが確認するのは、この二つの国で、支配的なイデオロギーであるウルトラ個人主義と矛盾しつつも、ひとつの強力な集団意識が生き延びていることである。その確認をとおして、ドイツと日本の強い類似性を再認識できるはずだ。その上でさらに、経済的グローバリゼーションの主要なアクターである二つの偉大な直系家族型ネイションが地政学的には分岐していることの説明も、試みなくてはならない。

集団意識の抵抗——ゾンビ・ナショナリズム

ドイツと日本の産業部門の耐久力と輸出能力の高さは、前章でも示唆したように、直系家族が継続を価値としていることによって説明できる。

メソポタミア地方での発生時から、この人類学的類型は継承を目的とし、技術を永続させ、完璧にするための仕組みとして考案されていた。こうした当初の関心のあり方から、ドイツと日本の生産手段がなぜ存続していくのかが分かる。もっとも、両国の異なる点をいくつか指摘することはできる。産業におけるドイツモデルは、もともとの発祥地である田園地帯と、それの開花する場となった中規模都市から今も離れていない。有力な多角化企業グループも抱えているが、同時に礎とするのは、ヘルマン・ジモン〔ドイツの経営思想家、一九四三年生まれ〕によって照明を当てられた「隠れたチャンピオン」(hidden champions)、すなわち、世界の生産活動の中の特定の隙間(ニッチ)を支配し、多角化よりも、自らの製品または得意領域の完璧化を好む中小企業群のダイナミズムである。[29] これらの企業はしばしば、都市空間とは描写し難い地域に定着していて、可能な限りは家族内での継承を選好する。長子相続の記憶を保全しているのである。こうした特徴は、原初の直系家族のあり方にとても近い。H・ジモンは、ドイツとオーストリアとドイツ語圏スイスの間に区別を設けていないので、暗黙のうちにではあるが、この現象をエスニックなまとまりとして捉えている。日本では、こうした「隠れたチャンピオン」は平均的にもう少し規模が大きく、全体としてドイツにおけるほどの重みは持っていない。そして、大企業と取引銀行により大きく依存している。また、ドイツのそうした企業よりも「都市」に本拠を置いていることが多い(ドイツでの三三%に対して、日本では七四%)。[30] この二つの国の地形上の違いにはよく注意する必要がある。日本はその都市網によって中央集権化されている。なにしろ、首都圏としての東京が四〇〇〇万人近い人口、すなわち国の総人口の三分の一近くを擁しているのだから。一方、ドイツは、中規模都市の強固なネットワークの効果の下、地方分権化した状況にある。いずれの都市も、ドイツの社会組織全体を独占的に引き寄せてはいない。

それだけに一層、連邦共和国が自らを集団的に組織する能力は際立っているように思える。経営者団体や職能団体が国全体に保障している集団としての行動力は、日本の中心的な戦略機関である経済産業省

（METI）が日本国に与えているそれに匹敵する。一九九〇年代にドイツに現れた技術者不足問題のケースを振り返れば、そうした諸団体による集団的対応がいかに力強いかが分かる。二〇一六年九月二一日付『フランクフルター・アルゲマイネ・ツァイトゥング』紙——経済界のリーダーたちが読む日刊紙——のある記事が、ドイツ技術者協会（Verein Deutscher Ingenieure）〔一五万人を超えるエンジニアと自然科学者からなる組織〕の積極的な動員のお蔭で問題解決が可能になったと伝えている。この新聞が掲載したグラフによれば、二〇〇五年から二〇一四年までの間に、何らかのエンジニア教育を受けた労働人口が八一万五〇〇〇人から一〇一万六〇〇〇人に増え、エンジニアとして雇用されている人の数が、二〇一二年から二〇一四年までに六八万九〇〇〇人から七四万七〇〇〇人に増えたという。二〇一四年には、エンジニアリング科学の学位を得た人数が前年より七％増加し、他のすべてのグループよりも速いテンポで人材育成が進んでいるらしい。したがってドイツでは、二〇一四年の時点で、学位取得者の六人に一人がエンジニアだったわけだ。学生人口の規模が小さいことに鑑みて、専門に特化しない一般知の分野に果たして学生が残るのだろうかという疑問が湧く[31]。地方分権体制であるにもかかわらず、ドイツ経済は、あたかも謎の運転手がアクセルを踏む自動車であるかのように状況に対応する。もちろん、自発的民間団体等の役割は非常に重要だ。しかし、それもこれも、集団的な国民意識の存在なしには不可能であろう。件の技術者協会も、ドイツ技術者協会（Verein *Deutscher* Ingenieure）なのである。実際、今日、ゾンビ・直系家族は核家族とは反対に、地域別や職業別のレベルでだけでなく、国民レベルでも集団意識の残存を保障する。

　このナショナルな集団意識が、ドイツに、日本に、また韓国に、グローバリゼーションの土俵における非対称の優位性を与える。核家族の国では、文化的なウルトラ個人主義と、その経済的構成要素であるウルトラ自由主義が、実際に関税障壁の引き下げに帰結した。米国人、イギリス人、フランス人は、経済理論の要求するとおりに行動し、ある財を買うときにはホモ・エコノミクスになる。消費者は直接的な個人利益を追求し、いちばん安い製品を選ぶ。ポストナショナルのゲームに参加するのである。イギリスや米国やフランスのそれぞれの資本主義は、（その資本主義の擡頭を可能にした）保護貿易を捨てて、自らの立場を脆弱にする。自国の市場を開放する。しかし、直系家族型資本主義は、同等の補償を提供しない。ドイツや日本の個々の消費者は、経済理論の想定通りになど行動しない。第一、彼らの指導層もその点は同じであって、流通経路を非公式にコントロールする。ドイツ人と日本人は、商品価格を見る前に、相変わらず生産国に関心を向け、そうすることが可能な場合には毎度、自国の製品を買う。

テクノロジー継承能力の高さもさることながら、ゾンビ・直系家族は、ポストナショナルなホモ・エコノミクスの擡頭に立ちはだかる集団的統合メカニズムを恒久化するのである。一方、この人類学的タイプの特徴の一つである不平等主義が促すのは、非対称性のメンタリティであり、地球上のさまざまな人間集団に関する、およそまったく普遍主義的でないビジョンであり、たとえばドイツ人と非ドイツ人の間の、あるいは日本人と非日本人の間の本質的な違いをア・プリオリに前提する傾向がある。交易上の有利さは計り知れない。出発点で競争力上の優位性を与えられ、それで得る利益を輸出産業に再投資するから、時間が経てば経つほど競争力が強化され、ドイツないし日本の技術的優越性は自己成就的予言となり、かくして実際に、ドイツ製品や日本製品は高いレベルに到達していく。

日本のケースでは、従来から事柄がはっきりしている。その意味では、あの国の振る舞いはフェアプレイだとさえいえるだろう。「日本」〔原文漢字〕は自ら特殊な国だと自己定義しており、したがって誰もが、日本が特殊な国なりの経済活動を実践するものと予期している。他方、ドイツは、そのイデオロギー的な自民族中心主義が、ナチスのおぞましさの結果として、「ゾンダーヴェーク」（Sonderweg）〔特殊な道。ドイツが欧州の他の地域とまったく異なるコースを辿って現代に到ったとする歴史思想。ナチスの擡頭直後にドイツで興った」の思想とともに追放された国である。だからこそ、本章の導入部ですでに述べたように、ドイツの経済活動の主要な場を成す西洋世界はドイツ連邦共和国の普遍主義を額面どおり信じようと努める。この事情のゆえに、ドイツは言葉の上では自由貿易論を唱えつつ、行動においては保護貿易主義であることができる。実際には、ドイツが財政黒字の絶え間ない蓄積と貿易黒字に抱く情熱は、重商主義と見做しても差し支えないくらいだ。このようなイデオロギーとメンタリティのメカニズムを前にして、フランスのエリート層の愚鈍なお人好しさ加減は甚だしい。なぜなら、彼らは彼らで、自らのゾンビ・平等主義核家族的メンタリティによって、人間はドイツ人も含めて、どこに暮らしていようとも皆同じ人間だと思う傾向を与えられているからだ。

ドイツについては、今日まで生き延びた強い国民感情について語るべきだろう。さらに、すっかり一般化した自由貿易に起因する経済戦争の中で、ゾンビ・ナショナリズムが活動していることさえも語るべきだろうと思う。この同じ用語を日本のケースに適用することを、私はためらう。日本の国民感情はむしろ明示的なのだが、あの国は今日おそらく、世界を征服することよりも、世界から身を引くことを願望しているからだ。

経済的な有利さと人口危機

以上のように考察を進めてきたわれわれは今、逆説的な事態に直面している。つまり、グローバリゼーションの中で最もよく成功した先進国は、貿易における効率性に話を限定するならば、自らの人類学的システムによってウルトラ個人主義から護られた国、ホモ・エコノミクスのモデルに合致していない国、グローバリゼーションが基本的前提として押しつける命題――公準――を拒否した国だということになる。

しかしながら、それらの国々に関して、全般的な効率のよさを語ることはできない。物事の経済的表面から、社会生活の深い層――女性のステータス、性行動、子供の教育――に及ぶ世界化の影響へと眼を移すとき、われわれは、ドイツや日本のような国がとりわけ人口の面で、世界化への適応と引き換えにきわめて重い代償を払ったことを確認する。ドイツや日本のような国々は、個人主義と、その国々の大方の人の眼に極端すぎるように映るフェミニズムに対して適応しにくい素質を有しているので、その齟齬《そご》の結果、もはや自国の人口の再生産を確実になし得ないところにまで追い込まれてしまった。長い期間にわたって、合計特殊出生率を女性一人当たり一・四人に近い水準に維持していれば、必ず、最終的な子孫（女性の各世代が産み出す子供の数）が不可避的に非常に低いレベルに近づいていく。年々、出生数の大きな不足が明らかになっている。ところで、ひとつの社会は、経済の成功・不成功を気に病む前に、自らの人口の再生産を確実に維持しようとしなければならない。

したがって、本章で見てきた輸出の好成績なども、それがとどまるところのない人口減少の状況の中で実現するものであるならば、合理性の成果ではなく、部分的な、あるいは限定的な合理性の成果と見做さなければいけない。人はしばしばアングロサクソン経済の短期利益主義を嘲笑うが、しかし、少なくとも彼らの人口再生産が確保されていることは、きちんと認めるべきだ。もしも効率性というものの捉え方を拡げて、そこに産業の成績だけでなく、人口面の成績も含めるならば、短期利益主義であるのはドイツ社会と日本社会である。この二つの社会の経済的成功は、人口の枯渇によって支払われているように見えるからだ。しかし、われわれは、いよいよ問題の分岐点にまでやって来た。まさにこの段階で、二つの偉大な直系家族型社会の類似性が崩れる。ドイツと日本は、人口問題の脅威を前にして、完全に正反対のやり方で反応した。一方は、移民に広く門戸を開けた。他方は、現在のところ、自国の人口減少と国力の低下を受け容れている。

外向きのドイツと内向きの日本

フランスや米国に比べて、ドイツが移民受け入れに向いていない国だという誤ったイメージは、二〇一五年にドイツが、シリアとアフガニスタンから来た大量の難民に門戸を開いたことで、粉砕されただろう。真実をいえば、ドイツというネイションの過去には、外国人労働力の使用と移民の同化に関して、長期にわたる大胆な行動の歴史があるのだ。ドイツ統一を成し遂げたプロイセンは、単に軍事的なだけでなく、実験的な社会でもあって、その擡頭は部分的には、革新的な移民政策の成果だったのである。その昔、プロイセン王国は、フランス国王ルイ一四世に追放されたユグノー〔カルヴァン派プロテスタント〕たちの大量到来から利益を引き出すことができた。一七〇〇年頃のベルリンでは、住民の三人に一人はフランス人だったのである。一六八五年のナント勅令の廃止は、教育レベルの高かったプロテスタントを国外に締め出したわけで、フランスを貧しくしただけでなく、プロイセンとイギリスを豊かにしたのだった。[32]その後の数世紀を跳び越えて、第二次世界大戦中にドイツ工業が数百万人の外国人労働者を呼び寄せたことも思い出すに値する。当時、そのオペレーションを計画し、管理したのはドイツの経営者たちで、彼らは確かにどちらかといえばナチだったけれども、それ以上にプラグマティックだった。

ドイツ連邦共和国では、出生数の減少が一九六五年から一九七五年の間に始まった。そしてその結果、一九九五年以降、成人の世代人口不足が起こった。

ドイツ史家たちは、将来、一九九五年から二〇五〇年にかけての時代を語る際、おそらく人口問題を中

表 16-4　各国の在住外国人の割合
（2012 年、%）

	外国籍	外国出身者
米国	6.8	13.0
英国	7.5	11.9
ドイツ	8.8	13.3
スウェーデン	7.0	15.5
フランス	6.4	11.9
日本	1.6	—
韓国	1.9	—
ロシア	0.4	7.9

出典：OECD のデータ。

心軸として選択するだろう。労働人口の維持が、少なくとも一九九五年から二〇一七年までの時期には、国際競争力を維持するための必要条件だった。国の生き残りを賭けたこの闘いの当初、まずベルリンの壁の崩壊が奇蹟的な打開策を提供した。それは、東独から来たドイツ人たち、さらに「ドイツ国籍」のソビエト人たちから成る移民集団だった。すでに教育を受けていて、熟練でもあり、かつ同化しやすいこの労働力が、国民の年齢ピラミッドに空いていた労働力人口の不足の穴を埋めた。シリアとアフガニスタンから移民の波が押し寄せる前夜に、ドイツはすでに国内に、外国生まれの住民を驚くほど多く抱えていた。そのパーセンテージは、二〇一二年には、総人口の一三・三%であった。この点で、当時すでにドイツは、米国の一三%をも追い越し、特にフランスの一一・九%を凌駕していたのだ。ドイツ以上の比率で外国生まれの住民を抱えていたのはスウェーデンだけで、その率は一五・五%だった。

日本については、国内の外国人の比率だけで満足せざるを得ないのだが、しかし、外国生まれの比率も、外国人の比率と僅かしか違わないであろう。日本で帰化を認められることの困難を考慮すれば、そのように推測できる。ところが、二〇一二年に、ドイツに住む外国人が人口の八・八％であるのに対し、日本では、人口の一・六％しか外国人を見出すことができない。たしかに、すでに日本列島の中で移民流入の始まりは確認できる。この国の経済が露わにしている労働力不足を埋めるという実際上の必要が背景にある。ところがここで特に確認すべきは、日本が、自国の人口問題を解決するために大量移民の導入に打開策を求めることを拒否しているということなのだ。こうした状況の中で、二〇一〇年以来、日本の人口は減少の一途を辿っている。どう見ても、日本は国力の増強や維持を諦めたのである。

ドイツと日本の人口政策の分岐を説明する主要な言説は、日本の文化が社会全体の同質性を理想として、それに執着しているという点を強調する。なるほど、その種の同質性の概念は、直系家族の統合と非対称性の価値とたいへん折り合いがよい。しかし、同じ価値観を帯びていながら、ドイツは開放を選択している。ここで、日本の直系家族とドイツの直系家族の間にあるひとつの差異が、両国の態度と政策の分岐の究極の原因に光を当てるのではないだろうか。ドイツの人類学的システムは、キリスト教によって変容したヨーロッパのすべての家族類型と同様、頑として外婚制に徹している。キリスト教の厳格な外婚制は日本には影響を与えなかった。伝統的に日本では外婚制がいわば穏健化されていて、その証拠に、本イトコ同士の結婚がかなり鷹揚に許容され、第二次世界大戦の直後には、その率が一一％に達していた。その後、イトコ婚は急減し、今日ではゼロに近づいている。ひと頃のイトコ婚の比率はどちらかというと高かったわけだが、それはおそらく、さほど古い時代からのことではない。徳川時代の鎖国の期間に現れたにちがいない。鎖国は一七世紀の初めから始まったのであり、ちょうどその頃、日本はキリスト教の浸透を拒絶したのだった。当時しばしば、村落の内婚的な自己閉鎖が、たとえば紙の製造のような、近代的技術の独占を保全したいという願望によって動機づけられていた。(33)

われわれが日本で観察するもの、それは基本的に、開放と閉鎖の間の一種の弁証法だ。その弁証法が、政治、経済、家族など、あの国のすべての側面を結びつけている。いったいどの辺りから、内婚制へ向かう静かなムーヴメントが始まったのだろうか、それを識別するのは、ほとんど不可能であるように思われる。

家族における内婚制は、現代の日本には再来していない。しかしこの国は、ドイツが極端な外向性の段階に踏み込んだのと同じ時期に、自国経済の自律性を保全すべく、できるだけのことをした。連邦共和国は、八〇〇〇万人以上の人口を擁して、国内市場を豊かに保つのに充分な規模の国にしては異例なまでに、貿易への開放度を上げた。GDP比で、ドイツの輸出は二〇〇〇年に三一%に達し、二〇一五年には四七%にまで上昇した。日本もまた、その同じ時期には、国を開放せざるを得なかった。しかし日本の輸出は、GDP比一一%から出発して、一八%に達しただけだった。二〇一五年には、輸出入が均衡していた。ドイツでは輸入にブレーキがかかり、三九%付近に固定されるようになった。(34) 日本のほうが総人口の規模が大きいわけだが、そのことだけでは、両国の開放度の間に存在するこれほどの差異は説明できない。

ドイツが、製品の品質が落ちるリスクを冒して東ヨーロッパの労働力を統合した生産回路を確立していたときに、日本にとっての優先事項は、サプライチェーンの自律性を保全することだったようだ。また日本は、福島原発事故のあとでも、絶え間ない地震の脅威があるにもかかわらず、自国の民生利用の原子力産業を維持した。日本の内向性とドイツの外向性がいちじるしい対照を成している。

もしアジアに、ドイツと完璧に等価なものを捜すなら、それを見つけられそうなのは韓国においてだ。

韓国の直系家族は外婚制である。それにあの国では、仏教徒が人口の二四・二％であるのに対し、キリスト教徒が三一・六％（二四・〇％がプロテスタント、七・六％がカトリック）を占めている。韓国の人口危機は日本よりも遅く、より最近に始まったのだが、あの国はすでに日本よりも高い割合で外国人を受け入れている。もっとも、中国東北部に朝鮮「民族」が存在していることで、移民導入が容易なのは事実だ。米国の文化主義的伝統を受け継ぐ人類学者ならば、韓国文化を外向的で、感情表現に適していると見做し、遠慮を優先する日本文化の正反対だと評するだろう。

これほどに知見を与えてくれるものはめったにないと思えたのは、日本、韓国、台湾、中国における家族的価値観の推移を比較するという、ある野心的な研究書の補遺を読んでいて、日本の世論調査員たちと他の調査員たちの議論の要約に遭遇したときだった。日本の調査員たちは、想定できる回答を偶数の選択肢に配分することで、回答者に、肯定と否定のいずれかの選択を強いることを求めていた（中央の選択肢が存在していると、回答者がそこに、意見を表出しないための避難場所を見つけることができる）。しかし、日本の研究者たちの主張は最終的に採用されなかった。かくして、調査の初めから終わりまで、取り上げられたのがどんなテーマの場合も、調査対象となった日本人回答者の回答は、無回答率の高さで際立つこととなったという[35]。ここでもまた、いわゆる常識的なカテゴリー分け――ヨーロッパ対アジア――は無効である。なにしろ、韓国と台湾がヨーロッパ的外向性の側に入るのだから。

ここに到って、もしかすると、われわれは最終的に、日本は本当に特別な国だという考えを受け容れてよいのかもしれないという気がする。しかし、日本の差異、内向性、内婚制は、直系家族自体も含めて、せいぜい一五世紀から二〇世紀までの間に展開した比較的新しい歴史の所産なのである。

第17章　ヨーロッパの変貌

東欧への拡大と西欧での単一通貨ユーロの導入以来、ヨーロッパ連合（EU）は機能不全に陥っているように見える。欧州のこの危機的状況を理解するには、まず、統合欧州の建設を導いてきた二つの知的大原則から自由になることが不可欠だ。すなわち、一つは、経済の決定力が何物にも優るという信念。もう一つは、諸々のネイションのあり方が消費社会の中で収斂していくという仮説。欧州統合のプロジェクトは、経済が歴史のエンジンであるような世界においてなら、そして、経済的効率が欧州の北から南まで、東から西まで同程度であったなら、成功できただろう。しかし、人類の世界はそういう世界ではないのである。本書で私が一貫して指摘を試みているように、深層に潜む力――教育、宗教、家族の影響力――が経済的推移の根底を成している。前章では、ヨーロッパにおける高等教育進展の軌道が国によってどれほど多様であるかに注目した。今度は人類学的な台座まで降りていき、家族的・宗教的多様性がどのようにしてEUの変貌を引き起こしたかを検討する。そうして最後にわれわれは、どちらかというと意外な結論、すなわち、今日のヨーロッパの姿は奇怪なアクシデントであるどころか、むしろ本書が素描してきた歴史ビジョンにしたがえば想定できるとおりのものだという結論に到るであろう。

諸国が経済面と人口面で一致せず、分岐している状況を検討する前に、私は、それらの国々の人類学的多様性を大摑みに描き出しておくために、家族構造の分布図を提示する（**地図17-1**）〔下巻口絵一頁〕。この図を各宗教の浸透度を示した**地図8-1**と組み合わせるときに得られる総合的な分布図が、欧州における権威と不平等の価値の配置を浮かび上がらせる。

ユーラシア大陸の末端における家族形態の多様性

農業も、都市も、文字も、国家も、西ヨーロッパに伝搬してきたのは遅かったから、この地域一帯は、人類学者の眼には、旧い家族形態の保存庫のように見える。ポーランド、ルーマニア、ベルギー、フランス北西部のブルターニュ地方、フランス西部のヴァンデ地方、フランスと国境を接するイタリア北西部のピエモンテ、ミラノを中心都市とするイタリア北部のロンバルディア地方、イタリア北部の州リグリア、フランスの地中海沿岸部などは核家族型ではあったけれども、農民層では一時的同居をともなった。ルーマニア、北イタリア、南仏のプロヴァンス地方とラングドック地方では、父系制の色合いが濃かった。東方に目を転じると、アジアの中心部を見ているかのように、ロシア、フィンランドの内陸部、バルト三国、スロヴァキア、ハンガリーの一部分、ブルガリア、セルビア、アルバニアに、共同体家族型を見出す。この共同体家族空間の北部では、女性のステータスが、大陸西端の地域におけるのと同じくらいに高い。南部では女性のステータスがより低いが、しかし到るところで、バルカン半島のボスニアのイスラム地域や、アルバニアや、コソボも含めて、婚姻システムが外婚制で、イトコ婚の可能性を排除している。

とはいえ、**地図17-1**が教えてくれるのは、欧州連合（EU）の中で支配的な家族類型が、父系制レベル1に相当する直系家族だということである。直系家族こそが、今日では合計すると約一億八〇〇〇万人を少し超えるほどの住民がいる国々と地域の農村で伝統的に支配的だったのだ。この人口は、イギリスのEU離脱前の段階でも、EU総人口の三六%に相当していた。EU非加盟のスイスとノルウェーを勘定に入れても、である。イギリスがEUを去った今では、直系家族人口の割合はEU総人口の四〇%、ユーロ圏に限れば四六%を占めている。他の家族類型がいずれもEU人口の二〇%を超えていない以上、西ヨーロッパはその大陸部分において直系家族優勢だと認めなければならない。ところで、ドイツの人口は、イギリスの抜けたEU（＋スイス）の一八%、ユーロ圏の二五%でしかない。そこにオーストリアと、直系家族がドイツ語と同じくらいに優勢なドイツ語圏スイスを加えても、イギリスの抜けたEU（＋スイス）

の人口の二一%である。ドイツとオーストリアを一緒にしても、ユーロ圏人口の二七%にとどまる。

つまり、統合欧州の建設において、非ドイツの直系家族の比重がすこぶる大きいのだ。直系家族は、スウェーデン、オランダの内陸部、チェコ共和国、スロベニア、ヴェネト〔イタリア北東部、ヴェネチアを州都とする州〕、フランスの東部アルザス地方、同じく南部オクシタニ地域、またイベリア半島の北部で主流なのだ。これらの地域の人口を合計すると、欧州の直系家族人口のほとんど半数、四七%に相当する。したがって、ヨーロッパにおける権威と不平等の価値の優位、あるいは――換言すれば――個人を階層的システムの中に統合することを好む傾向をドイツだけのせいにするのは勿論、ドイツ文化圏全体のせいにするのも適切ではない。直系家族はスペインで三一%、フランスやポルトガルで二九%、イタリアで一一%を占めているのだ。

これ以降、欧州政治統合の中心部だけを注視するためにユーロ圏に話を限れば、平等主義核家族に属する人口は二七%で、直系家族人口の四六%の前では、まったく重きを成さない。もっとも、イタリア北部とフランスの地中海沿岸地方の父方同居核家族を勘定に入れれば、平等主義核家族の価値観の重みを三四%にまで引き上げて評価することができる。

直系家族の分布図が明らかにしているのは、たしかにドイツ文化圏のブロックがその中心にあることだが、分布はオランダやチェコ共和国にも拡がり、さらに遠くはフランスの周縁部、スロベニア、イタリア北西部にまで及んでいる。それ以外にも、スウェーデン、南仏オクシタニ地域、スペインのカタロニア地方、バスク地方、北西部のガリシア州、そしてポルトガルの北西部に、それぞれ独自に直系家族の核が存在するので、これらも加えて考慮する必要がある。スウェーデンは、ドイツを念頭に置いていえば、ヨーロッパにおけるもう一つの直系家族型ネイションである。ただ、人口が九六〇万人程度と少なく、最高度に女権拡張的なので、やはり特異で未完成の直系家族にとどまる。現実に存在する人類学的な集団に注目するなら、ヨーロッパにおける第二の直系家族国は、当該の人口を一九〇〇万人擁するフランスであり、三番目は一四〇〇万人を擁するスペインである。

宗教的浸透の多様性

ヨーロッパで、キリスト教は慣習的に、東方正教、カトリシズム、プロテスタンティズムという三つの主要な流派に区別される。東方正教の宗教的実践については、私はデータを欠いており、そのため、キリスト教のこの派に関して、地域ごとの世俗化の時期を特定することはできない。しかし、私はかつて、『新ヨーロッパ大全』の中で、プロテスタンティズムについてはただ一回だけの脱宗教化の時期を、カトリシズムについては地域によって異なる二つの脱宗教化の時期を確定した。**地図8-1**が示すように、ローマ・カトリック教会の支配下にあったかなりの部分——広大なパリ盆地と、スペイン南部、イタリア南部、ポルトガル南部——では、早くも一七四〇年から一七五〇年にかけて宗教実践が崩壊した。主に、平等主義核家族と大規模農場経営に特徴づけられていた地域でのことだった[1]。世俗化が一八世紀にまで遡るこれらの地域では、宗教的な統合力は最小レベルで、残存的、または皆無である。プロテスタンティズムの国々では、信仰の退潮が一八七〇年から一九三〇年にかけての時期に位置づけられるので、今日も宗教の痕跡がより深いだろうと推測できる。第二次世界大戦の終戦明けまでカトリックにとどまっていて、かの第二バチカン公会議〔一九六二年〜一九六五年〕以降に宗教実践が崩壊した地域の場合には、宗教的影響のよりいっそう濃厚な残存を認めなければならない。私がエルヴェ・ル・ブラーズと共にゾンビ・カトリシズムの存在を見出したのは、カトリシズムが消失して間もないフランスの諸地域においてであった。

該当する諸県は、教育領域でのダイナミズムとともに、他の地域に優越する経済的効率性をはっきりと示していた。また、そこには、私が『シャルリとは誰か？』(2)で指摘したように、権威と不平等と階層秩序的社会形態を受け容れるよう予め仕向けられた社会的態度が見出せる。今日の精神的・経済的危機の文脈においては、特殊な――いわば偽善的な――形のイスラム恐怖症《フォビア》も看て取れる。しかし、ゾンビ・カトリシズムは欧州規模の現象であり、もしその点在の中にカナダのケベック州をも含めるならば、大陸横断的な現象でさえある。ケベック州の例は原型的であって、そこでは、イスラム教徒人口がさほど多くない環境であるにもかかわらず、ムハンマドの宗教への否定的な固定観念が容易に透けて見える。フランスとベルギー以外のヨーロッパ諸国については、私は、イスラム恐怖症《フォビア》をゾンビ・カトリシズムの表れとして扱うために充分なだけのデータを持ち合わせていない。なお、これは私が『シャルリとは誰か？』の中で強調しておいたことの一つだが、オランダ、デンマーク、ドイツ北部のプロテスタンティズムには、カトリシズム以上に、宗教色濃厚な外国人恐怖症《フォビア》を活性化させる能力がある。なにせ、選ばれし者と地獄行きの者を区別する予定説を仕込まれているプロテスタンティズムにおいては、不平等の価値の表現がよりあからさまなのである。プロテスタンティズムは、その誕生時から、聖書を現地語に翻訳することを要求したし、歴史上つねに、ナショナリズムと、あるいは少なくともナショナル・アイデンティティの当初の表現としっかり結びついてきた。

一方、経済面では、ゾンビ・カトリシズムの効率の高さが見分けやすい。近年、西欧諸国内で、フランドル地方や、イタリアのヴェネト州や、ドイツ南部のバイエルン州、バーデン＝ヴュルテンベルク州などの伸張が著しいのがその証拠だ。ドイツの場合に関していえば、進歩とプロテスタンティズムを結びつけるマックス・ウェーバーの仮説が旧くなってしまったようにさえ見える。なにしろ、経済的に最もダイナミックな二つの州（Länder）がカトリック優位の州なのだから。

反宗教改革の中心にあったのは、司祭への服従の原則である。それだけにゾンビ・カトリシズムは、イデオロギー面で、権威主義的で不平等主義的な、階層序列に従順な振る舞い方を推奨する。そしてそのことは、左翼勢力のある種の変化が有権者たちの表面上の政治的支持のあり方を変えてしまっているが、その場合でも同様である。フランスでは、私が『シャルリとは誰か？』の中で強調したように、社会党によるカトリック的な地域の「征服」の結果、現実に生じたのは、ゾンビ・カトリシズムの権威主義的で不平等主義的な価値観に適応する方向での、社会党の側の文化変容だった。つまり、「第一の左翼」〔地域主義的・反国家主義的で、市場社会に融和的な社会主義勢力。一九七〇年代後半からフランスに現れ、福祉国家を志向する従来型の社会主義と対立した〕が、ルネ・レモン〔フランスの政治史学者、一九一八〜二〇〇七〕のいう「第一の右翼」〔R・レモンの主著『フランスの右翼』（*Les Droites en France*）は、フランス右翼の系譜を三つに分類している〕、すなわち正統王朝支持の王党派思想から生まれ、まず左翼陣営を、次にフランスを政治的に「征服」したのだった。かくして力を得たのは自由と平等の価値ではなく、その正反対の権威と不平等の価値であった。この動きがさらに強化されていった背景には、むしろ「征服」する側となったカトリック諸地域の教育と経済における成功があった。

到るところで、教育領域の新たな階層化の不平等主義的効果が、直系家族や聖職者の優越性の原則に固有な価値観が及ぼす不平等主義的効果に付け加わった。こうしてフランスは、ジャック・ドロール〔フランスの政治家。仏財務相を経て、一九八五年から九一〇年、欧州委員会委員長を務めた。一九二五年生まれ〕と共に、緊縮財政主義に陥った社会党と共に、フラン高政策へと、そして次には単一通貨ユーロへと「宗旨替え」をした。ユーロは、経済生活に有用だからというよりも、顕彰と奉仕の対象として構想された通貨である。一九六〇年頃までカトリックにとどまっていた人びとと社会集団の精神的軌道の中で、神が通貨という金《きん》の仔牛に取って代わられたのだ。共和国の精神は裏切られた。が、聖書の叡智が教えてくれるところによれば、金《きん》は宗教的な、否むしろ反宗教的な代替物である。変転の旅の果てに、直系家族のイデオロギーに宗旨替えしたフランスのエリートたちは、今日なおその中心部においては自由主義的・平等主義的であり続けているフランス社会の不器用な管理者として、ユーロだけでなく、ヨーロッパにおける直系家族社会の理念型であるドイツをも神格化するほかない状況にいる。

フランスは、その人類学的多様性のゆえに、すばらしい実験場である。そこでは特に、カトリシズムに由来する価値観の「実体変化」〔本来は、聖餐《せいさん》のパンと葡萄酒がキリストの肉と血の実体に変わることを意味する言葉〕のメカニズムが確認できる。ゾンビ・カトリシズム圏全域で同一の調査をおこなうべきだろう。そうすれば、非常に多様な変化の軌跡を観察できるだろう。フランス国内でも、西部の内陸部は伝統的に絶対核家族の地域であって、社会党に「征服」されることなく、はっきりと「右派」にとどまった。イタリアの北東部は「パダーニャ同盟」(Lega padana)〔パダーニャはポー川のラテン語名に由来。北イタリアの分離独立やイタリア連邦制を主張〕に靡いた。ドイツのカトリック圏の大部分は、相変わらずキリスト教民主同盟(CDU)の地盤で、バイエルン州ではバイエルン・キリスト教社会同盟(CSU)が支配的だ。フランドル地方では、キリスト教民主主義が生き残っているが、反フランス語圏・反アラブ人のナショナリスト勢力が擡頭してきていて、無視できない。オランダは、歴史的にはプロテスタンティズム主流の沿岸部が中心の国であるが、今ではゾンビ・カトリシズムの南東部が擡頭し、力関係が逆転したと考えられなくもない。もしそうだとすれば、それは、世俗主義的で共和主義的な中心部が周縁部に支配されるに到ったフランスの推移に似ている。とはいえ、あの「寛容」の国オランダにおけるイスラム恐怖症《フオビア》の格別の激越さは、プロテスタントである中心部も負けていないことを示唆している。

しかし、依然としてわれわれは、宗教的実践の崩壊――これは世論調査によって直接的にも、出生率の急低下をとおして間接的にも測定できる――以降も、反宗教改革カトリシズムの権威主義的で不平等主義的な次元が残存するという仮説を前提にしていくことができる。かつては普遍主義のローマ教会が、さまざまな特殊性を帯びた多くの社会を一つにまとめる役割を果たしていたのだが、その教会の力が消失すると、不平等主義的な家族構造の地域では、自民族中心主義的傾向が解き放たれた。すなわち、フランドル地方、バスク地方、アイルランド、ケベック州などに見られる現象である。しかしまた、ゾンビ・カトリシズムの地理空間にはキリスト教的普遍主義の刻印も持続していて、それゆえに外国人恐怖症《フォビア》の抑制も持続していること、そしてその抑制に匹敵するものはプロテスタンティズムの国にはないことも推測しておくべきである。

全体として、ゾンビ・カトリシズムの地域は、直系家族の地域に次いで、EU内で二つ目に大きなエリアを構成している。そのエリアは、必ずではないが、しばしば一つ目のエリアに重なっている。直系家族の比重と同様、ゾンビ・カトリシズムの比重も、EU全体の中でよりも、ユーロ圏の内部で大きい。ドイツ文化圏が中心という性格は、直系家族エリアの場合よりも少し弱い。ゾンビ・カトリシズムは、直系家族型でない地域を権威と不平等の価値観に近づける。そのケースに該当する地域として、絶対核家族を主流とするフランス西部の内陸部、平等主義核家族のエリアに含まれるスペインのカスティーリャ・ラ・ビエハ〔「旧カスティーリャ」の意で、セントラル山地北部を指す古い地方名〕とカスティーリャ・イ・レオン〔スペイン北西部の州〕、共同体家族のイタリア中央部、あるいはまた、一時的父方同居を伴う核家族を伝統とするイタリア北部の半分などが挙げられる。

私はここで、家族的価値観と宗教的価値観を毎度必ず事細かに積み重ねるつもりはない。権威と不平等という価値観とプロテスタンティズムとの関係についての長い議論が必要であろうが、結論が出る可能性はおそらく低い。ルター主義とカルヴァン主義には人びとの間の形而上学的不平等というメッセージが含まれているが、その一方でこの二つのプロテスタンティズムは、聖職者の権威に対する人びとの平等と自由というメッセージをもたっぷりと付け加えたのである。

直系家族、カトリック、プロテスタントの痕跡をプラグマティックに合成するだけに甘んじよう。それをしたのが、**地図8−1と地図17−1**を組み合わせた**地図17−2**〔下巻口絵二頁〕である。

直系家族とゾンビ・カトリシズムは協力して、権威主義的で不平等主義的な地域文化を製造し、維持することができる。その二つの力が合同するエリアを特徴づけるのは、階層モデルへの個人の最大限の統合である。直系家族は、カトリシズムの痕跡がなくても存在し得る。フランスのオクシタニ地域やスペインのカタロニア地方では、直系家族文化が、早期の脱キリスト教化を妨げなかった。プロテスタンティズムの精神世界については、それが当初からドイツないしスウェーデンの直系家族と親和的であったことを第5章で確認したが、なにしろプロテスタントなのだから、その定義からしてゾンビ・カトリシズムではあり得ない。

欧州において権威と不平等の価値観が有する潜在力を見積もるこの企てにおいては、ゾンビ・カトリシズムのエリアに含まれていながら、直系家族を伝統としていない地域に、格別の注意を向ける必要がある。その地域は、プロテスタントの直系家族エリアや、直系家族とゾンビ・カトリシズムが合同するエリアほどではないにせよ、それらのエリアに次いで、階層秩序気質と、個人を組織の中に統合する伝統が支配的である環状エリアであるからだ。ユーロ圏の中で直系家族が支配的である比率を、私は四六％と見積もった。ここに、ゾンビ・カトリシズムのエリアに含まれていながら、直系家族を伝統としていない地域を加えてみると、比率は五六％にはね上がる。反個人主義の測定を最後まで押し進めよう。イタリア中部やバルト三国の伝統は共同体家族で、この家族システムはたしかに平等主義的ではあるが、しかし権威主義的である。こうした国や地域の存在をも勘定に入れると、件の比率が六一％にまで達する。エストニアやラトビアでは、ルター派信仰の痕跡によって、プロテスタント的な不平等性のニュアンスが付け加わる。因みに次章では、ソビエト連邦の共産主義体制の生成におけるエストニア人とラトビア人の役割に言及する機会があるだろう。

結局、家族と宗教のいずれに起源があるにせよ、権威主義的な気質がユーロ圏の諸々の地域社会の中で支配的なのだ。人類学はこうして、人びとに対してこの上なく無慈悲なユーロという通貨をひとつの異常現象として表象する誤りから免れさせてくれる。この試論で展開している理論、家族と宗教とイデオロギーを組み合わせるこの理論の見地から見れば、ユーロ（およびユーロと一体化している緊縮政策）は、自由主義的な価値観に支配されていないヨーロッパ空間の通貨として正常なのである。このような分析は、この単一通貨システムにおけるドイツの中心的立場を問題視するわけではない。その代わり、ユーロ圏全般に、緊縮経済政策を選好し、父親の権力からの派生（直系家族効果）であれ、司祭と神の権力からの派生（ゾンビ・カトリシズム効果）であれ、トップダウンの権力を歓迎するイデオロギーが存在していることを強調する。

単一通貨の形成過程において、直系家族であるかゾンビ・カトリシズムである、あるいは直系家族でかつゾンビ・カトリシズムであるフランス周縁部が果たした役割は格別に大きい。なにしろ、ユーロを構想したのは、そのフランスのエリートたち、あるいは少なくとも、一九八一年に政権の座に辿り着いたフランス社会党のエリートたちだったのである。この事実は意外の感を与えるかもしれないが、しかしフランスは、一七八九年の大革命の国である一方で、「カトリック教会の長女」（四九六年にフランク王国の王クローヴィスがカトリシズムに改宗して洗礼を受けたことに因む呼称）でもあり、しかも、先程も指摘したように、ヨーロッパにおける第二の直系家族国家でもあるのだ。

直系家族との結びつきの有無を問わず、ゾンビ・カトリシズムはユーロ圏の中心にある。地図学的に考察すれば、ゾンビ・カトリシズムこそがユーロの真の基礎であるようにさえ見える。ユーロ圏のほとんどすべての国にゾンビ・カトリシズムの拠点が存在し、その分布図から外れているのは、フィンランド、エストニア、ラトビアの三カ国だけなのだから。とはいえ、われわれはここで、歴史人類学をとおして、月並みな認識をふたたび見出しているにすぎない。欧州共同体の生成におけるキリスト教民主主義の――したがってカトリック教会の――重要性は、かねてより衆目が一致して認めるところだ。第15章で確立した「場所の記憶」の原則に依拠すれば、宗教的価値観の残存という仮説を認め、その価値観が、人びとに仕えるためでなく、人びとを支配するために作られた通貨の考案と擁護に変貌した、と考えることができる。

注目すべきは、ロシアを恐れるがゆえにユーロを選んだフィンランド、エストニア、ラトビアの三カ国を例外として、全面的にプロテスタントである国々がユーロ圏の外にとどまったことである。ノルウェーは、そもそもEUに加盟していない。EU加盟国であっても、ルター派プロテスタントのデンマークとスウェーデンは、カルヴァン派の伝統に連なるイギリスと同様、それぞれに自国通貨を保守した。ゾンビ・プロテスタンティズムと呼び得るもののナショナルな次元は依然として活性化状態にあり、たいていの場合、自国の通貨上の独立性を保全し、そしてそのことで端的に、主権国家としての独立を保全する。

ドイツは、あの国が単一通貨制度への参加を決めた当時、カトリックの地域を地盤とする右派勢力に支配されていた。その後、東ドイツが併合されて、ドイツはふたたび、プロテスタントが多数派の国になった。そうした変容の影響は、まずは確実に、国政の方向づけがヨーロッパ寄りであるよりも自国寄りになるという形で現れる。フランス社会党やその周辺の面々が、フランスやイタリアやスペインの要求に対して開かれた態度を取ってくれるドイツの出現を願って、ドイツの「左派」である社会民主党による政権掌握を期待するのを見るのは、いつも涙ぐましい。しかし、いうまでもなく、実際はその正反対なので、フランス左派の立場からすれば、むしろ警戒すべきなのだ。なぜなら、ドイツの社会民主党は、かつてナチズムがそうであったようにプロテスタントの地域にしっかりと根を張っていて、キリスト教民主同盟よりも強くナショナリズムを帯びているのだから。キリスト教民主同盟のほうは、ドイツ中央党（Zentrum）〔一八七〇年に南部を基盤として創設され、プロイセン主導の中央集権化に対抗し、帝政期とワイマール共和政期に活躍したカトリック政党〕の後継であり、宗教を介してラテン世界と繫がっている。

私は先程、オランダが依然として「プロテスタント」の性格を持つ国であるかどうかという点に関して、抱いている疑問の一部分に言及した。その疑問への答えの如何を問わず、どう見ても明らかに、ドイツ・ライン川流域の出口に位置するあの小さなネイションには、ユーロ圏に入る以外の選択肢はほぼ存在しない。

さて、次に考察すべきは、ユーロ圏の内も外も含め、拡大欧州連合の管理がいかにして、人間不平等という、ゾンビ・カトリシズム文化の地域の大半と直系家族の文化とに共通する価値観を具体化したかという点である。

ヨーロッパにおける不平等の勝利

二〇一四年に国民一人当たりが生み出した富（一人当たりGDP）の国別一覧は、われわれが述べてきた残存原則の、つまり、「場所の記憶」が生きていることの見事な例示である。数十年にわたる官僚制の実験も、通貨制度上の発明も、ユーロ圏であるか否かも、経済効率性の昔からの地理的・文化的分布にいっさい変更を加えなかった。ジャック・サピール〔フランスの経済学者、一九五四年生まれ〕は、早くも二〇〇六年に、ヨーロッパ諸国が収斂していくことの困難さという問題を提示していた[3]。その困難を明らかにしているのが**表17-1**である。この表は、ヨーロッパ各国の一人当たりGDPを降順で表示している。当該の国がEU加盟国か否か、ユーロ参加国か否かは問題にしていない。ノルウェーもロシアも、この表には載っている。直系家族の国の欄は灰色だ。この人類学的タイプがその国の人口の半分にしか当て嵌まらない場合には、薄い灰色になっている。プロテスタントの国の名称は太字で示されている。オランダは、一七世紀に西欧が経済的・科学的に離陸した折にこの国が果たした役割を想起するために、プロテスタントの国として分類されている。数値は、国によって異なる財やサービスの価格を考慮すべく、購買力平価で計算されている。表の上段では、予期できるとおり、プロテスタンティズムと直系家族が混ざり合っている。この表に映し出されているのは、一七世紀に見られたような、プロテスタントの地域を先進的部分とするヨーロッパではもはやない。さらに、二〇世紀初頭のヨーロッパですらないとも言える。なにしろ、直系家族系であって、かつゾンビ・カトリシズムにも特徴づけられるオーストリアが、すでに先頭集団に追いついているのだから。イギリスにはプロテスタンティズムの痕跡が残存しているはずだが、その要素は、中間的なポジションにいるフランスのレベルにまでイギリスが下降するのを防ぎ得ていない。このランキングは、推移の途中の一瞬を示すものにすぎない。たとえばフランスは、その中心部の平等主義核家族文化にとって不利な単一通貨によって本来の動きを阻害され、継続的に下降し、この傾向が持続するならば、ついには富裕国クラブから離れ、イタリアやスペインのレベルに近づいていくだろう。直系家族の国であるチェコ共和国に追いつかれることさえ想像できる。ただ、それは実は、戦前の状況に戻ることを意味するだけなのだが――。

国別の名目賃金のコストは、工場を国外移転したり、作業を下請けに発注したりする企業にとって、また外国へ出稼ぎに行く労働者にとって重要な指標であるが、この指標に拠ると、各国の隔たりはより大きくなる。ユーロ換算した時間当たり労働賃金の中間値についてのEU統計局のデータが、**表17-2**にまとめられている。国名は、ここでも数値の降順で並べられている。二〇一四年の場合、この指標は、デンマークの二五・四からブルガリアの一・七までの隔たりを含み、格差は一五倍に達していた。ユーロ圏の内部では、ルクセンブルクの一八・三からリトアニアの三・一までの隔たりがあり、したがって格差は六倍だった。

したがって、旧共産主義諸国の統合が行き着いた先は、欧州の生活水準の収斂ではなく、差異化された不平等主義的なシステムの設置であった。そのシステムの中で、共産主義体制によってよく教育された労働人口が、中国との比較にさえ耐えるような水準の低賃金で、安価な労働力を提供しているのである。ポーランドは家電製品の製造分野で女王となり、スロヴァキアとルーマニアは自動車生産の現場として圧倒的だ。欧州連合（EU）は今では、内部に一種の「中国」（「世界の工場」の意）を保有しているのである。仮にEUをひとつのグローバルな個体と見做すならば、欧州全体での生産システム再編成の結果、加盟各国の内部での所得配分は今や、経済的不平等の指標として時代遅れになってしまった。このことは、とりわけ、「ヨーロッパの民主制」と「アメリカの民主制」を比較しようとするときに言える。今日、米国内

表 17-1　欧州各国の 1 人当たり GDP（ドル、購買力平価換算、2014 年）

ノルウェー	65970
スイス	59600
ルクセンブルク	57830
オランダ	47660
ドイツ	46840
スウェーデン	46710
デンマーク	46160
オーストリア	45040
ベルギー	43030
アイルランド	40820
フィンランド	40000
フランス	39720
英国	38370
イタリア	34710
スペイン	32860
スロベニア	28650
ポルトガル	28010
マルタ	27020
チェコ	26970
ギリシア	26130
スロヴァキア	25970
エストニア	25690
リトアニア	25390
ロシア	24710
ポーランド	24090
ハンガリー	23830
ラトビア	23150
クロアチア	20560
ルーマニア	19030
ベラルーシ	17610
ブルガリア	15850
モンテネグロ	14510
北マケドニア	12600
セルビア	12150
アルバニア	10210
ボスニア＝ヘルツェゴビナ	10020
ウクライナ	8560
モルドバ	5480

表 17-2　欧州各国の時間当たり生産性の中央値（2014 年、ユーロ）

デンマーク	25.4
アイルランド	20.2
スウェーデン	18.5
ルクセンブルク	18.3
ベルギー	17.3
フィンランド	17.2
オランダ	16
マルタ	15.6
ドイツ	15.3
フランス	14.8
英国	14.7
オーストリア	13.8
イタリア	12.3
スペイン	9.8
キプロス	8.4
スロベニア	7.3
ポルトガル	5.1
エストニア	4.9
チェコ	4.6
スロヴァキア	4.4
ポーランド	4.3
ハンガリー	3.6
ラトビア	3.4
リトアニア	3.1
ルーマニア	2
ブルガリア	1.7

の格差がヨーロッパ各国内のそれより遥かに大きいのを見て、米国をヨーロッパ以上に不平等な社会と見做すのが一般化し、月並み化している。しかしながら、ＥＵ加盟国の国内状況を別々に見るのではなく、ＥＵ全体を一国のように見て計算すれば、一九九〇年から二〇一五年にかけて、「ウルトラ自由主義」的不平等の勝利に「選ばれし地」は、むしろヨーロッパであったことが判明する。

西への産業上の「電撃戦（Blitzkrieg）」

西ヨーロッパに目を向けても、限定的な収斂さえ確認できない。一人当たりＧＤＰにおけるフランスの脱落に、われわれはすでに悲観的な結論が示唆されているのを見た。収斂どころか、南欧と北欧という古い亀裂が改めて鮮明になった。ＥＵ内部で営まれる格別に教条的な自由貿易の結果、経済理論が知らないタイプの「比較優位」が出現した。主流派経済理論は、ホモ・エコノミクスが動くのは真空の中ではなく、家族構造と宗教的伝統によって確定する習俗システムの内部においてである、ということを忘れている。直系家族、プロテスタンティズムといった移住や文化交流にもかかわらず「場所の記憶」によって維持されるさまざまなゾンビの力が、東欧においてと同様、西欧においても、ヨーロッパの経済空間のラディカルな不均質性を支え続けている。

ユーロのせいで、経済の強い国と経済の弱い国の間の競争が苛酷になった。単一通貨の下では、経済の弱い国が自国通貨の平価切り下げによって、その国にとって条件的に無理のある競争から自国経済を護るということができない。したがって、イタリアやフランスの産業は、ドイツやスカンジナビア諸国との競争に耐えることができなくなった。世界で営まれている交易上の競争メカニズムについてのある間違った理解が、ヨーロッパ人たちの見込み違いの背景にある。グローバリゼーションに関しては、周知のとおり、誰もがいつも決まって、先進国の「高い」労働力と発展途上国の「安い」労働力の間で起こる競争を最重要視し、かつそれを唯一の競争と想定し、それがもたらすものについて論議する。たしかに、そうした現象は存在するし、実際に問題の核心だともいえる。第一、われわれも先程、西欧の企業が東欧の低賃金労働力を活用することに注目して、そうした現象のリアリティを確認した。しかし、分析をもっと先まで押し進める必要がある。

自国産業の最も進んでいる部分を保持しつつ貿易黒字を蓄積しようとする先進国にとって、最も効果的な自国防衛方法は、生活水準も給与水準も自国とさほど違わない経済的・社会的隣国に敵対することである。二〇〇九年にパトリック・アルテュス〔フランスの経済学者、一九五一年生まれ〕が、『ドイツはフランスにとってひとつのモデルであるか？』(4)という表題の本の中で、この現象を明らかにした。彼は、ドイツが労働コスト削減政策の実施によって追求している効果の何たるかを問い、その政策はEU内のパートナー国に対して敵対的な方向づけのものだと結論づけている。問題を最も一般的な形で提示しよう。仮に北ヨーロッパで労働コストを二〇％削減するとして、その施策が、給与が一〇倍も二〇倍も低い中国やインドネシアを標的とし、対抗すべき相手と見做している、などということはあり得ない。それは必然的に、所得水準が北ヨーロッパのその国とたとえ等しくなくても、少なくとも比較はできる程度に高い近隣のライバル国に対して、敵対的に差し向けられているのである。

ドイツでは、権威主義的で集団主義的な文化が支配的だからこそ、給与水準の凍結や、本質的にナショナリスティックなあの競争的デフレ政策が、人びとに受け容れられ得たのである（ここで改めてわれわれは、あらゆる経済的行動に何らかの人類学的基礎があることを確認する）。ところで、ヨーロッパのすべての大きな、または中規模のネイションのうちでも、生活水準、産業の専門化状況、交易の活発度などから見て、伝統的にフランスはドイツにいちばん近いネイションである。両国のリーダーは会談のたびに、七〇歳未満の世代にとってはもはや具体的な意味のない二回の大戦の終結を飽くことなく祝い、抱擁を繰り返すが、そうした親密さのアピールを超えて、現下の歴史的真実はといえば、ドイツがフランスに経済戦争の宣戦布告をおこない、そして本当にその戦争に勝利しつつあるということなのだ。ユーロは、フランス側が考案したのであり、その公式の目的はドイツ通貨のマルクを縛ることにあったのだが、今やその無益さは、かつてのマジノ線〔フランスが対独防衛のために築いた要塞群。第二次世界大戦ではドイツ軍の機動部隊に迂回され、役に立たなかった〕にも劣らない。

東ヨーロッパの、次いで南ヨーロッパの人口破壊

西側空間への東ヨーロッパの急激で強引な統合は、経済的不平等の拡大だけでなく、人口動態における惨事も招いた。東ヨーロッパの賃金水準と西ヨーロッパのそれの間に存在する大きな隔たりが、夥しい数の人びとに移住を促した。その嚆矢《こうし》となったのが、旧ドイツ民主共和国（東ドイツ）の若い労働力のドイツ連邦共和国への大量流出だった。その後の推移の中で最も有名なのはポーランド人のイギリスへの大量流入で、あまりにも多くのイギリスの町があまりにも多くの移民を迎えることになった挙げ句に、イギリスのEU離脱が国民投票で支持される結果を生んだ。二〇〇五年のフランスでは、配管工がポーランド人ばかりになりかねない……といった恐怖が、欧州憲法条約の批准を問うた国民投票での「否（ノン）」の勝利に貢献した。旧「人民民主主義」諸国では、かつて社会主義国家が個々人に提供していた社会保障の崩壊によってすでに出生率の急落が引き起こされていたわけだが、その上に、この人口流出の影響が加わることとなった。

ヨーロッパのメディア界は、ポーランドとハンガリーにおける外国人恐怖症《フォビア》的な保守勢力の擡頭や、ルーマニアとブルガリアにおける政治腐敗を、しきりに心配する。しかし、これらのネイションをEUに統合したことから始まった社会的・人間的破壊のプロセスを分析することは、頑なに拒み続ける。この無関心は、西洋資本にとって好都合である。東ヨーロッパでは給与水準が非常に低いので、そこに子会社を設立した企業は超過利潤を手に入れることができ、この超過利潤が、ポーランド人、ハンガリー人、ルーマニア人、ブルガリア人の個人的・家族的自己実現の支えには回らない代わり、西側の投資家たちを幸福にするのだ。こういう事情なので、旧人民民主主義諸国の民主化・自由化のポジティヴなイメージがフランス、ドイツその他のメディアによって維持されているけれども、そのイメージが反映しているのは、大概、それらのメディアのオーナーでもある西洋人投資家たちの幸福であって、東ヨーロッパで当該の労働人口を構成している人びとの日々の心配事ではない。彼らは非常に低い賃金で働いており、彼らの社会の医療や年金のシステムは、国全体がグローバル化された経済空間に組み込まれた結果、かなり広範に破壊されてしまっている。現実は苛酷で、ポーランド、ハンガリーその他の国々は、新たな黄金郷のイメージから程遠く、根本的な将来不安に覆われた場所なのである。死亡率の上昇は今のところ確認されていないが、一般的に所得水準のかなり低いこれらの国々を支配する精神不安には、二〇一六年にトランプに投票したアメリカの白人の内にくすぶる危機感を思い出させる面がある。

死亡率以外の人口学的指標が、ここでわれわれを導いてくれる。一九九五年から二〇一五年にかけての全体的な人口動態、自然増減率、二〇一五年における移入・移出人口の差（社会増減率）などが教えてくれるところによれば、東欧諸国は現在、ネイションとして生き残れるか否かの瀬戸際にある。表17-3を参照すれば、バルト三国、ルーマニア、ブルガリアが一九九五年から二〇一五年までの間に人口の急減少に晒されたこと、しかもその減少率は一〇%から二二%にまで達していたことが明らかだ。クロアチア、ポーランド、ハンガリーの人口減少は始まったばかりである。その一方で、チェコとスロヴァキアの両共和国だけは人口均衡状態にとどまっている。

この分布の地理的側面は、ドイツに近いことがむしろ保護的に働くことを示唆している。とはいえ、こうした現象においては、経済的要因と教育関連要因が混ざり合うことに注意しなければならない。人口減少にさほど脅かされていない国々は、しばしば、少なくとも先の世界大戦以前から、ルーマニアやブルガリアを上回る教育水準に特徴づけられていた国々である。

表17-4は、二〇一五年における人口の自然増減と社会増減のデータを記載して、最新の人口推移を示している。ただし、出生率の急減によって生じた人口不足を将来に投影する予測まではしていない。唯一、ドイツだけが、マイナスの自然増減を大量移民の導入によって過補償するに到っている。東ヨーロッパを全体として眺望すると、出生率低下と人口流出の結果が重なり、人口が減少している。エストニアの社会増減が今やプラスで、その効果が出生数不足を埋め合わせているのは注目に値する。スロベニアと、チェコ共和国およびスロヴァキア共和国も、移入・移出人口の差(社会増減)の数値がマイナスではなく、プラスである。もしかするとこれは、この三カ国が最終的にドイツの空間に統合されたことを示す徴《しるし》かもしれない。仮にそうだとしても、歴史的観点からいえば不可解なことではない。これらのネイションはかつてオーストリア=ハンガリー帝国の一部分だったのだから。

逆に、スペインとポルトガルは、自然増減もマイナス、社会増減もマイナスで、人口減少の著しい東ヨーロッパの大半と軌を一にしてしまっている。イタリアは、移民をかなり多く受け入れているけれども、人口減少を食い止めるには足りていない。

表17-3　1995年～2015年の欧州各国の人口推移

	1995年の人口（百万人）	2015年の人口（百万人）	1995年～2015年の増減（%）
リトアニア	3.7	2.9	-21.6
ラトビア	2.5	2	-20
ブルガリア	8.5	7.2	-15.3
エストニア	1.5	1.3	-13.3
ルーマニア	22.7	19.9	-12.3
クロアチア	4.5	4.2	-6.6
ハンガリー	10.2	9.9	-2.9
ポーランド	38.6	38	-1.5
ドイツ	81.7	81.2	-0.6
スロベニア	2	2	0
スロヴァキア	5.4	5.4	0
チェコ	10.4	10.5	+1
ギリシア	10.5	10.9	+3.8
ポルトガル	9.9	10.4	+5.1
イタリア	57.7	60.8	+5.3
フィンランド	5.1	5.4	+5.9
オーストリア	8.1	8.6	+6.2
スウェーデン	8.9	9.7	+9
オランダ	15.5	16.9	+9
デンマーク	5.2	5.7	+9.6
ベルギー	10.2	11.2	+9.8
英国	58.6	64.8	+10.6
フランス	58.1	66.4	+14.3
スイス	7	8.2	+17.1
スペイン	39.1	46.4	+18.6
ノルウェー	4.3	5.2	+20.9
アイルランド	3.6	4.6	+27.8
ルクセンブルク	0.4	0.6	+50
合計	493.9	520.3	+5.3

表 17-4　欧州各国の人口の自然増減と社会増減（2015 年、千人）

	自然増減	人口流入／流出（社会増減）
ドイツ	－187	＋1151.5
イタリア	－161.8	＋31.7
ルーマニア	－75.7	－35
ブルガリア	－44.2	－4.2
ハンガリー	－39.4	＋14.4
ギリシア	－29	－64.5
ポーランド	－25.6	－12.8
ポルトガル	－23	－10.5
クロアチア	－16.7	－17.9
リトアニア	－10.3	－22.4
ラトビア	－6.5	－10.6
スペイン	－2.8	－8.4
エストニア	－1.3	＋2.7
チェコ	－0.4	＋16
スロベニア	＋0.8	＋0.5
オーストリア	＋1.3	＋122.9
スロヴァキア	＋1.8	＋3.1
ルクセンブルク	＋2.1	＋11.2
フィンランド	＋3	＋12.6
デンマーク	＋5.7	＋41.9
ベルギー	＋11.7	＋69.1
スイス	＋17.6	＋70
ノルウェー	＋18.3	＋29.2
オランダ	＋23	＋55.4
スウェーデン	＋24	＋79.7
アイルランド	＋36	－6.4
英国	＋174.4	＋399.7
フランス	＋200.6	＋45.8

ドイツの「人口学的」外交政策

ヨーロッパの人口システムは、断片的に扱うのではなく、EUの経済システムと相互に作用し合う一個の全体として考察する必要がある。東欧の労働者たちは、東欧の出身国での就労または西欧での移民労働をとおして、利潤率最大化という欧州全体のメカニズムに統合された。しかし、ドイツの場合は、労働力を求めているだけではない。人口を増やすための移民をも求めていて、それが財界と政府にとって一種の強迫観念にまでなっている。

年々ドイツは、低出生率のせいで年齢別人口ピラミッドの底辺部に生まれてしまう空洞を埋め合わせなければならない。強い産業力とその知名度の高さを活用して、ドイツは移民集めの網をますます遠くまで、ますます大胆に、そして二〇一五年には無謀なまでに大きく拡げた。ドイツの外交政策は、そこに人口関連の目標があることを忘れたならば理解できない。今日では、移民導入がベルリンの優先課題の一つなのだ。これを公理とすれば、他の前提に立っているかぎり説明困難な行動が理解可能となる。

この前提に立ってみると、とりわけ、ドイツがフランスの指導者たちの協力にも助けられてユーロ圏の南方の国々に押しつけた緊縮政策に関して、新たな解釈への扉が開かれ、また、そこに働いているように見えるある種の合理性――問題を純粋にテクニカルなものとして扱い、提示される「解決策」に伴ういっさいの人間的・倫理的問題を無視する、あの苛酷なまでの限定的合理性――も明らかになってくる。

緊縮政策は、ヨーロッパ各国の内需を圧縮するので、米国の経済学者らの目に、フランスの人民の目に、そして実のところ、経済は人間と生活に仕えるためにあると考えるすべての人の目に、完全に非合理的と映る。しかしドイツには、今や夢を地球規模に拡げ、中国人・米国人の消費者をもその中に包含する傾向もある。その傾向のドイツから見れば、ユーロ圏はもはや優先的な市場ではないのだ。なかでも南ヨーロッパは、今なおドイツの生産物の消費に著しく貢献してはいるが、それでも存在意義は、むしろ労働力のストック地のそれに徐々に変じていく。すると、南欧経済の破壊はもはや非合理的と思われなくなり、むしろ順機能的、つまり好都合と感じられるようになっていく。そして、スペイン、ギリシア、イタリア、ポルトガルの生産機構が収縮すれば、若くて熟練度も高い労働者たちが職を失い、「解放」される。白状しておくと、かなり大胆なこの仮説が私の脳裡に浮上したのは、二〇一三年二月二七日付『ル・モンド』紙に発表されたアルノー・ルパルマンティエ〔『ル・モンド』紙の記者、一九六七年生まれ〕の記事を読んだ折だった。問題をごまかさないタイプのこの欧州統合論者の記事から、冒頭部分だけを引用しておく。

《彼らは美しく、若く、頭脳明晰だ。ドイツにやって来た新たな移民たちである。週刊誌『デア・シュピーゲル』がその表紙に掲げた特集記事のタイトルは、「新しいゲストワーカーたち」〔Die neuen Gastarbeiter〕である。この「新しいゲストワーカーたち」はもはや、一九六〇年代にアナトリア半島〔別名「小アジア」、西アジアの西端に位置する〕からやって来て、ドイツ連邦共和国の自動車工場の操業を担ったトルコ人農民たちではない。彼らはイタリア人、スペイン人、ギリシア人、あるいは東欧の人間だ。それぞれ出身国の一流大学を卒業しているこの若者たちが、「ドイツ経済のための若いヨーロッパ人エリート」〔この文言は件の特集記事のサブタイトルで、『デア・シュピーゲル』当該号の表紙にも載っている〕なのだ。今週、ドイツのこの著名週刊誌は、イギリスの『ザ・エコノミスト』張りの不遜さを露わにした。世界がどう思うかを意に介さないのだ。ドイツがヨーロッパ各国の意向を意に介さないように。

「ドイツ株式会社」は、産業上の競争に敗れたときも含めて、国内の工場を海外移転することを拒否する。

表 17-5　ドイツへの移民の出身地

国あるいは地域	2015年（人数）	2010年〜2015年（人数）	全体に対する割合（2010年〜2015年）（%）
欧州	457 405	1 756 035	60
EU 加盟国	382 449	1 559 941	54
ルーマニア	86 274	319 426	11
ポーランド	63 279	354 150	12
イタリア	35 870	140 131	5
ブルガリア	37 850	155 831	5
クロアチア	36 727	77 774	3
スペイン	11 255	90 332	3
ハンガリー	18 197	110 640	4
セルビア	8 242	39 499	1
ギリシア	15 519	88 612	3
アジア	577 481	913 092	31
シリア	316 732	409 666	14
アフガニスタン	89 931	127 921	4
中国	10 315	39 164	1
インド	10 214	39 156	1
パキスタン	21 581	41 617	1
アフリカ大陸	82 520	194 031	7
アメリカ大陸	8 229	36 563	1
オセアニア	192	659	0

ネオ保護貿易主義を貫き、ドイツはエアバスとブリティッシュ・エアロスペースの合併を差し止めた。自国内バイエルンの工場を保護するためだった。ところが、どうだ。そのドイツが、ラテン系の有為の人材を略奪している。南欧の若いエリートたちが、慢性的雇用危機の下での失業を免れるべく、ドイツにどっと流れ込んでいる。『デア・シュピーゲル』が厚顔無恥に讃える「ドイツ・ドリーム」、これはヨーロッパの悪夢だ》

ドイツの政財界の内部でどんな議論がおこなわれ、どんな決定が下されたかを知るためのデータはないわけだが、『デア・シュピーゲル』誌の率直さが、その欠落を充分に補ってくれている。ドイツの外交政策のエッセンスを照らし出すために、移民に関する先述の公理が有する解明力を認めるべきである。ドイツの指導層が移民導入を優先目標の一つにしているという見方は、オッカムの剃刀〔「事柄を的確に説明するためには、必要以上に多くを仮定するべきでない」とする推論の指針。オッカムはイギリスの神学者、一二八五～一三四九頃〕の原則のとおり、最小の事実から出発して、最大の説明をもたらす。

東への殺到

移民に関する公理の含意として見えてくるものに、さらに注目しよう。今度はドイツの東の方面に目を向ける。すると、ウクライナ問題へのドイツ連邦共和国の積極的介入が、おそらくはかなり広範に説明のつくものとなる。あの問題へのアプローチにおけるドイツの論理は、米国の地政学的な夢、すなわちブレジンスキー(5)流の反ロシア的で全世界的な戦略に依存するものではまったくない。ウクライナは大きなサイズの政治的実体なのだが、しかし、ロシアから分離して以来、自らの国家をまともには建設できずにいる。

写真17–1 『デア・シュピーゲル』誌2013年2月27日号の表紙

出生率が女性一人当たり一・五人と低く、移入と移出のバランスも甚だしくマイナスになっている。一九九〇年に五一三〇万人だった人口が、二〇一三年には四五五〇万人に減少した。総人口の一一・三%を失ったわけである。中間層が国外へ逃げ出しているわけで、これではどんな形の政治的安定も実現の見込みが立たない。一個の国家の建設は、畢竟、中間層による社会の枠付けを制度的に結晶化したものにすぎないのである。西側からの圧力で社会の安定化が遅れるなか、ウクライナは、生まれて未だ日の浅い国なのに、年々ますます、労働力のプールと化していっている。

このような文脈の中でこそ、ウクライナ問題へのドイツの介入、その中でもとりわけ、マルティン・シュルツ〔ドイツ社会民主党所属の政治家で、二〇一二年から五年間は欧州議会議長。一九五五年生まれ〕とアンゲラ・メルケルのキエフ訪問〔最初の訪問は二〇一四年八月二三日。当時、ウクライナ国内では武力衝突も起こっていた〕は、解釈されなければならない。「西洋の諸価値」云々というお馴染みのリフレーンは忘れよう。瓦解しつつある社会はいかなる政治的価値も生かすことができないのだから。むしろ、次のようなことがある。EUへのウクライナの正式加盟がもはやほとんど考えられない今日、そのような統合よりもむしろウクライナが一体性を失っていく状況のほうが、ドイツに労働力や移民をふんだんに供給する可能性が高まる。だとすれば、ウクライナの混乱状態を持続させることが、ここでまた「合理的な」目標として現れてきても不思議ではない。もっとも、現段階ではこの政策は大して成功しておらず、それどころか、利益を……ロシアにもたらした。ロシアには、ウクライナからの移民がたいへん多い。

橋をかけるには遠すぎる――父系制で内婚制の移民コミュニティ

ドイツの人口不足は、不充分な数の最終的子孫〔この概念については第16章を参照〕によって年々更新されるので、拡大していく一方の問題なのである。ドイツの重商主義的システムの限定的合理性は、倦むことなく交易上・通貨上のパワーを追求するので、解決不可能となるまで問題を悪化させる。「常にさらなる移民を！」というのがシステムの論理であって、しかもこの論理の中心部では、最終的な不可能性がぼんやりと意識されている。そこから生まれる目眩の感覚が、二〇一五年には、ついにドイツに虚空《こくう》に飛び込むことを示唆した。シリアとアフガニスタンをはじめ、アラブ圏もしくはイスラム圏に属する国々からの大量移民に門戸を開き、呼び込むに等しい挙に出たのである。

普遍的な価値観を肯定しているつもりで、アンゲラ・メルケルは現実には、固有の文化を持たない抽象的なホモ・エコノミクスの幻想に負けた。しかも彼女は、いっそう拙いことに、あたかもそんなホモ・エコノミクスが実際に存在しているかのように、特定の文化を身に纏って現に存在している外国出身者を大量に受け入れると主張した。というわけで、二〇一五年および二〇一六年初頭に連邦共和国に入ったのは、無意識的な模倣によってドイツ文化の中に溶け込み得る個々人ではなく、必要となれば自分たちだけで集まって閉じ籠もりかねない諸々のコミュニティであった。

その時点までは、ドイツにおける外国人労働力の呼び入れは、概ね、暗黙だが効果的な人類学的コードを尊重していた。一九六〇年代にトルコ人移住者――彼らの混合婚率は一九九〇年頃になってもまだゼロに近いレベルだった――の同化をめぐっていささかの困難が生じたことがあり、それが、東欧出身者たちの統合の全体としての成功を見えなくしていた。私はすでに『移民の運命』の中で、ユーゴスラヴィア出身の移民とその子女の混合婚率の高さを指摘した(6)。トルコ人たちが遭遇した困難のせいで、大方の人びとの移民への関心がトルコ人に集中したことが、スラブ系移民の静かでスピーディな同化の好条件になったという経緯も、考えられないことではない。そのような経緯は、米国の同化システムの暗黙バージョンと見做され得るだろう。米国の同化システムとは、黒人を排除することによって、あらゆる出自の白人、またアジア人、さらには、米国建国時に征服されながらも生き延びたインディアンたちをも含めた統合を可能にするという方式である。

一九九〇年以降の東欧からドイツへの移民流入は、一九九〇年より以前の移民と同化のモデルをさらに一般化した現象にすぎなかった。当該の人びとが持っていた家族的価値観は、ドイツのシステムから遠すぎるものではなかった。絶対的な外婚制を基本的性格としていた点で、ドイツで支配的な価値観と同じだったのだ。実際、ポーランドでも、ロシアでも、ルーマニアでも、従兄弟や従姉妹とは結婚しない。ロシア正教、プロテスタンティズム、カトリシズムの教えは、その点ではほとんどまったく異ならない。いずれの信仰もキリスト教の同じ一つの幹から派生しており、その共通の幹は、派に分かれる前の時期に、戦闘的意志をもってイトコ婚を排し、親族網の自閉を防ごうとしていたからである。また、東欧からの移民の流れは、テンポが一定で安定していたし、言語とネイションの違いによって細分化されていた。したがって、ドイツの社会的・人類学的システムの連続性を脅かすようなどんなリスクも含んでいなかった。

それに対して、二〇一五年の外国人大量受け入れでは、従来の移民と同化のモデルが暴走してしまった。新たな移民の大半、とりわけシリアとアフガニスタンから来た移民は、内婚制共同体家族という特定の家族システムを生きている人びとだった。この家族システムの父系制原則は、外婚制共同体家族のそれよりも更に強い。父系制の強さのレベルを思い出そう。ドイツの直系家族は、父系制レベル1に相当する。セルビアの外婚制共同体家族は父系制レベル2に相当し、アラブの内婚制共同体家族が相当するのは父系制レベル3である（ロシアの家族はというと、これは完璧な父系制共同体家族の構造を呈しているので、理論的にはレベル2に位置づけられる筈だが、しかし、ロシアにおける教育普及の進み具合は、ロシア社会での女性のステータスが、ドイツの直系家族型社会におけるよりもむしろ高いことを示唆している。

アラブの中東地域では、本イトコ同士の結婚の率が三五％辺りで推移している。イトコ婚が、トルコにおけるよりも遥かに多いのだ。因みにトルコでは、核家族型と共同体家族型が混ざり合っていて、内婚率は一五％（西部と南部で八％、北部と東部では二〇％）付近で揺れている[7]。

ドイツ国内に、内婚制共同体家族文化の人口集団が突然出現するという現象は、もしそれが比較的早期に解消されない場合には、論理的な成り行きとして、「場所の記憶」の原則を括弧に入れることに行き着くにちがいない。第15章で述べたように、移民は大抵の場合に「弱い」価値観の保持者であって、彼らの無意識的模倣による適応が、一般的には、移民受け入れ社会の人類学的システムの恒久性を担保する。しかしながら、「場所の記憶」は、移民の流入が一定のテンポで進み、かつ限定的であるという前提の上で機能する。ほんの数カ月の間に夥しい数の移民集団が一塊になってやって来るというのは、まったく別の現象である。あらゆる反イスラム教徒的な、あるいは反アラブ人的な偏見から自由な立場に立って、もっぱら知的かつプラグマティックな態度でこの問題にアプローチするために、「場所の記憶」が機能しなかった例として、フランス現代史上の一事件――イデオロギー的な意味合いが今ここで論じている事象のそれとは反対の事件――を挙げるのは無駄ではないだろう。一九六二年にアルジェリアが独立すると、アルジェリア在住のフランス人たちが大量に本土に帰還し、そのうちの約八〇万人（当時の帰還者のほぼ全員ともいえる人数）が、非常に短い期間にフランス本土の地中海沿岸地域に居を定めた。その結果、同地域の政治文化が反アラブ人的な方向へ持続的に偏り、一九八〇年代の中頃以降、この地域では「国民戦線」（極右と目されているフランスの政党。二〇一八年に「国民連合」に改称）が高い得票率を示すようになった。当該のプロヴァンス地方とラングドック地方の元々の文化には、人びとをそうした特定の敵意へと仕向ける要素はいっさい存在しない。ローカルな基盤に変更が加えられたのだ。新たな外国人恐怖症《フォビア》が導入され、それ以降はその恐怖症《フォビア》が、まさに「場所の記憶」の原則にしたがって永続化している。

二〇一五年と二〇一六年初頭におけるドイツへの外国人人口の大量流入は、まもなく社会的リスクが意識化されたことで抑制ないし停止されたわけだが、それでも国民文化を変形させるほどのインパクトをもたらしたかどうかは分からない。しかし、二〇一五年の最初の五〇万人規模の流入と、それに伴って現実となっていく移民家族の集結を合わせて考慮すると、絶対的確信の持てることではないけれども、今後ドイツ国内で、小規模の隔離的人口集団が定着し、人口を増やし、やがてトルコ系集団と隣接することが予見できる。したがってわれわれは、エドゥアール・ユッソン〔フランスの歴史家、一九六九年生まれ〕と共に、国内の安定とネイションの一体感に懸念を募らせていくドイツを想定する必要がある。[8] ここで、われわれはパラドクスの果てにまで到っている。ドイツ経済の外向性が最終的にはあの国を、内向性を選択する日本と同様の内向的孤立へと導いていくにちがいないと考えられるのだ。真のリスクは、ドイツ社会の内的硬直である。社会不安が募りすぎると、住民の間に存在する生活習俗上の差異の警察的管理に行き着きかねない。ドイツ文化に固有の権威主義と体系好みの精神は、そのような方向づけを容易化するであろうから。

ポスト民主制のヨーロッパ——正常な世界

ヨーロッパを指す言葉は以前と同じである。ところが、人びとは気づいていないけれども、ドイツが再統一を果たし、その領域を旧人民民主主義の諸国とバルト三国にまで拡大して以来、ヨーロッパは従来とは性質を異にするヨーロッパになったのである。一九九〇年に創設された欧州連合（EU）は、自由で平等な諸国家のシステムというように描出できた。たしかに、いくつかの加盟国、つまりフランス、ドイツ、イギリスは、他の加盟国よりも「少し上のレベルで平等……」であったが、この三国の間の不一致や対立は、小国も含むすべての加盟国の間の不一致や対立を要約していた。自由主義的民主制が共通の政治形態であった。たとえ各国内でのその機能の仕方がそれぞれ特殊であった――実際、フランス、ドイツ、イギリス、イタリア、スペイン、スウェーデン、オランダ等の政党システムは皆それぞれに異なっていた――としても、である。「自由で平等なネイション」という表現の使用に示唆されているように、システムのイデオロギー面の重心は、平等主義核家族の価値観を代表するフランスにあった。

　この捉え方はすでに失効している。今日では、権威と不平等こそが、欧州システムを描出するのに適切な二つの概念となっている。豊かな国と貧しい国、強い国と弱い国、支配する国と支配される国といった、さまざまに異なる諸国家を包含する階層秩序が現れた。いいかえれば、創設時の価値観と正反対の価値観を担う政治的実体が出現したのである。権威と不平等は、ドイツだけに特有ではない。すでに見たとおり、直系家族とゾンビ・カトリシズムを手がかりにして、階層秩序選好の分布図を描くことができるのだ。そして、その分布図の拡がりは、ＥＵ最強のネイションの国土を遥かに超えている。

　ヨーロッパの現況を異常で、「奇怪」でさえあると見做すことに意味があるとすれば、それはわれわれが、英米とフランスに起源のある自由主義的民主制の意識的な価値観のレベルにとどまっている場合だけである。実際、もし今日もなお、市民とネイションの自由と平等の中での繁栄こそＥＵの追求目標だと考えるならば、ＥＵの現状は悲惨な失敗の証しだと結論しないわけにはいかない。早い話、それが各国民衆の感想だ。おそらくは、エリート層もそう思っている。しかし、手間を惜しまず国民生活の下意識的・無意識的深層にまで降りていき、人間生活の基盤たる教育・宗教・家族が形成している幾重もの層を観察すれば、ヨーロッパではすべてが正常だと結論せざるを得ない。

教育領域に新たな階層化が出現し、高等教育を受けた者とそれ以外の者が分断された結果、ヨーロッパの到るところで、先行した米国の事例どおりに、かつて大衆識字化の同質性の中にしっかりと根を下ろしていた民主主義的感情が衰弱した。アメリカでは、この動きは、プロテスタンティズムが持つ形而上学的な不平等観念の痕跡によって、また特に、自由主義的で非平等主義的な家族構造――このタイプの家族システムに培われた文化は、大きな所得格差を許容する――によって助長された。しかしアメリカでは、個人はあくまで自由であり、不平等が原則として予め想定されているわけではない。それゆえ、白人たちの苦しみが、最終的には反抗と、二〇一六年の大統領選におけるドナルド・トランプの選出につながった。彼らの反抗は、本書が展開した人類学的パースペクティブに一致する形で、最初の段階では外国人恐怖症《フオビア》として表面化した。アメリカは、もしそれがアメリカに可能であるなら、よそ者に敵対的な原始的デモクラシーから、自らの内に潜在している普遍性の部分を引き受ける、より成熟したデモクラシーへの道程を改めて辿るべきであろう。

一方、EUの領域、そして特にユーロ圏領域において支配的な家族的・宗教的基盤は、権威主義的かつ不平等主義的である。この与件は、教育の新たな階層化に起因する民主制の衰弱を、アメリカにおけるよりも遥かに遠くまで、つまり民主制の完全な消滅にまで運んでいくことができる。われわれはすでにその段階にいる。ユーロ圏の人民の投票はもはや尊重されない。ギリシア人、オランダ人、フランス人は、どんなことでも国民投票で拒否できるのだが、次の段階では、その投票結果そのものが、彼らの指導階層によって拒否されてしまう。このシステムの中核を成すドイツの政治システムは、正真正銘の民主制と見做され得るだろう……。もしもドイツの政治的エリートたちが、かの連邦議会で、またヨーロッパ議会で、

「左派と右派の連立」なるものを実践していなければ――。反論が聞こえてくる。実のところ、「左派と右派の連立」の何がいけないのか？　このやり方は、誰もが好んでその民主的性格を褒め称えるスイス・モデルに一致しているではないか？　それに、ドイツの国民は、上から降りてくる権力を受け容れているといっても、彼ら流のデモクラシーの中で相変わらず自由だ……。しかし、もしドイツがリーダーとなるならば、ヨーロッパは間違いなく壮大な「民族的デモクラシー」に変容し、その中では、支配的な一つの民族が単独で自らの諸権利を十全に行使することになるだろう。

繰り返そう。こうしたことは何ひとつ、アクシデントの類いではない。歴史の悔やむべき逸脱に属すものではない。ヨーロッパで発展した政治的・経済的・社会的システムは、諸国民を位置づける階層秩序、緊縮政策、経済的不平等、代表民主制の欠落などを伴い、まさに直系家族が、ゾンド・カトリシズムの支援を得て（また、イタリア中部、バルト三国やフィンランドでは、不平等は奨励せずとも権威主義を強化する共同体家族が供給する補充兵部隊と共に）、生み出すべくして生み出した正常な形態なのである。ヨーロッパ全域を一つのエリアとして見たときには、全米におけるより拡大しているといえる不平等の擡頭も、これまた正常だ。なぜなら、直系家族が持つ不平等主義の潜在力は、複数の民族が共存している状況では、絶対核家族のそれよりも大きいからである。

高等教育の革命は、たしかに階層秩序原則に新たな厚みを与えるし、それで立ち現れてくる歴史もまた新しい。しかし、われわれはまた、ドイツの擡頭によって米国の監視から解放された大陸ヨーロッパが、今日、自らの歴史の正常な流れをふたたび見出しているのだということも認めなければならない。その固有の歴史展開の中では、大陸ヨーロッパは、オランダ、ベルギー、フランスとデンマークを別にすると、自由主義的かつ民主主義的であったことが一度もない。一九三五年のヨーロッパを眺望してみよう。到るところに、権威主義的体制が樹立されている。それが、第一次世界大戦の終結した一九一八年から英米とフランスの影響下に設置された民主制が崩壊したあとの状況だったのだ。大陸ヨーロッパは、共産主義、ファシズム、ナチズムを発明した。大陸ヨーロッパが自由主義的民主制の誕生の地であるかのような表象は、紛れもない知的詐欺である。

この章で注目している正常性の最後の要素は、システムへの反抗が、本物の自由主義的価値観を担う核家族型が支配的であるか、またはかつて支配的だったことのある国で起こっていることである。唯一、EUと訣別しようとしているイギリスでは、絶対核家族構造が一貫していて強力な自由主義的民主制の伝統を下支えしている。なお、この点では、小国デンマークも同様だ。スコットランドと北アイルランドは、直系家族型を基盤として、より権威主義的な伝統を持っており、ブレグジット（EU離脱）には賛成しなかった。ユーロ圏内の西部にあって、投票による反抗という点で最も注目に値するのはオランダとフランスだが〔この二国では、二〇〇五年のEU憲法条約の批准をめぐる国民投票の折に「否」の票が多数を占めた〕、いずれも歴史的な中心部分において核家族――前者は絶対核家族、後者は平等主義核家族――が伝統の国である。東欧では、ポーランドが未分化核家族の国だ。

ヴィクトル・オルバンが首相のハンガリーを前にするとき、われわれは一つの例外といえるケースに直面する。ハンガリーには、共同体家族、直系家族、そしておそらく未分化核家族が共存している。また、マジャール人〔ハンガリーの基幹を成しているといわれる、非インド＝ヨーロッパ語系の民族〕の宗教的伝統の中で、カトリック教徒、カルヴァン派の信者、そしてユダヤ教徒――但し、ユダヤ教グループはナチスのユダヤ人大量殺戮のせいで非常に弱体化した――が、緊迫感を伴いつつ共存していることも、強調しておかなければならない。この微妙な混合状態から生まれてきている国民意識は強力であるが、特殊である。

一九五六年にソ連に反抗して立ち上がり、その後一九八九年には、ドイツ民主共和国から来たドイツ人たちが西側へ渡るのを許可することで、鉄のカーテンを降ろさせたこの国には、「規則の存在を浮き彫りにする例外」という位置づけを与えるべきだろう。しかし、ハンガリーでも、ポーランドでも、フランスでも、オランダでも、あるいはイギリスでも、EUに対する反抗の構成要素の内に外国人恐怖症《フォビア》が入っていることは否定すべくもない。それも含め、すべて正常なのだと、改めて述べておく。米国においてと同様、民主主義の失地回復はヨーロッパにおいても、それが可能なところでは、原初的民主制の民族的基盤に立ち帰って、そこから出発しなくてはならない。将来的には、もしかしたら、民主制の概念をより普遍主義的なものにできるより良き日が訪れるかもしれない。

大陸ヨーロッパでは核家族型は非常に少数派なので、これらの反抗の成功は、イギリス以外の地ではいささかも保障されていない。オランダとフランスでも成功の可能性は高くないと私が見るのは、この二つの国民システムの舵取りをする立場の者たちが、ドイツからの何らかの介入とは無関係に、すでに直系家族型とゾンビ・カトリシズムの影響下に入っているのではないかと思われるからだ。だとすれば、われわれがとりわけユーロ圏の中で覚悟しなければならないのは、民主制の廃止という展望である。

いずれにせよ、今日、欧州大陸はドイツにしっかりと掌握されている。単一通貨がより弱小の一八のネイションを債務の網の中に閉じ込めていて、そこから脱出するのは技術的に難しい。連邦共和国の貿易黒字が、あの国の企業や外交に、労働力や企業を買うための夥しい手段を与える。何よりも、ユーロ圏の多くの地域が権威主義的で不平等主義的な基層の上にあることを忘れないようにしたい。それらの地域は、支配的なパワーに親和性を感じており、その隷従は、結局のところ自発的なのである。

第18章

共同体家族型社会——ロシアと中国

二〇〇〇年から二〇一六年にかけて、ロシアはふたたび西洋の「目の仇《かたき》」になった。これは、やや理解に苦しむ事態だ。ロシアはかなり貧しく、人口はといえば、二〇一五年の時点で日本を僅かに上回るレベルの一億四四〇〇万人にすぎないのに、なぜこんなにまで英語圏の国々や欧州連合（EU）の警戒の的となるのか。同じ二〇一五年に、英語圏の人口は四億五〇〇〇万人を数え、EUも四億二八〇〇万人の規模だったから、そこに日本と韓国を加えれば、地政学的意味の「西洋」の総人口は一〇億人を超えていた。ロシアの人口の七・五倍にも近いわけである。ところが、二〇一六年の米国では、大統領選挙のキャンペーン期間中、ウラジーミル・プーチンの国が話題の中心を占めていた。ロシアを悪の権化と見做さず、むしろパートナーにするというドナルド・トランプの計画に対して、米国の民主党は本気で憤激し、共和党の候補者を退けるための決定的論拠を得たと確信したかのようだった。フランスでも、二〇一〇年〜二〇一五年頃、反体制的な左翼メディアも含めてどんな報道機関においても、ロシアについて穏健な意見を吐くことがほぼ不可能だった。それでも、まぎれもなくそのロシアが、第二次世界大戦中には自ら犠牲を払ってドイツ国防軍（Wehrmacht）を打ち破り、米・英・カナダの連合軍によるフランス解放を可能にしてくれたのだ。モスクワによるクリミア半島奪回、ウクライナにおけるロシア系住民の自治権獲得など、伝統的な人民自決権に照らせば正統な調整と思われることが、フランスで、また西洋一般において、当時とんでもなく忌まわしいことと見做され、今もそう見做されている。歴史の忘却を超え、地政学的現実の考慮も超えて、啞然とせざるを得ないのは、ロシアの脅威の過大評価にほかならない。かつてジャック・サピールが述べたとおり、ロシアは一九九六年頃、あと一歩で通貨ルーブルが通用廃止になって国民経済がカオス状態に陥る寸前まで行き、内部崩壊しそうになった国である(1)。そのような瓦解がもし起こっていたら、シベリア地方の分離は避けられなかっただろう。ヨーロッパとアジアを跨いでいるロシアは、たしかに昔から世界で最も広大な国ではあるが、米国の軍事基地網によってしっかりと包囲されている。また、ロシア軍が近年改めて作戦実施可能な状態になっていることはシリア情勢をとおして確認できたけれども、その規模が縮小されていることは否めない。どう見ても明らかに、西洋が名指しするこの新しい「悪魔」が担っている機能は、実際的な理性の範疇には入らず、何よりもまず象徴の次元に属している。

共産主義が出現し、成功していた状況の中で、第二次世界大戦が終結した一九四五年以降、共産主義に対抗することをもって自己定義とする「西洋世界」が魔法のように成立し、自由主義的民主制を創設した国々——米国・イギリス・フランス——と、右翼全体主義を発明した国々——イタリア、ドイツ——を同時に包括した。それを思えば、なぜベルリンの壁の崩壊が、しばしば高齢でもある地政学のエスタブリッシュメントたちをあれほど狼狽させたのかが分かる。彼らは突然、彼らのビジョンを構造化していた主要な要素を奪われてしまったのだ。しかもロシアは、ソ連の瓦解に引き続いた深刻な危機の時期にも、米国を消滅させ得るだけの核戦力を辛うじて失わずにいた。

実のところ、当時もロシアは、冷戦の勝利に酔う米国がふたたび全世界の支配者を自認し始めるのを阻止できる、唯一の均衡要素だったのである。二〇〇三年にイラクで何が起こったかを思えば、何はともあれわれわれは、またしてもロシアが、意図せずに、われわれの自由空間の保全に貢献してくれたことを認め、その存在に感謝すべきであろう。ところが、ロシアの再建が進むにつれて、あの国への不信感がむしろ増大したのである。文化的な次元での拒否感が強まった。ウラジーミル・プーチンの権威主義的民主制それ自体が、安定した政治体制のモデルとして憎しみの対象になった。

二〇一五年から二〇一七年にかけて、西洋の態度が変わり始めた。内部で分かれ始めたというほうが正確かもしれない。米国、イギリス、フランスの右派が、ロシアの体現する差異に対して以前よりも寛容な態度を示すように見えたし、より強硬な右派は、プーチンの統治モデルにある種の魅力を認めることも辞さなくなった。一方、リベラルな左派は、米国でも他の国でも、きわめて強固な敵意を持ち続けた。西洋では一般に、メディアとアカデミアが、プーチン嫌い・ロシア嫌いの極を成している。ロシアへの敵意を——ある種のユーモアをもって——測定しようとしているロシア人研究者たちの見解によれば、ドイツの新聞の態度がいちばん先鋭であるらしい。こういった事情を説明しようとするとき、どうしてロシア恐怖症《フォビア》、つまり「嫌露」という概念を用いずにいられようか。対称的に、信念や感情の強度は「嫌露」のケースほどでないにせよ、それと正反対の態度を指す概念として「親露」も浮上してくる。この二つの態度の綿密な調査や、すべての国におけるその変遷の詳細な分析は、本書の枠組みの中では遂行不可能だが、もしそんな調査分析に乗り出すとすれば、地政学的理性と、価値観を考慮するアプローチを組み合わせるべきであろう。たとえば、スウェーデンの「嫌露」は、もちろん地理的な近さと関係している。しかし、人口一〇〇〇万人にも満たない規模で、ロシアから見れば取るに足らない小国であるスウェーデン——一七〇〇年〜一七二一年の大北方戦争でロシアに敗北し、バルト海の覇権を奪われたのではなかったか？——の場合にも、人類学的で文化的な、非合理性の要素が浮かび上がってくる。フィンランドはかつてロシア帝国の一部分だった国で、一九三九年〜一九四〇年〔この間の「冬戦争」では、ソ連の侵攻を受けたフィンランドが独立を護ったが、国土の約一〇分の一を失った〕と一九四一年〜一九四四年〔フィンランドは第二次世界大戦では独日伊の枢軸側に与し、反ソ連の「継続戦争」を展開したが、四四年九月には休戦した〕にはソビエト連邦と直接戦っただけに、現在のロシアが、人口に比して広大すぎる領土を有していて、新たな領土獲得よりも、ダイナミックな経済的パートナーを必要としていることをよく知っている。ロシア恐怖症《フォビア》は、研究テーマにしたくなる謎の現象で、本一冊をまるごと割くに値する。が、私はここでは、歴史人類学の知見がロシアのケースをどう照射するのかを述べ、そこに存在する継続性をどう評価すべきかを検討するだけに甘んじる。

一九九〇年から二〇〇〇年にかけて大混乱したあとのロシアに、選挙制度と全会一致的傾向の強い投票行動を組み合わせて安定を生み出す権威主義的民主制が擡頭したわけだが、その背景を説明するのは、明らかに共同体家族の価値観の恒久性である。実際、選挙を実施しても、ウラジーミル・プーチンが大統領として、あるいは首相として、システムの頂点に際限もなく留任していくことは妨げられない。メディア支配は、ロシアの中央権力が恒久的であることの根本的な原因ではない。権威主義は人民の中に根を張っており、「場所の記憶」によって際限なく再生産される共同体家族の価値観を源泉にしている。そもそも、ロシアにおける権力の継続性は、政権交代がめったに起こらないドイツや日本の状況と比較対照されるべきであろう。直系家族型社会の民主制もまた、その選挙結果に、ある種の垂直性を表示する。ドイツでは、必要に応じて左派と右派が連立することで、社会の階層ピラミッドの上層で決められる方向づけの継続性を維持する。日本では、稀にしか訪れない例外的な時期を別にすれば、自由民主党が常に権力の座にあり、同党の指導層内部での派閥抗争が、あの国における政争のリアルな部分を構成している。

歴史人類学はまた、ロシアの堅固さをも理解させてくれる。いいかえれば、ロシアがどうしてあんなにも迅速に、世界の地政学的現実の中の主要アクターの一つに返り咲くことができたのかを理解させてくれる。実際、グローバル化された世界にあってロシアは、ドイツや日本とは異なる様態においてだが、その二国に劣らず重きを成している。

ドイツと日本については先述したが、ロシアの立場を堅固にしているのも、集団統合のパワーである。そのパワーが、ウルトラ個人主義の時代にあって、自国よりも三倍も広大で、一〇倍も富裕なひとつの世界——英語圏——に対峙するロシアに、パワーバランスの争いに耐え得る有利さを与えている。

外婚制共同体家族から共産主義体制へ

世界への伝搬・拡大の「終了した」共産主義体制が、一九七〇年代中頃、ちょうどベトナム戦争〔一九六五年一一月～一九七五年四月三〇日〕直後の時期に地理的に世界のどこを占めていたかを示す分布図と、外婚制共同体家族の分布図——ロシア、セルビア、アルバニア、中国、ベトナム、中部イタリア、フィンランド内陸部を含む——の一致に気づいたからこそ、私は一九八三年に、農村の家族システムと、世界各地の大衆識字化プロセスにおいて現れたさまざまなイデオロギーの間に一般的関係があるという仮説を提示したのだった。この仮説は、たしかに、アラン・マクファーレンがイギリスの個人主義を説明するために提案した部分的仮説に多くを負っていた。[2] しかし、実をいえば、パスカル・トリピエ゠コンスタンタン〔フランスの人類学・社会学研究者〕が私に示してくれたように、フレデリック・ル・プレイの弟子たちが夙《つと》に、一九一七年の革命とスターリンによる生産手段の集産化にも先立って、ロシアの人類学的基底に「共産主義的」な潜在力があることを予感していたのだった。[3]

アナトール・ルロワ゠ボーリュー〔フランスの歴史家、一八四二～一九一二〕は、『ロシア皇帝の帝国とロシア人』と題された大著において、予知的であった。一八九七年～一八九八年に刊行された第四版のテクストを引用する。

《父親ないし長老の権威に服する父系制の大家族や、ミール〔一三世紀から二〇世紀初頭までロシアに存在した農民の自治集会〕の権威に服する村落共同体が、予め〔ロシアを〕共同生活に、したがって組合組織に慣れさせていた。ムジク〔帝政ロシアの農民〕は、何らかの仕事に取りかかるや否や、特に自分の村から離れるや否や、グループ化してアルテリ〔帝政ロシアの小生産者または労働者が経済目的で営んだ自主的共同組織〕を作る。（……）アルテリは、共産主義的傾向と連帯の実践を特徴とする自発的なかたち、国民的な形態の組合である。（……）アルテリは、平等主義的かつ連帯的な大きな家族か、または小さな村のようなものを構成し、農村の緊密な対人関係と父権制の習俗を工場にもたらしている。（……）

国家は、産業活動にも父権的性格を保全しようと努める。（……）またロシア人は、ムジクであれ、経営者であれ、階層にかかわりなく、法律をほとんど尊重しないのだが、いわばその分、権威に対しては甚だしく恭しい。（……）あらゆるイニシアティブが上から降りてくることに慣れきっているこの国が、将来いつか、国家主導の社会主義という冒険的な道を歩み始め、ヨーロッパの最も民主主義的な諸国に追いつき、追い抜くことがあるとしても、それは驚くべきことではあるまい(4)》

この一節は、最も遅く見積もっても一〇月革命より二〇年前に書かれたわけだが、ウラジーミル・レーニン〔一八七〇～一九二四〕の戦術家としての天才から何かを差し引くものではない。なるほどレーニンは、まず党を確立し、次にクーデターを組織し、そして一九一八年から一九二一年にかけての内戦において、厳格な指導力を発揮したのだった。しかし、彼はまた、一九二一年から一九二八年まで続いた「新経済政策（NEP）」を主導し、ソ連経済への市場の再導入を容認したように、実際的で柔軟な指導者でもあった。人類学的観点から見て重要なことは、レーニンの退場後に起きたのだ。すなわち、抗しがたい集団主義の夢の擡頭である。これは、一九二九年以降にスターリンによって実現されたわけだが、ロシアの人類学的基底によって予めその方向への傾向性を与えられていた、という仮説なしには説明がつかない。

地域的差異の継続性——プーチンとルカシェンコ

アナトール・ルロワ＝ボーリューは、ロシア帝国内に存在した家族構造を細やかに映し出す地域分布図を提供してくれる。領土の西寄りに位置する中心部から人口が急速に拡がっていったので、ロシアにはさほど大きな多様性は生まれなかった。しかし、まさにその西寄りの部分には、注目されるべき有意の差異がいくつか存在しており、それらの差異が早々ともたらす持続的影響が、ロシア空間内の「場所の記憶」に支えられて社会事象の表面に現れてきている。ルロワ＝ボーリューは、帝国の他の地域に比べて、ウクライナの（別称では、小ロシアの）家族がより核家族的で、より個人主義的で、より旧いタイプであり、女性のステータスをより高いレベルに保っていることを知っていた(5)。付け加えておくべきは、早くも一九一四年にマクシム・コヴァレフスキー（ロシアの歴史家・法律学者、一八五一〜一九一六）が指摘していたように、ロシアの共同体家族分布の震央がロシアの北西部とベラルーシに位置していたことだ(6)。「ポーランド＝リトアニア国」（一五六九年から一七九五年まで存在した複合君主国。貴族階級による王権の制限を踏まえて、「共和国」と呼ばれることもあった）に関するミコワイ・ショルテセックの最近の研究により、一八世紀末に、家族システムが双系の核家族だったポーランドと、共同体家族で父系制だったベラルーシとの間に、明確な断絶のあったことが判明した。ポーランドの核家族は、複数世代の同居に寛容だった。たとえば、息子が年老いた父親を住まいに受け入れることができたのだ。但し、若い夫婦が暫くのあいだ親と同居するケースに関しては、双処同居性が確認されている。妻側の家族との同居が選ばれるケースが、ポーランドでは四二％に上っていた。ベラルーシではその割合は一八％にすぎなかったので、つまり、父方居住率が八二％であったわけだ。成人した兄弟の同居も、ポーランドではきわめて稀だったが、ベラルーシではありきたりのことだった[7]。八二％という父方居住率は、中国の九九％には遠く及ばない数値だし、一九世紀における中央ロシアの父方居住率九五％よりも低い[8]。バルト海沿岸諸国の共同体家族と同様、ベラルーシの共同体家族は強力でありながらも、やはり双系制の痕跡を残していたのである[9]。とはいえ、私は、一九世紀にはロシア全域で、少なくとも農奴制が廃止された一八六一年まで、共同体家族主義が強化されたと想像して間違いあるまいと思う。

外婚制共同体家族はおそらくゲルマン人の直系家族とモンゴル人の父系制組織の衝突から生まれたのだが、ベラルーシと現在のロシアの北西部辺りがその発祥地域であった。商業で栄えたノヴゴロド共和国〔中世ロシアの都市国家で、広い勢力圏を有していた。一一三六年～一四七八年〕はサンクトペテルブルクより少し南西に位置して、その地域に属し、ハンザ同盟に加盟していた。私が第11章でこの都市国家に言及したのは、権威主義的システムに先立って存在した民主制的・寡頭制的な体制の例としてであったが、ここで次の問いを立てることができる。ノヴゴロド共和国は、家族構造の共同体型への変異の震央の一部を成していなかっただろうか、と。しかし、この問いに確定的な答えは与えられていない。なぜなら、一四世紀には、ハンザ同盟はまだ長子相続を知らなかったようだからである。ハンザ同盟の商業的な結合関係にはむしろ、未分化性の時代に多様な家族の間にあり得たような、しばしば水平的で双系的な連帯が看て取れる[10]。しかし、今はもう、識字化によって生じた移行期の危機に話を移そう。

一九一七年の憲法制定議会は、翌年早々ボリシェヴィキによって解散させられたのであったが、その構成を決めた選挙は、一〇月クーデター前夜のロシア帝国に存在していた諸々の政治的気質の独特で決定的なイメージを確定した。レーニンの党は過半数を獲得するには程遠く、農民層の大部分において社会革命党（エスエル）に大きく引き離されていた。ウクライナでは、民族派の政党が圧倒的に勝利した。それでもボリシェヴィキは、モスクワとサンクトペテルブルクを、国の中心部の工業地域を、そしてまた、オリバー・ラドキー〔米国のロシア史家、一九〇九～二〇〇〇〕が一九五〇年にすでに指摘していたように、ベラルーシを支配していた。[11] O・ラドキーが特筆しているのは、ヴィーツェプスク州〔ベラルーシ北部の州。ロシア語では「ヴィテプスク」州〕の例だ。この州では、ボリシェヴィキが、投票総数五六万五三八票中、絶対多数の二八万七一〇一票を獲得したのに対し、社会革命党は一五万二七九票しか得票できなかったのだ。[12] ボリシェヴィキ党の農村への浸透は、ベラルーシのかなりの部分において著しかった。イデオロギーとしての共産主義と、農村の家族システムにおける共同体主義との結合という仮説の妥当性が、ロシアの地域的多様性の細部を観察することで確認されるわけである。

　共同体家族の価値観の強い地域にさらに注目しよう。そのような地域は、ロシアの外にも存在する。われわれの仮説はバルト諸国にも通用するのだ。ラトビア人の歴代の欧州委員会委員〔二〇一四年以来、ラトビア人の委員は元首相のヴァルディス・ドンブロウスキスで、ユーロや金融・資本市場を担当し、委員会の副委員長でもある〕から、フランスの経済運営について厳しい意見を聞かされる昨今、彼らの国が共産主義革命にどっぷり参加したことを忘れないようにしたいものだ……。オリバー・ラドキーは著書の本文ではエストニアの例を引いているが、その補遺においては、リヴォニア〔ラトビア東北部からエストニア南部にかけての地域〕のケースを挙げ、また、ラトビア人がレーニン主義に賛同する票を大量に投じたことを記している。革命へのバルト諸国の参加は、選挙での投票に限ったことではなかった。一〇月クーデターにおけるラトビア衛兵の役割は決定的だったのであって、レーニンはその後、ラトビア人に全幅の信頼を置くようになり、その旨を公言もした。この民族出身の活動家は、共産党の政治警察の創設にもすこぶる積極的だった。ボリシェヴィキは、帝国全土における平均得票率が二四%でしかなかった時に、エストニアでは四〇%、サンクトペテルブルクでは五一%、モスクワでは五六%、そしてリヴォニアでは七一%もの得票率に達していた[13]。

したがって、こうした地域で相対的に大きかったボリシェヴィズムの力は、当初から、家族領域の共同体主義が持つ潜在力を反映していたといえる。今日確認できるのは、共産主義体制の崩壊が個人の自律性拡大へと向かう文化的推移の結果であったとしても、だからといって、その崩壊で人類学的基底が消し去られたわけではないということである。三〇〇〇年紀の初頭である現在、ロシアを支配している権威主義的民主制は、一人の人物とその一派の陰謀の結果であるよりも、むしろロシア人民の政治的体質の表現であるように思われる。ところが、「場所の記憶」の効果はその程度にとどまらず、われわれにベラルーシという驚くべき実例を提示する。ベラルーシは、一九〇〇年以前には家族レベルでの共同体主義の度合いが特に高く、一九一七年にはボリシェヴィズムへの支持が特に強かった土地柄で、今日では、ロシア以上に権威主義に執着している。アレクサンドル・ルカシェンコ大統領は今や、ヨーロッパ大陸に残る唯一の「昔風の」独裁者であるが、ベラルーシの市民たちは彼に至極満足しているようである——しかも、このあと確認するように、彼らの社会は、かなり満足できるだけの機能を示している。

ロシアの復活——人口学的証拠

前にも述べたが、私は一九七六年刊行の最初の著書で、ロシアにおける乳幼児死亡率の上昇、すなわち、一九七〇年から一九七四年までの一歳未満の子供の一年ごとの死亡数の上昇を確認した上で、ソ連システムの崩壊を予告した。したがって、二〇〇〇年以降のロシアの復興の度合いを評価するには、同じ指標に依拠するのが公正であろうと思われる。**グラフ18-1**は、一九九〇年以降の乳幼児死亡率の動きを、ロシア、ベラルーシ、ウクライナについて示し、外の世界と比較するために、ポーランドと米国の動きも表示している。
乳幼児死亡率に注目することで、旧ソビエト連邦圏の西部における新生児の生存条件の改善を跡づけることができる。なお、このグラフでは、米国の進歩の緩慢さも確認できる。この成績の悪さに反映されているのは、先述したように、米国の黒人乳幼児の死亡率の高さだけではない。なにしろ、白人グループの乳幼児死亡率も出生一〇〇〇件当たり五人(二〇一三年のデータ)であり、すでにポーランドの数値を上回っているのである。この点だけから見ても、米国は、西洋諸国の中でとても良い順位にいるとはいえない。

ロシアの急速な進歩にもまして印象的なのは、ベラルーシの好成績だ。ベラルーシの乳幼児死亡率は、今やポーランドを追い抜き、出生一〇〇〇件当たり三・六人というレベル、フランスの三・三人や、ドイツの三・四人と比較できるレベルに達している。ロシアが実現している率は七・〇人でしかないが、しかし、この率を評価するにあたっては、ロシア連邦のとてつもない広大さと、その領土内に夥しい数の異民族グループが存在していることを考慮する必要がある。それら諸民族の生活圏に存在する医療体制は、純然たるロシア人たちがアクセスしているそれに劣る。そのような少数民族がそれほど大量に存在するという現実は、ウクライナの領土内にはない。ところが、精確な地震計の如く、乳幼児死亡率は八・一人という数値でウクライナの遅れを示している。一九九〇年にはウクライナの率は出生一〇〇〇件当たり一七人で、ロシアの二二人より先を進んでいたのに——。

いくつかの精細な経済指標が、二一世紀初頭のロシアにおける生存条件の迅速な改善を告げている。たとえば、金銭的収入が最低生活保証賃金を下回る人びとの人口比は、二〇〇〇年には二九%だったのが、

グラフ18-1　東側諸国と米国の乳幼児死亡率の推移

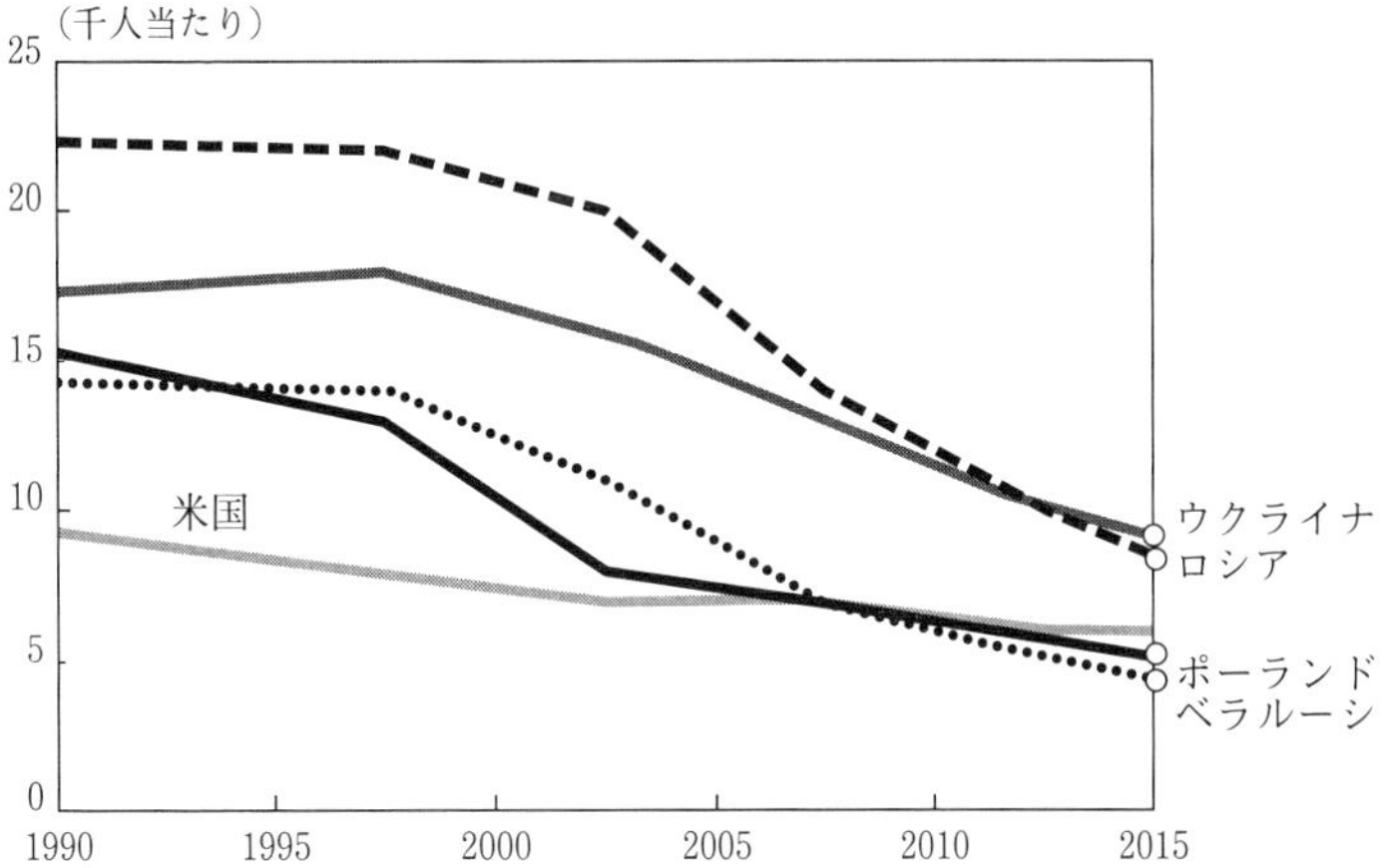

二〇〇九年には一三・二％にまで急降下していた[14]。とはいえ、GDPや、輸出額や、貨幣にばかりこだわる純然たる経済主義に嵌まっていると、ロシアの立ち直りのスケールを測ることは叶わない。一九世紀に「道徳統計」（Moral statistics）と呼ばれていたもののほうが、現実に迫ることを可能にしてくれる。自殺率は、二〇〇一年には一〇万人当たり三九・五人だったところ、二〇一四年には一八・四人にまで急降下した（マイナス五三％）。他殺率も、二〇〇三年には一〇万人当たり三〇・〇人だったのが、二〇一四年には八・七人に急減し（マイナス七一％）、アルコール中毒による死亡率も二〇〇三年には三〇・〇人だったのが、二〇一四年には六・五人にまで下がった（マイナス七八％）。

全般的な死亡率は、共産主義体制の崩壊以前には特に男性の場合に異常に高かったのだが、これが後退し始め、平均寿命が、二〇〇五年から二〇一四年までの間に、男性に関して五九歳から六五歳へと伸びた[15]。

ロシアの出生率

ロシアの政治体制の安定性を最もよく説明してくれるのは、西洋の陰謀論的な見方ではまったくなく、ウラジーミル・プーチンの下で進行したロシア社会の深い部分でのバランスの回復である。つまり、ロシアは一九九〇年代の試練を生き延びたのだ。いい、また生き延びたと、人は言いたくなるだろう。それほどに、あの国は歴史上、多くの試練を乗り越えてきた。あのネイションは、社会の平和と、安全と、そしておそらくは確実に、ひと頃よりも穏和で信頼性の高い人間関係を取り戻した。だからこそ、エネルギー価格の急落にも耐え得るのである。現場から離れた場所で論議する戦略家たちは、その急落によって「プーチン体制」が瓦解することを期待するが、そんなことは起こらない。

とはいえ、人口学者にとって最も印象的なのは、ロシアの出生率が女性一人当たり一・八人というところまで再上昇したことだ。この水準は、ヨーロッパの平均値と、ドイツ、日本、イタリア、スペインといった国々のそれを大きく上回っている。この面でロシアは、「西洋」側にありながら非常に低い出生率に特徴づけられているどの国も試みてこなかった施策を、すなわち、第二子、第三子の出産を支援する積極的政策を成功させたといえそうだ[16]。果たして短期的な再上昇だろうか。世代ごとのロシア人女性たちの最終的子孫はどうなるだろうか。この問いに答えを与えるのは時期尚早だ。専門家たちの間でも見解が分かれている。ともあれ、死亡率の低下と出生率の上昇の結果、人口の自然増減が二〇〇九年にはプラスに転じた。こうして安定を取り戻したロシアは、旧ソ連邦の大部分を包括する移民システムの中心に返り咲いている。ウクライナ、コーカサス、中央アジアから労働者たちがやって来るので、労働力の流れが途切れない。ロシアの人口の社会増減（移入・移出人口の差）は、旧人民民主主義諸国やバルト諸国とは反対に、常にプラスである。多くのエキスパートたちの予想に反して、明らかにロシアは崩壊寸前の状況になどありはしない。それどころか今では、人口収縮に脅かされるEUの東に位置して、凋落に抵抗する極の一つとなっている。米中央情報局（CIA）は、世界情勢についての報告書類の中で歴史的ライバルであるロシアの自滅を予測していただけに、さぞかし落胆しているにちがいない(17)。

ロシアの人口政策が最終的に成功するかどうかについては、まだ議論が終わっていない。しかし、それはおそらく、他に類例のない事象であって、西洋人の感覚では俄に信じられないという理由による。一般に西洋人は、短期的経済目標に意識を固着させるあまり、自分たちの社会の第一の課題である人口の更新に本格的に取り組まない。米国とヨーロッパの北西部での人口動態が一応満足できるものであることは目出度いが、ヨーロッパの他の地域でそれが惨憺たるものであるのは仕方がない……という具合で、もっぱら経済の好調・不調ばかりを関心の的とし、人口問題を成り行き任せにする。基本的メカニズムを、すなわち、自由市場の雇用不安定が緊縮経済による所得の収縮に加われば、必ず出生率が押し下げられるというメカニズムをけっして考慮しないのだ。ところが、内需の収縮はやがて生命の収縮に行き着くのである。

もちろん、すでに述べたとおり、人口問題へのロシア国家の積極的な取り組みは、その奏功のために好ましい人類学的土壌に恵まれていた。伝統的に東方正教会に支配されていた地域は、歴史上、プロテスタントの宗教改革とカトリックの反宗教改革によってもたらされた性抑圧の波に晒されることがなかったからだ。西欧では、一七〇〇年から一九〇〇年にかけて、比較的高い結婚年齢が一般化し、独身者が増え、人口の一部分が生殖から切り離されていたのだが、東欧の他の地域にもましてロシアは、そのような結婚モデルを免れたのである。かくしてロシアでは、一九六〇年と一九六五年の間に生まれた女性のうちで、四〇歳と四四歳の間に子供がいなかったケースは僅か五％でしかない(18)。早婚と、非出産が稀であることが、依然としてロシアの人口動態の特徴である。しかし、その点を確認するだけでなく、われわれはここで改めて、フランスや、スカンジナビア諸国や、英米世界のケースに確認できるように、女性全般のステータスの高さが母親としての生活と一般社会生活の間の折り合いを容易にするという仮説を、前面に持ち出さなければならない。

親族システムの変異？

私はすでに何度も、ロシアの伝統においては父系制の歴史が浅いことと、従来から女性のステータスが高いことを強調した。今日、幾人かの研究者が、ロシアの親族システムが双系制へ復帰しつつあるのではないかと議論している。たとえば、エリザベート・ジュサ＝アンステット〔フランスの民族学者、一九六八年生まれ〕は、ヤロスラヴリ州〔ロシア西部の中央部、モスクワの北東に所在〕で実施した民族学的調査を元に分析を進めた[19]。父系的人名（ファーストネームと姓の間に、「誰某の息子または娘」を付加する）の採用と、世帯組織の内部における母親および祖母の中心的役割との共存が、ロシアの都市環境の内に父系的特徴に母系的特徴を重ねる双系システムが存在することを示唆するという。米国における以上にロシアで、高等教育の進展によって、母権制の方向への変異の可能性が開かれつつある。

ロシアにおける高等教育革命の規模やインパクトを測定する際、私はバロー＝リー・データバンクを用いなかった。そこに提示されている数値が、経済協力開発機構（ＯＥＣＤ）のデータと矛盾しているからである。二〇一〇年のロシアの国勢調査のデータを直接分析するほうがよいと判断した[20]。

一九七六年から一九八〇年までの間に二五歳になった世代以降、高等教育の全課程を修了する女性の比率が男性のそれに追いついた。高等教育普及のこの進歩は、共産主義イデオロギーを揺るがすことに大きく貢献した。共産主義イデオロギーは、教育領域の最初の移行期――「初等」教育の開花した時代に典型

グラフ18-2　ロシアの高等教育の進展

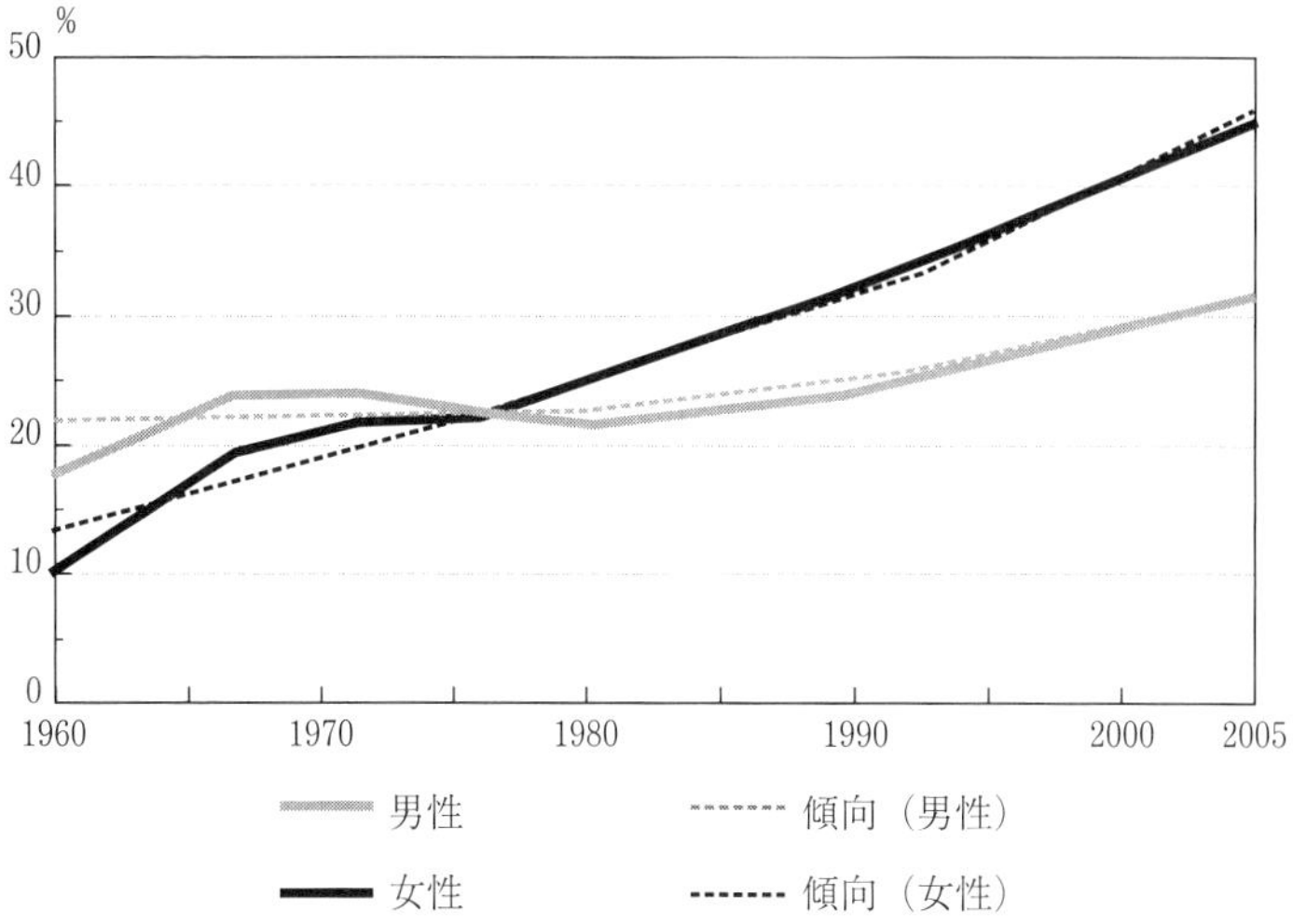

注：記載年までに25歳に達した世代における高等教育修了者の割合（%）。
出典：Recensement russe de 2010.

的な移行期——に定着したのであって、その時期には、圧倒的多数の人間が読み・書き・計算ができたが、それ以上の能力を持っているのは少数のエリートだけだったのである。

二〇〇五年頃に二五歳に達したロシア人のうち、高等教育を享受した女性の数は、同等学歴の男性一〇〇人に対して一四四人であった。スウェーデンは、ありそうもないロシアからの攻撃を防ぐために徴兵制の復活を目論んでいるが〔スウェーデンは、二〇一〇年に廃止した徴兵制を二〇一七年に復活させ、女性にも適用している〕、もし女権拡張における世界一の国というタイトルを防衛しようとするなら、理論面での闘いに重点を置くほかあるまい。

英米世界のアンチテーゼ

ここまで見てくると、「場所の記憶」の法則に依拠してわれわれは、なぜロシアが、ソビエト・システムがすでに瓦解したにもかかわらず、相変わらず英米世界から敵国中の敵国と目されているのかを説明できる。結句、ロシアと英米世界のそれぞれに潜在している価値観の構成要素がいちいち対立しているのである。米国、イギリス、カナダ、オーストラリアでは、絶対核家族が、平等の概念に無関心な自由の理想を再生産し続けている。ロシアでは、共同体家族は消失したが、その家族類型に培われた権威と平等の価値が、家族的・社会的行動の無意識的模倣をとおして永続化している。もっとも、外婚制と女性のステータスの高さは、両システムに共通している。

経済システムであるのと同程度に宗教でもある共産主義の崩壊は、勝ち誇る西洋から提示された野放図な自由主義に根本的に不向きなロシアの人びとを一〇年にわたる無重力状態と苦しみの中に投げ込んだ。人民が生き延びたのは、国家から放り出されてしまった個々人が、家族的・地域的・地方的な連帯を支えにできたからだった。その間の事情は、古典的な経済学的・政治学的アプローチでは分析できない（実をいえば、その前に、知覚できない）。プーチンと共に、新しい指導者グループがついに現れ、社会システムをふたたび自国の人類学的基盤に適合させることに成功した。混乱期に出現していたオリガルヒたちは屈服させられた。強い国家によってコントロールされる市場経済が設置された。国家のほうは、天然資源——とりわけガスと石油——の開発から得られる収入を自由にできるようになった。産業設備の延命を、あるいはむしろ再建を可能にするために、保護貿易体制が敷かれた。モスクワによる保護貿易システム採用の根底にあるイデオロギー的意味は、ロシアの人民が安価な労働力としてグローバル資本主義に売られることに対する、あの国の指導層の拒否である。そしてまさに、予期されていなかったその選択こそが、西洋側のロシア恐怖症《フオビア》を説明する。グローバル化した世界のすべてのエリートは、ロシアのような閉鎖的態度への懸念を共有すべきではないか、というわけである。そんな観点に立てば、中国共産党のほうは非の打ちどころがないし、共産主義体制の転落から生まれた東欧各国も優等生である……。

しかしロシアは、いくら「非共産化」され、すべての選挙を欠かさず実施しても、相変わらず西洋からは、全体主義時代のように扱われる。凶暴なまでのウルトラ個人主義へと進化した世界において、ロシアは対抗モデルなのである。米国が不平等社会へと横滑りしていったため、プーチンのロシアとオバマの米国との間のイデオロギー的隔絶は、ある意味で、ニキータ・フルシチョフとジョン・F・ケネディの時代〔フルシチョフは一九五三年～六四年のソ連共産党中央委員会第一書記。ケネディの米国大統領在任は一九六一年一月～六三年一一月で、この間にベルリン危機やキューバ危機があった〕に二国間に存在していた隔絶と同じくらい重大な意味を帯びるようになっている。そうであってみれば、米国で保護貿易主義的システムが採用されるのは、ロシアと米国が、如何ともし難い軍事的ライバル関係を超えて、イデオロギーの次元で現実に接近するための好条件を整えることになると考えることができる。

ロシアは、他の先進国と同様に教育領域で新たな階層性の出現に遭遇し、不平等主義的な社会的下意識の避けがたい擡頭を経験した。ロシアでもまた、大衆の識字化から生まれた見事な文化的同質性が打ち砕かれたのだ。高等教育の革命的進展は、すでに米国でアメリカン・デモクラシーを揺るがし、ヨーロッパでは、カトリック教会が生き延びていた地域でその影響力を消失させたわけだが、おそらくロシアでも、共産主義イデオロギーを瓦解へと追いやる最終段階の推移であったといえる。一九八〇年代末には、瀕死のソビエト体制が、こともあろうに、ユダヤ教やプロテスタンティズムと同様に、教育の進歩を枢要な価値の一つとしてきた共産主義の基本原則の一つを捨てて、大学の発展を止めようとしたことさえあった。

しかしながら、ロシアの人類学的基盤は不平等を野放しにはせず、そこに限界を設ける。

さて、この点こそが現代ロシア再構築の核心であるわけだが、共同体家族由来の価値観は、統合性の強いネイション概念を持続させる。ドイツの場合、あるいは日本の場合にもそうであるように、統合性の強いネイション概念が、自国より遥かに広大で、遥かに富裕で、よりよい軍備を有する英語圏に対峙するロシアに、国際競争上の有利さを与える。だからこそウラジーミル・プーチンの国は——アンゲラ・メルケルの国や安倍晋三の国も同様だが——、世界の中で、自国の人口学的現実からかけ離れた国際的地位を保っているのだ。そのことにも劣らず鮮明なのは、ロシアの地政学的重要性と同国の国内総生産（GDP）の規模の間の不釣り合いである。二〇一六年には、名目価格に基づいて、ロシアのGDPは一兆二〇〇〇億ドルにしか達していなかった。同年、ドル換算の名目GDPは米国で一八兆七〇〇〇億ドル、中国で一二兆三〇〇〇億ドル、日本で四兆二〇〇〇億ドル、ドイツで三兆五〇〇〇億ドル、イギリスで三兆ドル、フランスで二兆五〇〇〇億ドルだった。各国の人びとの現実の消費レベルとの調整のために購買力平価で計算するなら、差額はおよそ二で割れるけれども、粗生産額がすでに、ロシアが世界秩序の中心からどれほど外れているかを示している。

軍事への専門化と諸国民の平等

グローバル化した世界におけるロシアの専門性は、ドイツ、日本のそれとは異なる。貿易よりも軍事に傾いているからだ。数学に強いこと、愛国精神、そしてシステムの惰性などに方向づけられて、ソ連時代にすでに経済システムの中心にあった軍事技術がロシアの専門分野となっている。米国の持続的敵対姿勢に対抗する必要性から、ロシアは軍事部門を意外なまでに再生させ、とりわけ、高性能かつ安価な防衛テクノロジーを発達させた。ロシアのモバイルミサイルは、どんな空域でも制圧できる能力を備え、世界中に、理論上、アメリカ空軍の絶対的支配を免れる可能性を与えた。この驚異的成功なしには、シリアへのロシアの介入は理解できない。新型の核兵器、輸出可能なミサイル、最新の情報処理能力などを具備して、ロシアはふたたび、米国の恰好の対抗勢力となった。このような役割は、家族システムの共同体主義に内在する平等主義的価値観に一致する。

諸国民間の関係についての先験的ビジョンを家族関係に結びつける——一種サブリミナルな——シークエンスを再確認しよう。

ドイツまたは日本の直系家族は、現在ではすでにゾンビとなってはいるが、自民族中心主義的なシークエンス、すなわち、「子供たちは不平等である、人びとは不平等である、諸国民は不平等である」を導く。イギリスまたは米国の絶対核家族は、柔軟な差異主義的なシークエンス、すなわち、「子供たちは異なる、人びとは異なる、諸国民は異なる」を生成する。

しかし、フランスの平等主義核家族がそうであるように、ロシアの共同体家族は、普遍主義的なシークエンス、すなわち、「子供たちは平等である（フランスの場合）、あるいは、息子たちは平等である（ロシアの場合）、人びとは平等である、諸国民は平等である」を起動する。したがって、フランス革命と同様、共産主義革命は攻撃的なまでに普遍主義的であり、ロシアで発明されたシステムを世界に拡げようと試みた。ソビエト連邦と共産主義インターナショナルは、ロシアの人口と国力の膨張過程において制度面でその根深い平等主義を表現したのだった。人口増加が鈍化し、国力が収縮する局面に入ると、帝国の夢は、諸国民は当然平等である筈だという、より平和的なビジョンに変化した。実際、ウラジーミル・プーチンや外相セルゲイ・ラブロフのテクストは多極的世界の構想を繰り広げ、その多極的世界の中でロシアは諸国民の平等性と自律性を擁護しなければならない、としている。ほとんど「家族」にも近い、統合性の強い「人民」（ロシア語では「ナロード」）という概念がロシアを特徴づけており、この概念により、人類が自由主義に浸ってアトム化されている昨今も、ロシアの指導層はフランス式に国家溶解の幻想に酔ったりはしない。過半数の国々が小規模国家で、取るに足らない軍事力しか保有していない世界で、ロシアの多極主義的アプローチに魅力があることは明白だが、ほかでもないその魅力が、今日なお絶対的支配という観点から思考する米国の地政学者たちにとっては甚だ苛立たしいのである。

イデオロギー的オブジェとしての中国

北米やヨーロッパのメディアで、ロシアが手厳しく扱われたのと対照的に、中国は好意的に遇されてきた。ロシアの権威主義的民主制は何ひとつ容赦されないのに対して、中国の市場経済的全体主義のこととなると、すべてが大目に見てよい軽罪にすぎないのだった。北京は、一党独裁体制を敷き、腐敗で弛んでいるにしても基本的に徹底した警察国家を営んでいるのだが、漠然とした形ばかりの非難を向けられるだけだった。なぜだろうか。一九八〇年から二〇一五年までの間に、人口一三億六〇〇〇万人（二〇一三年時点）の中国は、世界の工場になっただけでなく、何よりも、西洋の富裕層にとって超過利潤獲得の天国になったからである。低賃金の中国人労働者によって生産された商品を先進国市場で売ることで、二〇年、三〇年にわたって、夢のようなマージンが得られた。この金銭的な夢が、西洋人の側でも、また中国人自身の側でも、虚偽意識へと、そんな商業モデルを永続させるのは不可能だということの理解の拒否へと変異したのだった。

もちろん、理性的な論者も幾人かはいて、彼らは穏健かつ慎重な言葉遣いで、中国経済の構造と内部の不均衡を分析した[21]。しかし、そうした論者はきわめて稀だった。

二〇〇七年〜二〇〇八年に、先進諸国は危機に陥った。そして二〇一七年には、今度は中国が、現実の壁にぶつかった。ドナルド・トランプと、ピーター・ナヴァロ〔トランプ大統領時代にホワイトハウス国家通商会議のトップを務めた。一九四九年生まれ〕をはじめとする彼の顧問たちは、中国のことを、もはや奇蹟としてではなく、むしろ問題として語ろうとする。(22) そして事実、中国のGDPに占める設備投資額の割合の信じ難いほどの大きさから推察するに、公式に発表されている二〇一六年の成長率は七%を僅かに切っている水準にあるが、これは遠からずゼロに近づいていくにちがいない。

グローバリゼーションの礼讃者たちはまた、ここ二〇年、三〇年、中国における中間層の擡頭を称賛し、新世代富裕層の市場を自由世界の地平線とも目して、その開花を謳い上げてきた。ここで、中国の進歩、その生活水準の改善、一人当たりGDPの上昇、さらには賃金の上昇といった事実を否定しようというのではまったくない。ただ、完全に識字化されて、出生調節をする人びとの大集団が、狂気の毛沢東主義国家によって経済活動を束縛されてでもいないかぎり、そのような進歩を実現するのはごく単純に当たり前なのである。

それに、中国の経済モデルの中に、スターリン主義型経済の痕跡をどうして見ないでいられようか。二〇一六年のGDPの四三%にも達する設備投資が占める割合の高さ、国内消費に持続的に課せられている制限、経済の軍事依存傾向、腐敗撲滅闘争の絶え間ないキャンペーンなどは、安定した確かな制度に保障された自由市場が中国に存在していないことを意味するだろう。中国共産党のリーダーたちを天才的な経済戦略家として表象する（しかも、「ロシア人の無能さ」と対比させて……）のは、特に滑稽だったといえそうだ。実際、中国は自らの運命を自覚的に選択したのではない。自国の労働力を、主として米国に、副次的にはEUと日本に操縦されているシステムの中に組み込むことを容認しただけだ

現在の中国は、西洋によって発明されたのであり、それも非常に早い時期からそうだった。ルドルフ・

ヒルファディング〔オーストリア出身のドイツのマルクス経済学者で、ドイツ社民党の理論的指導者、一八八七〜一九四一〕とレーニンにも先行して帝国主義を論じたイギリスの経済学者、ジョン・アトキンソン・ホブソン〔一八五八〜一九四〇、「ホブスン」と表記されることもある〕の古典的著作『帝国主義論』の結論部を読むべきである。反順応主義的なこの知識人は、早くも一九〇二年に、現代世界の形状を思い描いていた。彼には、かの「SF の巨人」、H・G・ウェルズにも優る予知力がある。

《我々は更に一層大きい西欧諸国家の同盟、世界文明の目的を促進するどころか、かえって西洋の寄生という恐るべき危険を導入するおそれがある諸大国のヨーロッパ連邦、その上層階級がアジア及びアフリカから莫大な貢物を引き出し、それを以て無気力な多数の従者を扶養する先進工業諸国民の集団、の可能性を予見してきた。これらの従者たちは、もはや農業や製造業の重要産業に従事することなく、新しい金融貴族政治の支配の下に、個人的なサーヴィスもしくは軽微な産業上の仕事の遂行のために維持されるのである。このような説を考慮に値しないとしてはねつける人々は、(……)南イングランド地方の経済的及び社会的状態を調べ、そして金融業者・投資家、並に政治界及び実業界の役人や役員たちから成る同様のグループの経済的支配に中国を屈服させることによって、このような制度の大拡張が実現可能となるであろうことを反省するがよい(23)》

ただしホブソンは、第一次世界大戦が勃発した一九一四年より前の、ヨーロッパ列強がしのぎを削っていた時代に生きていたため、実はアメリカを見落としていた。現実の歴史では、彼の予言を実現する役割はアメリカのものだった。もっとも、金融家たちの夢が西洋人大衆の悪夢に変じた今日、ほかでもないそのアメリカが悪夢から脱出しようとしている。

そう、中国の指導者たちは操ったのではなく、操られたのだ。今後は、現実を意識しなければならなくなるだろう。西洋の態度が豹変するとき、まず明らかになるのは北京の戦略的無力さであろう。すでに中国の指導者たちは、彼らの国からの資本流出にブレーキをかけることに苦労している。金融の次元のこの流出は、「流出《フユイット》」という言葉の第一義が「逃亡《フユイット》」であることに鑑みても、貿易黒字から自動的に発生する会計上の結果のように見做されてはならない。健全に発展している国なら、そのような黒字は存在しないだろう。資本の純輸入国で、貿易収支が赤字であるのが望ましいのだ。

しかし現実には、経済的外向性――あまりにも一方的に輸出に牽引される経済成長――のせいで、中国経済は成長の正常な軌道から外れてしまった。正常な軌道に乗っている場合、成長のテンポと形態はたいてい、国民経済の基底を成す教育の進展のテンポおよび形態によって決まる筈なのである。**グラフ18-3**が示しているように、中国における高等教育普及のテンポは速い。しかし、達成された普及率は、米国やヨーロッパや日本に比べて非常に低い。その点を、われわれはすでに、グローバリゼーションの禍中にある主要各国を比較した**グラフ16-1**で確認できた。中国では、二〇〇〇年に二五歳に達した世代人口のうち、三〇歳~三四歳ですでに高等教育の全課程を修了している者の比率は四%である。日本ではそれが三六%、米国では三五%、スウェーデンでは二七%、イギリスでは二六%、ドイツやフランスでは二〇%であるのに――。たしかに、この種の先進国ランキングは、国によって教育システムと発行される修了証が多様であることを思えば、大して当てになるものではない。が、それでも、中国の遅れは明らかだ。

この比較を参照すれば、もうひとつの比較を嘲笑すること、あるいはむしろ、そのイデオロギー的性格を暴くことができる。もうひとつの比較とは、あの有名な上海の「世界大学学術ランキング」である。い

グラフ 18-3　中国の高等教育の進展

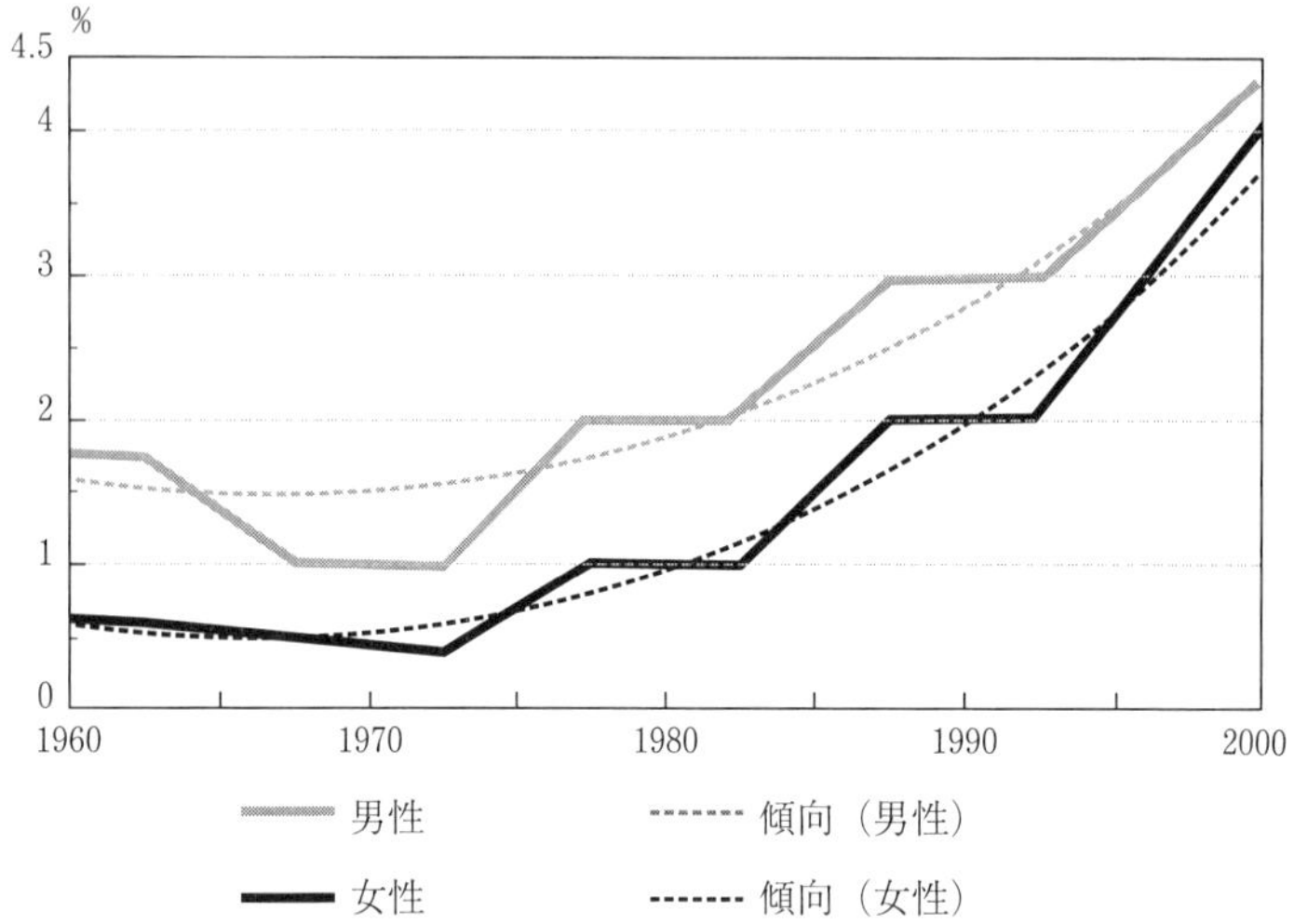

注：記載年までに 25 歳に達した世代における高等教育修了者の割合（%）。
出典：バロー＝リー（Barro-Lee）データバンク。

ったいどうして最も先進的な国々が、教育の面でこれほど遅れている国に、点数やタイトルや褒賞を配る権利を与えるのだろうか。前代未聞のこの特権は、身分をカーニバル的に逆転させるイベントだった中世の「道化祭」〔通常一二月二六日、二七日、二八日に、カトリック教会の最下位の僧が司教に祀り上げられておこなうパロディのミサなど、乱痴気騒ぎが繰り広げられた〕を想起させないでもないが、中国を世界の地平線、あるいはむしろ利潤追求の地平線とするイデオロギー・システムの一環にほかならない。

人口学者の懐疑

またしてもここで、人口学がわれわれを助け、イデオロギーの幕の向こう側を透視させてくれる。人口学者たちは、中国に関して楽観的ではない。一九八〇年〜二〇〇〇年に見られた中国経済のダイナミズムが、彼らが砕けた表現で「人口ボーナス」と呼ぶ現象に大きく依存していたことを知りすぎるほど知っているからだ。つまり、その時期には、出生率の低下が高齢者の少なさと相俟って、非労働人口扶養の負担が最小限で済む状況を生み出していたのである。労働者たちが溢れるほどにいて、しかもすでに確認したように、彼らにはグローバル市場での競争力があった。しかし、ボーナスは一時的なものでしかあり得ない。まもなく人口が高齢化し、「人口オーナス（負担）」が大きくなり、経済活動にもブレーキがかかり始める。中国の人口の中間年齢は、一九五〇年には二七・三歳だったが、二〇一〇年には三四・一歳となった。国連の予測によれば、それが二〇三〇年には四二・一歳に、二〇五〇年には四六・三歳に達する。ところが、中国はこれまで、経済成長を急ぐあまり、社会保障や年金システムを導入するだけの時間的余裕を持たなかった。大摑みにいえば、親の面倒を見ることを子供の義務と定める法律を復活させるだけに甘んじてきた。この状況では、個人のレベルでの予防原則が働く。かくして、中国人の貯蓄率はＧＤＰに占める設備投資の割合と同じくらいに高く、異常である。よく用いられる表現でいえば、中国人は豊かになる前に老いるだろうし、人口の大半が熟年に突入するとき、中国では米国やヨーロッパでよりも遥かに劇的な結果が生じるだろう。

　さらに、高齢化は頭脳流出も伴う。これは人口という国の実質を成すものの流出であり、資本流出を補完する。二〇一二年には、世界銀行の統計によれば、中国の移入・移出人口の差、つまり人口の社会増減はマイナス一五〇万人だった。一方で、経済協力開発機構（ＯＥＣＤ）は、二〇一三年に関する調査で、中国出身の移民を五〇万人としか報告していないのだが——。移民の多くは学生である。なにしろ中国は、西洋に留学する学生の二二％を供給している。二〇一五年には、中国の教育省が五二万三〇〇〇人の学生の外国留学を登録し、その際、留学後に国に帰還する率が近年上がって七〇％〜八〇％に達したことを喜んでいた。二〇〇八年の金融危機に起因する西洋諸国の景気後退がこの現象を助けた。

いずれにせよ中国は、ロシアと違って、外国の労働力と頭脳を「捕食」する少数のネイションのクラブの一員でない――あるネイションがこのクラブの一員であれば、それだけで、そのネイションは支配的な地政学的グループのメンバーだといえる――ばかりか、人口の流出というかたちで具体的な人間を失い、かくして中間層が貧血を起こしているネイションの一つなのである。人口の社会増減がマイナスであることは、中国の人口規模を思えば大した問題ではない。けれども、その人口喪失の質的な効果は過小評価できまい。国に帰ってこないのは最良の科学的頭脳なのだ。さらに困ったことに、最終的に外国移住してしまう人口の内で、表現の自由を熱望するタイプの中国人たちの比率が明らかに高い。したがって、人口の地理的な流れが、中国人人口の中で潜在的に最も自由主義的な人材を絶え間なく削減し、結果として、中国の権威主義的システムを強化するのである。

中国とその他の地域で持続する父系的ダイナミズム

父系制のレベルの階梯において、中国は、今から二〇〇〇年あまり前に形成された共同体家族システムに対応するレベル2に位置づけられる。女性のステータスの低下は、あの国の北部と中央部で、先述のとおり九九%を超える父方居住に行き着いた。南東沿岸地方、広東と上海の間あたりには、直系家族（あるいは、さらに核家族）の痕跡と、それに伴う比較的高い女性のステータスの痕跡が共産主義革命までは存続して、それが、ときには一〇%に上る母方居住の結婚の残留に表れていた。

中国の共産主義は、範としたロシア・モデルから、社会における女性のステータスを上昇させる意志を汲み取り、努めて父系制を抑制した。その共産主義の事実上の崩壊以降、西洋のイデオローグたちが中国の近代化を大いに讃えていたまさにその頃、中国現地では父系制の原則がふたたび強く浮上し、革命以前のように改めて前進し始めたと推測して、まず間違いない。社会主義国家によって設置された社会保障制度が崩壊すると、そこが中国であれ、東ドイツであれ、個々人はそれぞれの家族と伝統的習俗へと戻っていくのである。しかし、女性のステータスの急落の原因を共産主義の教義や制度の変異にのみ帰するのは、おそらく間違いだ。実際、女性のステータスの急落はインドでも起こっており、それを共産主義の崩壊で説明できないことはいうまでもない。

中国で、女性への高等教育の普及率は、今のところ最低限のレベルにおいてではあるけれども、確かに男性への普及率に追いつきつつある。しかし、父系制原則の持続は、親が女児よりも男児を選好するという事実によって露わになるのであり、その事実は中国の出産統計を見れば一目瞭然だ。世論調査をおこなう必要はまったくない。現代では、産前検診技術で子供の性別を知ることができるので、女性胎児の選択的堕胎をおこなうことで、男児を「選ぶ」ことができてしまう。中国の出生率は女性一人当たり一・七人なので、かなり低いとはいえ、日本や韓国ほどの低水準には達していない。しかし、一組のカップルの子供が三人未満の場合、その夫婦が男児を得ない可能性が著しく上がる。クリストフ・ギルモト〔フランスの地理人口学者〕は、この問題に関しておそらく世界随一の専門家であるが、彼がいくつものジャーナル論文の中で、世界中を対象として、出生時の性比〔男女比〕のリスト、すなわち、出生した一〇〇人の女児との比で、何人の男児が出生したかを示す数値のリストを提示している[24]。ユーラシア大陸の人口の場合、自然な性比は一〇五〜一〇六周辺で推移する。男児のほうが女児より多く懐胎されるのである。

表18−1は、外婚制共同体家族の国々の性比を降順に並べた上で、比較のために、核家族、直系家族、そして内婚制共同体家族のいくつかの国のデータも提示している。外婚制共同体家族の国名は太字で示し、

国を全体として見れば外婚制共同体家族が主流であるが、他のタイプの家族構造が主流の地域もかなりあるという国の名称は斜体で示している。指標が一〇七である場合、選択的堕胎が疑われ得る。それ以上の値の場合には、ほぼ確実に選択的堕胎がおこなわれている。性比一一八の中国は、この現象においていわばリーダーであり、一時期、中国の文化的影響が韓国にまで拡がったことがあった。韓国は直系家族の国だが、一九九四年に指標が一一五にまで上昇したことがあるのだ。現在の一〇七という性比は、すでにほぼ制御された危機的状況の名残にほかならない。もっとも、この領域で中国が首位だという印象は、部分的には幻想である。北インドのいくつかの州では、性比が一二〇に達している。インドの国全体として見たときの性比一一一には、相対的に女権拡張的といえる南インドの影響が加味されており、それによって偏りが抑制されている。

イスラム圏の国々は、パキスタンを除いて、選択的堕胎に対して免疫を持っているようだ。宗教的な禁止のためかもしれないが、おそらくは、それにもまして内婚制のためである。内婚制共同体家族システムにおいては、娘は従兄弟に嫁ぐことになっている。彼女の運命は結婚によって自分の家族から離れることではない。懐胎から死まで、彼女は同じ集団に属し、そういう存在として彼女の生命は保護されるわけである。

この文脈において、イスラム世界でも内婚率が最も高い国の一つで、本イトコ同士の結婚の頻度が五〇%に上るパキスタンの一一〇という性比からは、パンジャーブ〔インド北西部からパキスタン北東部にまたがる地域。一九四七年のインド・パキスタン分離独立の際に二分割された〕のイスラム教徒、ヒンズー教徒、シク教徒の間で文化的近接性が持続していることが分かる。パンジャーブ地域では、現代的な選択的堕胎の技術が用いられるようになる以前、長い間、旧いやり方で、女児限定の嬰児殺しがおこなわれてい

表18-1　共同体家族社会とその他の社会における出生の男女比（2010年頃）

中国	118
アゼルバイジャン	117
アルメニア	115
ジョージア	112
アルバニア	112
ベトナム	111
インド	111
パキスタン	110
コソボ	110
モンテネグロ	110
シンガポール	108
北マケドニア	108
韓国	107
ボスニア	107
セルビア	107
イタリア	106
ロシア	106
スウェーデン	106
ドイツ	106
日本	106
ブルガリア	106
エストニア	106
ハンガリー	106
リトアニア	106
フランス	105
米国	105
英国	105
アルジェリア	105
スロヴァキア	105
イラン	105
サウジアラビア	105
イスラエル	105
ラトビア	105
フィンランド	104

注：太字は外婚制共同体家族の社会。斜体は部分的に外婚制共同体家族の社会。

た。アゼルバイジャンの指標が非常に高く、一一七であるのは、この国が旧ソビエト連邦の南方周縁部に今なお継続的に「属している」ことの表れだ。その地域ではかつて、堕胎が出生調節の標準的な技術だったのである。ソビエト主義はイスラム教と内婚制を制し、選択的胎児殺しを容易にする。ジョージアとアルメニアは、コーカサス地方内部での紛争にもかかわらず、この面では、文化的に従兄弟同士のように似た姿をしている。

ジョージアやコソボを西洋の国として、そしてロシアを西洋の習俗に無縁の国として、われわれに「売り込もう」としてきた地政学者たちにとって、性比は残酷な指標である。ロシアの性比は、いうまでもなくノーマルで、バルト諸国、フィンランド、スロヴァキア、ブルガリアなどと異ならない。他方、女性のステータスの高さが西洋のアイデンティティの構成要素であるとすれば、ジョージアの性比一一二や、コソボの性比一一〇は、この二国がどれほどはっきりと西洋の圏外にあるかを示している。スウェーデンには、こうした女権侵害をもう少し断乎たる態度で憂慮してもらいたいものだ。

これらの数値は、あるひとつの現象が再び出現してきていることを証拠立てている。さらに印象的なのが、かつて女性のステータスが比較的高いまま維持されていた地域である中国南部とインド南部における性比の上昇である(25)。こうした近年の展開が示唆しているのは、今日、女性解放を謳い、フェミニズム的言説が世界的に拡がっているにもかかわらず、まず紀元前三〇〇〇年頃にメソポタミアで、また紀元前一四〇〇年頃に中国で姿を現した父系制原則が、アジアの二つの巨大な大陸国家たる中国とインドの征服を完遂しつつあるということである。

両性の数的なアンバランスが高齢化に加わり、中国の人口のかなり暗い将来像を垣間見せている。それにしても、われわれがとりわけ理解すべきは、出生時の性比の上昇がメンタリティの次元で何を意味しているかであり、それゆえ、われわれの概念である「場所の記憶」に立ち帰らなければならない。

グローバリゼーションの影響と、輸出大国としての成功にもかかわらず、父系制へと向かう三五〇〇年近くもの進化によって確立された中国の伝統的価値観は、依然として生きており、ときには前進を続けてさえいる。したがってわれわれは、強い父系制原則に、権威主義に、そして平等主義に結びついた共同体家族的価値観の残留を公準として立てることができる。共産党の指導的役割と警察の絶対的権力が権威主義を表している。しかし、人類学的システムの平等主義、かつて中国をしてラディカルな共産主義革命に取り組ませたあの平等主義もまた現存している。直系家族系であるドイツや日本の階層的システムは、社会秩序を安定化させる不平等原則を内包している。中国の価値観に潜在する平等主義は、経済的不平等がいちじるしく拡大する時期には、社会的・政治的システムの均衡にとってひとつの脅威となる。指導者たちは、それを知っている。あるいは感じ取っている。そして彼らは、父系的な家族のつながりの復活にともなって発生する腐敗の中でのみならず、民衆を恐れる気持ちの中で生きている。体制内部の硬直化が中国の民衆に重圧をかけているので、体制はその民衆の気持ちを逸らすために、危険なまやかしの標的を作り上げる。

外国人恐怖症《フォビア》的なナショナリズムが中国共産党によって培養されている。その点で、中国共産党はマルクス＝レーニン主義から遠ざかり、ファシズムに近づいているわけだが、とにかくその種のナショナリズムが、隣国日本の生活に毒を盛っている。現在の日本がアジアにおける覇権と膨張主義への願望をどれほど完全に捨ててしまっているかについては、第16章で見たとおりである。もちろん、日本の植民地主義がどれほどの暴力を伴って現れたかを忘れようとするのではない。そうではなくて、その暴力が、アルジェリアにおけるフランス植民地主義のそれや、米国におけるインディアン迫害のそれを超えるものではなく、ナチス・ドイツによるユダヤ人大量虐殺（「ショア」）が人類全体との関係で表象したものからは遠く離れた事象だったことを指摘しているのだ。中国のスポークスマンたちが、繰り返しわれわれに南京大虐殺を思い出させようとする執拗さには、何かしら愁嘆場的なものがあるといわざるを得ない。何といっても中国は、共産党の滅茶苦茶な経済政策――「大躍進政策」（一九五八年〜一九六〇年に中国が毛沢東主席の下で強行した経済政策）――によって、外国の介入などいっさい受けることなしに、三〇〇〇万人もの中国人を死に追いやったことのある国なのだから。

しかしながら、中国の膨張主義を誇張するなら、われわれは誤りを犯すことになるだろう。反日本の外国人恐怖症《フオビア》と南シナ海への膨張は、リアルな帝国主義的主張を表出しているというよりも、困難な国内状況への戦術的調整を意味している。中国は人口があまりにも大きいので、その内部の重みに阻まれて、正真正銘の膨張主義は実践できない。人口の塊があの国を、物質を膨張させるよりも、むしろ内に引き込んで濃縮するブラックホールのような状態にしている。

国際関係の面では、中国の平等主義は、ロシアのそれに近いビジョン、つまり、資格において同等の諸国家から成る多極的世界のビジョンへと向かう。したがって、安定的な状態にある限りは、中国は世界の舞台でリーズナブルに振る舞う、信頼のおけるアクターなのだ。たとえ、経済拡大の局面が一定期間続いた段階で、中華文明国家に関する誇大妄想の理論がいくつか飛び出してくることがあったとしても、である。たとえば、張維為《ちょういい》（中国の政治学者、一九五八年生まれ）が『チャイナウェーブ――文明国家の擡頭』に記した理論は、システム内部の権威主義をポジティブな価値として、西洋民主制に投げつけられた存在論的挑戦として提示している(26)。何百万人もの中国人学生が北米、ヨーロッパ、日本へと流出している事実は、その種の理論とはまったく別のことを示唆している。

世界全体の需要の鈍化にぶつかり、それに起因する成長率急落の影響をまともに蒙り、人口のいちじるしい不均衡に苦しみ、平等主義文化の状況下で不平等の擡頭に直面している以上、三億の人口を抱える中国は、三〇〇〇年紀の始まったこの時代に、世界の不安定化の大きな極の一つとなるだろう。

偶然としてのロシア、必然としてのロシア

私はこの章を、世界の人類学的・イデオロギー的歴史におけるロシアの位置についての短い考察をもって締め括りたい。ロシアの家族システムは外婚制共同体家族であるから、まさにそれとして、中国、ベトナム、セルビア、アルバニア、中部イタリアと同じ類型の「枠」に入る。これらの国と地域はすべて、二〇世紀において、革命によってであれ、選挙での安定した定着を介してであれ、共産主義体制を生み出した。では、この共通性から、これらの国と地域がロシアとまったく同じものを体現していて、それゆえ究極のところ、共産主義イデオロギーはこれらの国と地域のどこででも生まれ得ただろう、という結論を引き出すことができるだろうか。

そのような可能性は、大衆識字化の面でロシアが中国より進んでいたという、ただ一つの事実から見ても排除されるだろう。しかし、分析をもっと深いところまで押し進めなくてはならない。ロシアの現代史を振り返ると、そこには、ときに多数の人命を奪うほどの創造性、発明の能力が確認できる。あの国のそうした能力は、教育の進展における他国との時期的なずれなどでは説明のつかないレベルにまで達している。女性に特別な役割が割り振られていたことが、ロシアの家族システムの基本的な構造的特徴の一つで

あり、それがロシアを同類型の国や地域から区別するとともに、あの国に、「父系制の罠」と呼び得るものを回避させたように思われる。本書の主要テーゼの一つは、中東、中国、西アフリカで生まれた諸文明がいずれも、農業の発明ののちに父系制を考案し、適用し、強化したところ、その父系制が、時の経過とともに女性のステータスを押し下げ、社会を麻痺させたというものである。

女性たちを周縁化したり、家の中に閉じ込めたりすれば、彼女たちの教育にブレーキをかけ、ひいてはその息子たちの教育にブレーキをかけ、結局、父系制の親族網の中に閉じ籠もるよう息子たちを仕向けることになる。こうして、男たちもまた、本物の個人であることをやめてしまう。彼らは男性集団として父系制社会を支配するけれども、しかしその社会の中でしばしば、個人としては子供状態にとどまる。この事情により、父系制の世界では頻繁に次のような逆説的事態が発生する。すなわち、男が公式の場を支配するが、自分の家の中では妻から子供のように見做されているという事態である。このような形で成立する社会は、無限に創造的であることができない。起源的文明の中心地に起こった反女権拡張的な退化が、その地域の歴史的発展の停止を説明し、さらには、進歩の遠心的な地理的移動――メソポタミアからイギリスへ、中国から日本へ――をも説明する。

親族網の中に個人を閉じ込めることは、ロシアでも確かに発生した。しかし、非常に遅く発生したのであって、女性のステータスがそれによって深刻なまでに低下することはなかった。こうしてロシアは、父系制の世界の中でひとつの例外となっている。ロシアは、共同体家族が可能にする集団統合のお蔭で、自らの内に高いレベルの社会的一体感を保つための基礎を見出す。それでいて、そこに、女性のステータスの高さが矯正剤のように働く。この矯正剤こそが、ごく最近に到るまで――良きにつけ悪しきにつけ――絶え間なく続いてきたロシアの知的・科学的・軍事的な創造性を説明する。

かくしてロシアは、共産主義体制を発明した。いったい誰が確信をもって、中国にもそれが可能だっただろうと言い切れるだろうか。あの窒息しそうな血まみれの冒険に乗り出したロシアは、それでも一九四一年から一九四五年には、ナチス・ドイツを打ち破るだけのエネルギーを見出した。その折にロシアは、最良の兵器の一つ、戦車Ｔ34を繰り出したのだった。Ｔ34が当時最高峰の戦車だったことに異議を唱える者はいないだろう。今日でもなおロシアは、体制瓦解の一〇年間を生き延びた上で、自らの軍事技術を本来の水準までふたたび引き上げ、あらゆる制空権を無力化し得る超長距離地対空ミサイルシステムＳ─400を製造した。

最後に私は、ヘーゲルをもじって、歴史におけるロシアの逆説的な位置を強調したい。あの国民は、耐え難くも普遍主義的な共産主義システムを自らに課すことができた。しかも、世界を救った。ナチズムを打ち破ったことは、人類普遍の歴史への主要な貢献として特筆されるべきである。しかし、ロシアは本当に、普遍的な何かを代表しているだろうか。ロシアの共同体主義的でありながら女権拡張的な人類学的下部構造の分析は、あの国がもともと、人類学上の特異例、歴史の偶発事にすぎなかったことを明らかにしている。

献辞

人類史の素描を締め括ろうとするのは無謀なことだ。なぜなら歴史は、いうまでもなく、停止することがないからである。その上、本書の序章に述べたように、私が目指したのは、絶対的な意味《サンス》（＝方向《サンス》）で説明することではなく、よりよく描写することであった。歴史の方向《サンス》（意味《サンス》）を知らないとすれば、どうして歴史にひとつの終わり《ファン》（目的《ファン》）を想定することができようか。とはいえ、もし人がさまざまな社会における集団生活の深層の中の下意識と無意識のレベルにまで嫌がらずに降りて行くならば、歴史の理解が従来よりも少し深まるという点について、読者の納得を得られたとすれば幸いである。

今日、先進諸国のエリートたちと民衆を捕らえている無力感は、あるリアルな力についての無知に由来している。実はその力が外に表れて、飽くことなく、一般に理解し難いといわれるさまざまな現実――テクノロジーの進歩と裏腹な不平等の拡大や生活水準の伸び悩み、宗教的に表現されるニヒリズム、外国人恐怖症《フォビア》、ネイションの概念が時代遅れだといわれている中で起こっているネイション間の紛争――を生み出しているのだ。

教育普及の動態は下意識に属する。この面では、米国が停滞期に入ったことの影響が大きい。米国が一九四五年以来、先進世界全体のトップランナーとして歴史の方向性を定めてきているので、その米国の動向が、技術の進歩と裏腹な後退の感覚にわれわれが襲われる主要な原因となっている。この感覚の伝搬は、アメリカこそがイノベーションの場だという事実によって強化されている。日本も、ドイツも、ロシアも、中国も、別の道を指し示してはいない。

より深い次元では、異なる人類学的システムの間に持続している分岐傾向によって、ネイション間の相互作用のプラグマティックな管理が難しくなっている。宗教システムがゾンビのかたちで結晶することも、分離する力の持続に貢献する。しかし、先進世界を然るべく管理しようとするならば、その世界の深い部分に存在する多様性を認識することを拒んではならない。その多様性は、五〇〇〇年前からの進化によって確定されたさまざまな家族類型の差異化に由来する「場所の記憶」によって、際限なく維持されている。テクノロジーがどうあろうと、それで習俗が消えることはない。習俗は、核家族型であったり、直系家族型であったり、はたまたロシアのように、共同体家族型でありながら偶発的に女権拡張的であったりする。普遍的人間は、もちろん存在する。ホモ・サピエンスの原初的な形態――アメリカ的なものがこれに近い――において、あるいは、フランス的なイデオロギー上の有益な夢として――。しかしネイションのほうは、それぞれ独特である。

グローバリゼーションのイデオロギーは、同質性の仮説に基づいている。ところが、同質性は実現不可能なのである。それゆえ、このイデオロギーはわれわれを、価値観の衝突によっていっそう激化する力の抗争へと導いていきかねない。ヨーロッパでは、(私は本書でこの点も指摘できたと思うのだが)ある種の人類学的基底がその価値観を当事者たちの気づかぬうちに現実に浸透させていくとき、自由主義的民主制が不平等主義的権威主義体制に変異することも起こりかねない。

私はまた、「西洋」と目される地域の人類学的基盤の太古的性格を明らかにすることで、「西洋」にも少し謙虚になるよう納得させることに貢献できたと信じたい。アメリカの成功を実現したのは、とりわけアメリカの原始性なのである。しかも、アメリカは、われわれの気づかぬ間に、あのネイションの基礎の一部分を成す人種的分断の深刻な影響を世界中に及ぼし続けている。その点に関して、私はかなりの頁を割き、民主制と、寡頭制の攻勢と、米国における「白/黒」という持続的な二極構造の間に存在する複雑な相互作用を記述した。その分析に依拠すれば、ウルトラ自由主義革命への人種差別主義(レイシズム)の貢献という驚くべき事情が捕捉できる。

家族システムの差異化に起因するさまざまなネイションのあり方の分岐という仮説を受け容れることこそが、緊急に必要である。もし人類の平和を大切にしたいのならば――。

たしかに、教育の面では、一定程度の世界的収斂を指摘できる。先進世界は、教育面と人口面で上限に到達してしまったように思われる。米国という先行事例によって確定されたその上限をあるネイションが超えると、そのネイションは、低出生率によって男女の絶対数の減少を招き、それをもって、高等教育レベルに到達する男女の比率の高さとの釣り合いをとるようだ。ただ、もしかするとスウェーデンとロシアは、将来的に二つの例外であり続けるかもしれない。

いずれにせよ、天井が固定されている一方で、床《ゆか》は上昇している。

かつての第三世界が、初等・中等・高等教育の普及の面で進歩し、世代ごとに先進世界に近づいている。しかしながら、発展途上の国々は、頭脳の不足し始めた先進世界の国々によって自分たちの頭脳を略奪されるという、恒常的な脅威の下で生きている。

もちろん、もし米国で教育の新たな進展が始まったら、それは、教育における世界の同質化への動きと矛盾し、先進国と後発国の隔たりを改めて拡げることになるだろう。そのような展開は、まったく考えられないことではないにせよ、やはり実現可能性が低い。アメリカには、教育における規律の徹底を容易にする最低限のメンタルな垂直性、つまり直系的構造が欠けているし、文化的継承一般における充分な効率性もない。地球上のあちらこちらで人材を略奪するというやり方は米国の伝統的な解決策なので、今後も平然と活用されるにちがいない。この大陸国家が擁するに到った人口規模を考慮すると、近未来において もそのようにする必要性はかなりある。もうひとつの大陸国家である中国は、商品だけでなく、人材の輸出国でもあるので、米国の近未来に関するこの展望を恐れるべきだろう。

いずれにせよ、教育面では、世界各国の同質化への傾向が、少なくとも当面は支配的である。歴史には、主要な次元が二つある。その二つの次元の両方から歴史にアプローチすることが求められる。下意識のレベルは、教育が作用を及ぼすレベルであり、世界の教育が同質化へ向かうにせよ、向かわないにせよ、歴史の普遍的な次元を表す。教育の普及に時間的なずれやテンポの違いはあっても、その軌道は、ホモ・サピエンス種全体にとって同一だ。それが、経済および金融のグローバリゼーションだけでなく広範な領域に関わる「世界化」の現実を成している。しかしながら、多かれ少なかれ先進的な諸国に限ればこれまた到るところで、教育領域の新たな階層化が国民の一体感を壊した。新たな不平等主義的下意識が、初等教育普及の時代に生み出されていたイデオロギーと、宗教の残滓を粉砕したのである。民主制の危機とポピュリズムの再来は今日、普遍的な現象となっている。

二つ目の次元は、人類学的な与件の次元であり、こちらは教育の次元とは反対に、少なくとも諸国民間の持続的な分離を、そしてもっと悪くすると、どんどん強まっていく一方の分岐をもたらす。

進歩がどれほど現実となっても、あるネイション群の自由主義的性格、別のネイション群の権威主義的性格は変わらないだろう。いくつかの国々では、人類学的基底に由来する平等主義が寡頭支配傾向に抵抗するだろうが、別のいくつかの国では、不平等主義的な伝統が寡頭支配への傾向を強化するだろう。

女性の解放は普遍の趨勢のように見えるが、実はそうではない。たしかに、それは世界中で確認できる現象であり、ときには、たとえばロシアのような、それを最も予期しにくい国や地域で最も強力に表れるということも起こっている。しかし、それはほとんどの父系制社会で、つまりドイツで、日本で、あるいは中国で、人口領域における重大な逆機能を、その社会に存在する父系制原則の強度に応じた多様な程度において誘発している。

いくつかの主要なネイションを具体的に分析してみると、今日の世界で、安定したシステム（米国やロシア、またおそらくは、自国の人口減少を受け容れている日本）と、不安定なシステム（ドイツと中国、なぜならこの二つの国は、それぞれの教育普及と人口動態から見て到達不可能な目標を自らに課しているから）が共存していることも判明する。この共存は、いったい何を孕んでいるのだろうか。

教育のもたらす普遍と人類学的な与件による分岐の両側から引っ張られている人類史のこの矛盾した動きを乗り越えていくための解決策を提示することは、心して控えるつもりである。ここでは、マックス・ウェーバー的な厳格な価値中立性にだけ忠実でありたいと思う。研究者の役割は、人びとを、その人びとを動かしている力について啓発することであって、ひとつの解決策を、つまりひとつの新たなイデオロギーを提案することではないからだ。問題を前にして討議し、決断を下していくのは、歴史の中の自らの姿をあるがままに見ることを受け容れるすべての行為者の権限であり、営みである。もっとも、政治家たちと歴史との関係を睨むと、長い持続を生きている力を彼らが意識し始めるというのは、ありそうもないことのように思える。しかし、先のことは誰にも分からない。

追伸——リベラル・デモクラシーの将来

最後に、私は分析の対象を、最も狭い意味の「西洋」、すなわちリベラル・デモクラシーを創出した「西洋」に絞りたい。その中心を成すのが、今日では国家としての規模が均一ではなくなっている三国、すなわちイギリス、米国、フランスであることはいうまでもない。つまりは、私自身が身を置いてきた世界だ。二〇一六年六月から二〇一七年六月までの月日は、「ポピュリズム」の驚異の一年（annus mirabilis）だった。というのも、その期間に、イギリスの国民投票でブレグジット（EU離脱）派が勝利し、米国の大統領選挙でドナルド・トランプが当選し、フランスでは従来の政党システムが崩壊して、大統領選の第二回投票〔フランスでは大統領選を含む多くの選挙が二回投票制で、たいてい二回目が決選投票となる〕で、極右政党の代表と、官界・金融界のエスタブリッシュメントの申し子のような若い会計検査官〔フランスの高級官僚の代名詞のような高い職位、ここではエマニュエル・マクロンのこと〕とが対決するという事態が起こったのだ。あの一年間は、イギリスと米国に関するかぎり、民主制の失地回復、保護貿易主義、外国人恐怖症《フォビア》、ナショナルなものへの回帰などの年だった、と語られてよいだろう。フランスは当面、英米とは逆に、国境問題や移民問題を重視しない、ポスト・ナショナルな、ヨーロッパ主義的な、自由貿易主義的な、グローバリズム的な選択をふたたび是認した。前大統領〔フランソワ・オランド〕の五年の任期中に、元から高かった失業率が前の期よりも二五％も上昇し、イスラム原理主義テロの暴力が何度も炸裂したにもかかわらず、二〇一七年の大統領選挙での極右「国民戦線」の得票は、第一回投票でも、第二回投票でも、結局のところ、脅威とはいえないレベルにとどまった。

ともあれ、英、米、仏のいずれのケースでも、選挙ないし国民投票の結果を分析すると、投票行動に影響を及ぼす要素として学歴が優位であることが判明する。いずこでも、本書の中で提案されている歴史観に一致するかたちで、高等教育が自由主義的民主制社会の文化的同質性を壊し、開放性称讃の価値観に執着する「上の方の人びと」と、自国の国境を管理し、自国民の利益を優先事項と見做すことをネイションの権利として要求する「下の方の人びと」を創出した。三国のどこでも、アカデミアが普遍主義や自由主義の心臓部となって、イギリスではブレグジットに、米国ではトランプに、フランスでは「国民戦線」に対して激怒し、しばしば請願書や要求文書に署名してメディアに発表し、配下の教員や、学生や、「間違った情報を与えられている」一般市民に向けて提示した。原則的にグローバリストである企業界は、フランス国内での動向はおそらく別に判断すべきだろうが、一般にはむしろ事態を静観し、成り行きを見きわめようとしていた。研究者である私にとって、自分自身の準拠する世界——アカデミア——があまりに近いので、改めて慎重さが必要になる。価値中立性の厳守というM・ウェーバーの訓言を、ここでもう一度読者に想起していただきたいし、そして誰よりもまず私自身が想起しなければならない。ここで大事なのは、裁くことではなく、理解することであり、世界がどのように方向づけられているのかを多少とも予見しようとすることである。もっとも、こうした知的姿勢は、皮肉（アイロニー）の行使を禁じるわけではない。

社会学的観点で一つ、明確にしておくべきことがある。社会のイデオロギー的分裂の原因を教育の階層化に特定できた以上、問題は構造的であって、ある意味で超克不可能なのだと断言できる。近代民主制の基礎である普遍的識字化は、教育レベルの低下を憂える論者らが何と言おうと、今日も揺るがない現実である。しかしそこに、初等教育レベル、中等教育レベル、高等教育レベルといった「メリトクラシー（能力主義）的階層」によって社会が分割されるという事態が重なったのである。また、高等教育自体も、さまざまな修了証書の世間での評判や大学の序列によってグレードが細かく分かれている。メリトクラシー的な選別は、実際のところ、高等教育階層に昇格する者を送り出す元の人口集団として、識字化された大衆が存在していなければ機能しない。したがって先進社会は、ある緊張の中を生きることになる。異なる二つのレベルの教育の影響が対立する。普遍的な初等教育が倦まずたゆまず民主制の可能性を培う一方で、高等教育がこれまた倦まずたゆまず上層階級を供給するのだが、この上層階級は、メリットに応じて選別されたがゆえに、自分たちの知的・倫理的優越を事実上ではなく権利上のものとして自明視する。この優越感は集団的幻想である。選別のメカニズムによって生み出される同質性と順応主義が、知的に自閉していて、個人として自立的にものを考える力の弱い「上の方の人びと」、という究極の逆説的現象を生み出すのだ。かくして、社会学的には、「上の方の人びと」はある意味で愚かで、倫理性も低いといえる。しかし、初等教育階層と同様、この「大衆的エリート層」も確実に存在していて、今後も持続していく。たしかに、この層は、種々のメカニズムを利用して、自分たちの子女だけは学校での競争を免れるようにしようと画策し、みずからメリトクラシーの原則を蝕《むしば》もうとする。システムの観点から見れば、学業における成功は最終的に金銭にしか行き着かないので、メリトクラシーは恒常的に、いつ金銭の力によって封じ込められるか知れないという脅威の下で存続している。とはいえ、人間選別装置と化しているアカデミアは、それ自体が富裕で堅固なので、これからも長年にわたって、階層別に分かれた社会を再生産できるように見える。その最上層に問題の「大衆的エリート層」が存在し、自らの知的限界の中で足を取られ、身動きできなくなっている。

　分別をもって考えれば分かるように、一方的で強引な選択は、どの方向の選択であっても、初等教育の結果である平等主義と、高等教育に由来する不平等主義の間に存在する矛盾を解くことはできないのであり、先進社会は、もし一体感と持続性を維持したいのなら、中間的な道を見出さなければならない。つまり、われわれに必要なのは、「下の方の人びと」の価値観と「上の方の人びと」のそれを、民衆の身の安全と開かれた社会であることとを、なんとか折り合わせることなのだ。デモクラシーは民衆がいなければ機能し得ないのだから、ポピュリズムを告発するのはばかげている。デモクラシーは、代表し、先導するエリートたちがいなければ機能しないのだから、エリートをエリートだからという理由で告発するのは、これまたばかげている。ポピュリズムVSエリート主義の対立の中で互いに延々と強情を張り続けるなら、われわれは社会の瓦解にしか行き着かない。ここで注目している三つの国のいずれにおいても、民衆とエリートが同じ言語――英語、またはフランス語――を話すという事実を思い起こそう。外婚制は、社会階層を密閉せず、多孔性にする。高等教育を受けた者たちを、ホモ・サピエンス種から離脱しつつある変種と見做すような仮説は、真実らしさにおいて、H・G・ウェルズの『タイム・マシン』に劣る。

今やわれわれは、自由主義的民主制が直面しているジレンマについて理解し始めているが、さらに前進するには、この政治体制を創設した三つの国の現状と前途を比較する努力が必要だ。現時点で分岐の様相を呈しているフランス、米国、イギリスの姿にすでに、「民衆」と「エリート」の間の交渉の三つのレベルを看て取ることができる。

フランスは、交渉レベル「ゼロ」を体現している。ネイションによる保護を再確立することを求める「ポピュリスト」的な願いが、フランスでは抑制されているばかりか、無意識の内に抑圧されている。「国民戦線」への投票が、有権者の三分の二にとって、依然としてタブーだからである。二〇一七年五月の大統領選挙第二回投票のとき、極右を支持する選択は、学歴、所得、年齢、職業などによって分類したすべての社会グループにおいて少数派にとどまった。労働者層だけは、一見その例外だった。けれども、投票結果の細目計算から白票と棄権を差し引けば、労働者階層の内でも「国民戦線」支持が少数派だったことが判明しただろう。フランス社会は極端に二極化しているが、その二極が非対称的なので、社会全体の地平線は今なお、開放性、欧州の中での自己溶解、自由貿易にとどまっている。人口の三分の一が、経済的にも精神的にも疲弊し、果てしなく更新され延長される自らの無力さに苛まれている。

米国は、民衆とエリート層の間の交渉の中間的レベルにはすでに入っているが、この交渉が、私が本文を書いている現時点で〔本書の原典は二〇一七年八月に刊行された〕、米国社会を「活動的な統合失調症」とでも呼べそうな状態へと導いている。ドナルド・トランプが有権者から得た票数は、ヒラリー・クリントンの得票数を若干下回っていた。それでも彼が大統領に選出されたのは、米国の選挙制度によって、選挙人のマジョリティが彼を支持するという事態が生じた結果であった。しかし、エスタブリッシュメントの目の仇である男の正統性を認めない米国人も少なくなかった。「上の方のアメリカ」――高学歴者、シリコンバレー、既成ジャーナリストらのアメリカ――は敵愾心を捨てず、新大統領に対して、多くの人の目に「冷たい内戦」のように映る闘いを仕掛けた。米国には、独立司法システムをはじめとして数多くのカウンターパワーがあるので、大統領府に対して一種の塹壕戦が開始されたのだった。

現段階では、この紛争の結末は不確定と見ておくだけに甘んじよう。ただ、次のことは忘れないようにしたい。教育領域の分析に照らせば明らかなように、アメリカにとってリアルな選択は、トランプかエスタブリッシュメントかではなく、交渉か瓦解かである。トランプの全面的勝利という仮説は考えられない。グローバリズム礼讃に回帰するという仮説も考えられない。

イギリスでは、民衆とエリートたちの間の交渉が、かなり迅速に、フランスや米国では考えられない結果――合意――に到達したようだ。米国のトランプがそうだったように、ブレグジットも低学歴層に支持されたのだった。イギリスにおける中道左派エスタブリッシュメントの大学人やジャーナリストたちの怒りは、米国の反トランプ派のそれに劣らず激越だった。ところが、大方の予想に反して、ありそうもないことが実際に生起する展開となった。政権与党の保守党が、新党首・新首相に就任したテリーザ・メイの下、国民投票の結果を受け容れ、EUからのイギリスの離脱を準備し始めたのだった。ここで重要なことは、仏・米・英の民主制を採点して、加点したり減点したりすることではない。また、外国人恐怖症《フォビア》の証明書を発行することでもない。あえて念押ししておくが、外国人の拒否という重要な要素は、フランスにおける「国民戦線」への投票（反アラブ人）にも、トランプ支持層（反メキシコ人）にも、ブレグジット支持層（反ポーランド人）にも共通して存在している。大事なのは、フランス、米国、イギリスのそれぞれの軌道の間に判明しつつある差異を理解することなのである。

先進社会間のこの究極の分岐自体、自由主義的民主制を創設したネイションに視野を絞った上で確認されるだけに、ひとつの逆説的現実であろう。なぜなら、この三つの社会のうちで、平等主義の気質に最も欠けるのがイギリス社会であることに、いっさい疑いの余地はないからである。イギリスに関して、私はすでに長々と、一七世紀の貴族階級と農民層に存在していた萌芽的直系家族と一体化した要素として、貴族的な正真正銘の不平等主義的感覚が重要であることを強調した。米国に関しては、どのようにして人種感覚が、平等に対する絶対核家族の無関心にもかかわらず、白人平等主義の擡頭を可能にしたのかを明らかにした。フランスの平等主義は、もっと根が深い。なにしろフランスでは、広大なパリ盆地を特徴づける平等主義核家族構造の影響下、男女を問わずすべての個人をア・プリオリに平等と見做すビジョンへと、人びとの心性が方向づけられているのだから。周縁部の直系家族に由来するメンタリティが、その方向づけを緩和してはいるけれども――。パリは、先進的社会に関する人類学の観点から見ると、相変わらず平等主義的自由主義の首都である。

ところが、直観的な予想にまったく反して確認させられるのは、国政の方針に民衆の切望を比較的容易に汲み入れたのが、気質的に平等主義から最も遠いイギリスだったという事実だ。たしかに、あの国で、アカデミア界隈の者が「チャヴ」(chavs)——これはフランス語の「貧乏人」(prolo)と「田舎っぺ」(ploue)が内包するすべての侮蔑感を一語に濃縮したような、翻訳不可能な言葉——をとことん侮蔑していることは周知のとおりである。ところが、ほかでもないそのイギリスで、民衆が領土的・社会的安全を切望することの正統性を認める最良の知的表現がいち早く現れた。しかもその表現は、「上の方の人びと」が開放性と移動の自由を切望することにも同等の正統性があることを否定しない。『エクソダス——移民は世界をどう変えつつあるか』は、開発経済学者ポール・コリアー〔一九四九年生まれ〕が二〇一三年に発表した著作だが、すでに古典となっている。コリアーはこの本で、移民現象のニュアンスに満ちた分析を提示している。彼は、移民たちの視点をよく理解しつつも、一定レベルの仲間内感覚と文化的安定性を維持しようとする先進国の民衆の権利をア・プリオリに不当なものとは見做していない。[1] 最近では二〇一七年に、左翼リベラル系総合評論誌『プロスペクト』の創刊編集者デイヴィッド・グッドハート〔ジャーナリスト、一九五六年生まれ〕が、自著の『どこかに続く道』の中で、下層民衆の切望を考慮する必要性を主張した。[2] 彼の社会描写は、本書のそれによく似ていて、Anywheres(どこでも暮らせる「エニウェア族」)と、Somewheres(特定のどこかに所属している「サムウェア族」)の対立に注目し、イギリスに限らずどの社会にとっても、この両者の世界観の間の交渉が欠かせないことを説く。彼は、「節度あるポピュリズム」という素晴らしい表現を援用しているが、これは撞着語法であるどころか、一種の原初的二元思考の証しであり、自由主義的民主制が分断と瓦解を避けようとするときに見出し得る唯一の活路を指し示している。グッドハートの事実描写はニュアンスに富んでいるけれども、彼の解釈は、突き詰めるとむしろ単因子的で、そして的確だ。彼は実際、イデオロギー分極化の中心に、大規模な高学歴者集団の出現を据えている。われわれは皆、マイケル・ヤングの弟子なのである。それはともかく、なぜイギリスはかくも易々と、自由主義的民主制における二つの姉妹国に先んじて、新たな社会協約を結ぶことができたのだろうか。

フランス、米国、イギリスの間には、社会構造上の差異があまりにも多くあるので、プロセスがまだ完遂されていない現時点で、ポピュリズムが今のところ最もよく国政に統合されているのが、主要な自由主義的民主制のうちで最も貴族主義的な国である理由を特定するのは容易でない。

三つの民主主義国のそれぞれを特徴づける差異を、ランダムに挙げてみよう。米国は大陸並みの国土を有し、建国時から人種的であり、また軍国的、帝国的な国家だ。フランスとイギリスは中規模国家で、今日では帝国を失い、国内で攻撃的ナショナリズムが盛り上がる事態は考えられなくなっている国である。教育領域の階層化は、米国において最も古く、米国ではすでにほとんど安定している。フランスとイギリスでは比較的最近の現象である。英語圏の二つのネイションは文化的にプロテスタンティズム系だが、フランスは伝統的にはカトリックである。

その上、フランスは、ユーロ圏に属して通貨政策上の自律性を放棄しているので、ネイション崩壊のプロセスをかなり先まで辿ってしまっている。フランスの行政府はもはや、EUの意向から独立した経済政策を決定する能力を持っていない。次のようにさえ言えるだろう。フランスには相変わらず特権層が存在するが、指導層はもはや存在しない、なぜなら、指導すべき大事なものは一つも残っていないから、と。今やフランスでは、経済の分野で重要な選択をおこなうこと自体が不可能なのである。

節度あるポピュリズムを「上の方の人びと」が受け容れることを前提に、エリート層と国民の間に新たな協約を確立するというプロセスにおいて、イギリスが先行しているという事実があるわけだが、たくさんの多様な要因が錯綜する中で、この事実について厳密な解釈を提示するのはかなり困難である。それでも、私はここでリスクを冒し、本書が提示する人類史素描の全般を貫く論理の趣旨の下、あるひとつの仮説を通してその提示をおこなってみようと思う。

改めてヤングの仮説から出発しよう。それは、メリトクラシーが平等感覚を侵食する、なぜなら、メリトクラシーの原則に基づく学校システムによって選別された者は、ついには自分の優越を自分に内在する理由に拠るものと思ってしまうから、という仮説だった。まず、メリトクラシーの理想がデモクラシーの所産だということを、視野から逃さないようにしよう。その理想とは、平等主義的な熱望の逆効果としての機会均等、結果的にメリット（功績・能力）の不平等を創り出さずにはいない機会均等である。ある社会がもともと平等主義的であり、気質的に民主的であればあるほど、その社会でメリトクラシー的理想が強くなり、そして、――まさにここで逆説が明らかになるのだが――その時々の偶然のめぐり合わせに起因する不平等主義的な逆効果も強力となる。いいかえれば、メリトクラシーの理想に沿って学校システムが君臨すればするほど、人間の選別も合理的に徹底される。それに対し、生まれを尊ぶ貴族制と学校外での身分の継承が学校システムと共存している社会には、アカデミアによって管理される不平等主義的選別の容赦のなさに対するカウンターウェイトが存在する。

この解釈に、個人レベル、道徳レベルの表現を与えてみよう。メリトクラシーの信奉者は、ときには庶民層出身だが、より高い頻度で小・中ブルジョワ層の出身であって、すべてを自分の知性に、自分の働きに、自分のメリットに負っていると考える。平等の理想をお題目にせずに具体的に活かそうと切望するどころか、彼はあまりにもしばしば、自分のあとを追って上昇軌道に乗って来なかった者たちを、彼自身の気質によって貶し方はさまざまだが、頭が悪い、愚鈍だ、あるいは無気力だと見做す。あのトランプなんかに、あの「国民戦線」なんかに投票する低レベルの連中、と見下すわけである。それに対し、貴族であるにせよ、ないにせよ、生まれつき特権的な身分に恵まれた者は、内心の深い部分で、自分が祖先に負っているものをよく知っている。おのずから彼は、学校の勉強で成功しなかった人びとをさほど蔑視しない。まったき貴族的伝統——その精神は、小ブルジョワたちおよび／または労働者たちに継承されることがあり得た——においては、その謙虚さに、いわゆる「ノブレス・オブリージュ」が、特権に伴う義務の観念が付け加わる。

そうだとすれば、われわれは次のような可能性をまじめに考えてみなければならない。民衆の不安を汲み入れることにおいて、イギリスに比べ、米国が、そして特にフランスが成功しないのは、この二つの国に君臨する平等主義と、過度に支配的なメリトクラシー的理想の逆効果のゆえではないか。対照的なことに、イギリスの保守党がエレガントにも国民集団の思いを汲み入れたのは、個々人と諸階層を超えて存在する貴族主義的伝統の然らしめるところだったのではないか。大学による選別は、かのオクスフォード大学やケンブリッジ大学による選別も含めて、イギリスでは、ひとりの人間の価値を決定しない。

現代におけるリベラル・デモクラシーのこの歴史もまた、将来に続いていく。

アメリカは、暫しの躊躇のあと、民衆とエリート層の間の偉大な妥協の道において、イギリスの例に倣っていく可能性が高い。フランスの前途は、米国のケースより遥かに透視しにくい。フランスの前途は、すでに部分的にはドイツのそれに接合されている。そのドイツでは、民衆がエリートたちに歩みを連動させているのだが、経済領域と人口領域での当のエリートたちの合理性がかなり限定されている。しかし、フランスにもまもなく、将来を左右する決断、民衆とエリート層の関係を定め直す決断の時がやって来る。それは究極的には社会学的で道徳的な決断だが、ドイツと英米世界の間での地政学的選択という形をとるだろう。

二〇一七年五月一六日、パリにて

E・トッド

頁〜212頁〕.

(26)　Zhang Weiwei, *The China Wave. Rise of a Civilizational State*, New Jersey, World Century Publishing Corporation, 2012.

追　伸

(1)　Paul Collier, *Exodus. Immigration and Multiculturalism in the 21st Century*, Londres, Penguin Books, 2013〔ポール・コリアー『エクソダス――移民は世界をどう変えつつあるか』松本裕訳、みすず書房、2019年〕.

(2)　David Goodhart, *The Road to Somewhere. The Populist Revolt and the Future of Politics*, Londres, Hurst and Company, 2017.

(18) Anneli Miettinen, et *al.*, *Increasing Childlessness in Europe. Time Trends and Country Differences*, Väestöliitto, Väestöliiton Väestöntutkimuslaitoksen työpaperi 2014, *Working Paper* n° 5, https://www.vaestoliitto.fi/.../Working+paper+5_Increasing+Childlessness+in+Europe_1.pdf.

(19) Élisabeth Gessat-Anstett, *Liens de parenté en Russie post-soviétique*, Paris, L'Harmattan, 2004.

(20) このデータを、多くの表の翻訳を添えて提供してくれたのはアラン・ブルム〔1958年生まれ、フランスの歴史家で人口統計学者、中東欧が専門〕であり、この場を借りて彼に御礼申し上げる。データの解釈の責任は私個人にのみ存する。

(21) 例えば以下の文献を参照のこと。Barry Naughton, *The Chinese Economy. Transitions and Growth*, Cambridge (MA), MIT Press, 2007.

(22) Peter Navarro, *Death by China. Confronting the Dragon. A Global Call to Action*, Londres, Pearson, 2011.

(23) John A. Hobson, *Imperialism. A study* [1902], Londres, Unwin Hyman, 1988, p. 364(拙訳)〔ホブスン『帝国主義論』矢内原忠雄訳、岩波文庫、下巻、1952年、304頁。原典はトッド自身による仏語訳。邦訳文の引用にあたって漢字の旧字体は新字体に改めた〕.

(24) Christophe Z. Guilmoto,《La masculinisation des naissances. État des lieux et des connaissances》, *Population*, vol. 70, n° 2, 2015, p. 204–265, et Christophe Z. Guilmoto,《Missing Girls. A Globalizing Issue》, in James D. Wright et *al.*, *International Encyclopedia of the Social & Behavioral Sciences*, 2e édition, vol. 15, Oxford, Elsevier. 2015, p 608–613. 以下の文献も参照のこと。Isabelle Attané, Chistophe Z. Guilmoto et *al.*, *Watering the Neighbour's Garden. The Growing Demographic Female Deficit in Asia*, Paris, CICRED, 2007, et Tulsi Patel et *al.*, *Selective Abortion in India. Gender, Society and New Reproductive Technologies*, New Delhi, Sage Publications, 2007.

(25) Christophe Z. Guilmoto,《A Spatial and Statistical Examination of Child Sex-Ratio in China and India》, in Isabelle Attané et Jacques Véron, *Gender Discriminations Among Young Children in Asia*, Pondichéry, IFP-Ceped, 2005, p. 133–165, et Emmanuel Todd, *L'Origine des systèmes familiaux*, 前掲書, p. 155–156〔『家族システムの起源 I』211

――を重視しすぎて、少し複雑化してしまっている。単純な類型論上の連続性を断ち切り、場合によってはシステムの要素として親の同居を組み込むような不完全な核家族もあり得るという仮説を受け容れたほうが、分析がシンプルになると思う。ショルティセックの論文を読むと、到るところで、ポーランドに関して、選択的な双系の親族関係の存在と、未分化核家族を特徴づける規則の曖昧さを印象づけられる。

（8） Emmanuel Todd, *L'Origine des systèmes familiaux*, 前掲書, p. 95 pour la Russie, p. 115 pour la Chine〔『家族システムの起源 I』、ロシアに関しては 122 頁～132 頁、中国に関しては 162 頁～164 頁〕.

（9） バルト諸国の共同体家族に見られる母方居住の痕跡と直系家族の影響に関しては、以下の文献を参照のこと。同上。p. 316–317〔『家族システムの起源 I』434～437 頁〕.

（10） Philippe Dollinger, *La Hanse, XII*^{e}*–XVII*^{e} *siècles*, Paris, Aubier-Montaigne, 1964. 私は 1988 年版を用いている。p. 207–209 を参照のこと。とはいえ、あまりにも簡単な言及なので、この文献からは僅かな確信も引き出すことはできない。

（11） Oliver H. Radkey, *Russia Goes to the Polls. The Election to the All-Russian Constituant Assembly, 1917*［1950］, Ithaca, Cornell University Press, 1990.

（12） 同上。p. 33.

（13） 同上。p. 148–151 の一覧表。

（14） Lidia Prokofieva,《Pauvreté et inégalités en Russie》, Ceriscope Pauvreté, 2012, http://ceriscope.sciences-po.fr/pauvrete/content/part5/la-pauvrete-et-l-inegalite-en-russie?page=1. 2014 年 9 月 11 日閲覧。

（15） 以下の文献も参照のこと。Piotr Grigoriev *et al.*,《The Recent Mortality Decline in Russia: Beginning of the Cardiovascular Revolution?》, *Population and Development Review*, vol. 40, n° 1, mars 2011, p. 107–129

（16） Sergei Zakharov,《Russian Federation. From the First to the Second Demographic Transition》, *Demographic Research*, vol. 19, article 24, juillet 2008, p. 907, 972; Serafima Chirkova,《Do Pro-Natalist Policies Reverse Depopulation in Russia?》, Working Paper, Universitè de Santiago, octobre 2013.

（17） *Global Trends 2030s. Alternative Worlds. A Publication of the National Intelligence Council*, 2012.

年5月21日に開催された地理学会における『社会主義についての口頭対論――ポール・ラフォルグ国民議会議員とエドモン・デモラン『社会科学』誌編集長』(Conférence contradictoire sur le socialisme entre M. Paul Lafargue, député, et M. E. Desmolins, directeur de la Science sociale) が参考になる。そこにおいてE・デモランは、共同体家族システムと共産主義を明確に結びつけている。が、しばしば、……劣等人種について語ってもいる。

――ポール・デカン (Paul Descamps) は、デモランと違い、もっと価値中立的なル・プレイ社会学を提示している。1906年発表のテクスト『人類は社会主義に向かって進んでいるか?』(L'humanité évolue-t-elle vers le socialisme ?) に、彼は、「まず、アルファサ氏と共に確認しよう。ロシアの農村の家族は共産主義的な組合である」と書いている。そして、同じテクストの後続部分にこう付け加えている。「今日われわれの手元にある情報によれば、共産主義的なコーポレーションの存在はロシアでしか報告されていない。そこから推論して、それが存在するには、家庭教育によって個々人が予め共産主義へと躾けられているような環境の内部でメンバーを集めることが必要条件だと結論できるであろう。これはかなり論理的なことだ。コーポレーションは技術教育を施すことはできるが、人格の陶冶を引き受けることはできない」

(4) Anatole Leroy-Beaulieu, *L'Empire des Tsars et les Russes*, Paris, Robert Laffont, coll. 《Bouquins》, 1991, p. 445–447.

(5) 同上, p. 90 et p. 370. 以下の文献も参照のこと。D. B. Shimkin et Pedro Sanjuan, 《Culture and World View. A Method of Analysis Applied to Rural Russia》, *American Anthropologist*, vol. 55, n° 3, août 1953, p. 329–348.

(6) Maxime Kovalewsky, *La Russie sociale*, Paris, Giard et Brière, 1914, p. 106.

(7) Mikolaj Szoltysek, *Rethinking East-Central Europe: Family Systems and Co-residence in the Polish-Lithuanian Commonweath*, Berne, Peter Lang, 2015, p. 539–540. 私はここで、ショルティセックの研究の力強さと繊細さに不充分にしか報いていない。彼は、人びとのさまざまな行動の決定が家族領域の価値体系にどの程度まで依存するかを評価するために、経済的な決定要因と人口的な決定要因を検討しているのだ。もっとも、私見によれば、彼の考察は、直系家族をめぐる理論と、結婚年齢に関するジョン・ヘイナルの問題系――これはここ40年の歴史研究の遺産である

第2章、第Ⅱ項を参照のこと。

（4） Patrick Artus et *al.*, *L'Allemagne, un modèle pour la France?*, Paris, PUF, 2009.

（5） ジミー・カーター米国大統領の国家安全保障問題担当大統領補佐官〔1977年〜1981年〕だった政治学者〔ズビグネフ・ブレジンスキーはポーランド出身、1928〜2017〕。

（6） Emmanuel Todd, *Le Destin des immigrés*, 前掲書, chapitre 8,《Assimilation et ségrégation en Allemagne》〔『移民の運命』第8章「ドイツにおける同化と隔離」〕.

（7） Emmanuel Todd, *L'Origine des systèmes familiaux*, 前掲書, tableau XI-3, p. 507–508〔『家族システムの起源Ⅰ』683頁、表11–3〕.

（8） *Atlantico*, 26 août 2016〔Atlanticoは2011年に開設されたウェブ上の政治・経済等情報サイト〕. E・ユッソンの結論は以下のとおりである。「われわれは今後、自国問題に専念する傾向を常に強め、政治的にますます分裂し、欧州レベルの妥協にはますます消極的になっていくドイツと共に生きていく覚悟を決め、準備を整えよう」

第18章

（1） Jacques Sapir,《À l'épreuve des faits. Bilan des politiques macroéconomiques mises en œuvre en Russie》, in *Revue d'études comparatives Est-Ouest*, vol. 30, n° 23, 1999, p. 153–213. Et《Troc, inflation et monnaie en Russie: tentative d'élucidation d'un paradoxe》, in Sophie Brama, Mathilde Mesnard et Yves Zlotowski（éd.）*La Transition monétaire en Russie. Avatars de la monnaie, crise de la finance*（*1990–2000*）, Paris, L'Harmattan, 2002, p. 49–82.

（2） 本書上巻、第9章、293頁を参照のこと。

（3） パスカル・トリピエ＝コンスタンタンの私への教示によれば、ル・プレイの弟子たちで、第1次世界大戦以前にロシアに現れていた「共産主義的」志向について先見の明のあった人物は以下のとおり。

——レオン・ポワンサール（Léon Poinsard)。1890年〜1910年の時期のル・プレイ学派の経済学者で、自由貿易と保護貿易について非常に興味深い論考を書いた。

——エドモン・デモラン（Edmond Desmolins)。1886年における「社会科学」グループ創設者の1人。彼については、たとえば、フランツ・フンク＝ブレンターノ〔フランスの歴史家、1862〜1947〕の主宰の下で1892

(26) 人口は、1720年～1820年に、2500万人～2700万人の間で変動していた。以下の文献を参照のこと。Akira Hayami, *The Historical Demography of Pre-modern Japan*, Tokyo, University of Tokyo Press, 1997, p. 46.

(27) 本書下巻、第13章、表13-1、73頁を参照のこと。

(28) 本書上巻、第5章、220頁を参照のこと。

(29) Hermann Simon, *Hidden Champions of the 21st Century* [1996], Berlin, Springer, 2009〔ハーマン・サイモン『新装版　グローバルビジネスの隠れたチャンピオン企業』上田隆穂監訳、渡部典子訳、中央経済社、2015年〕.

(30) Stefan Lippert, *World Class Beyond Toyota. Japanese Hidden Champions and Their International Peers*, Kenichi Ohmae Graduate School of Business, 2010.

(31) *Frankfurter Allgemeine Zeitung*, 《Kind, werd Ingenieur!》, 21 septembre 2016.

(32) Sebastian Haffner, *The Rise and Fall of Prussia* [1980], Londres, Phoenix, 1998, p. 37.

(33) これらすべての点については、以下の文献を参照のこと。Emmanuel Todd, *L'Origine des systèmes familiaux*, 前掲書, p. 187-190〔『家族システムの起源Ⅰ』251頁～254頁〕.

(34) World Bank, *World Development Indicators*, 4. 8 Structure of Demand.

(35) Noriko Iwai, Tokio Yasuda et *al.*, *Family Values in East Asia. A Comparison Among Japan, South Korea, China, and Taiwan Based on East Asian Social Survey 2006*, Kyoto, Nakanishiya, 2011, p. 96-97, 《The Japanese Preference for Neither Agree nor Disagree》〔岩井紀子・保田時男編『データで見る東アジアの家族観――東アジア社会調査による日韓中台の比較』ナカニシヤ出版、2009年、96～97頁〕.

第17章

(1) Emmanuel Todd, *L'Invention de l'Europe*, 前掲書, chapitre VI.〔『新ヨーロッパ大全Ⅱ』第6章〕

(2) Emmanuel Todd, *Qui est Charlie? Sociologie d'une crise religieuse*, 前掲書〔『シャルリとは誰か？』〕.

(3) Jacques Sapir, *La Fin de l'euro-libéralisme*, Paris, Seuil, 2006. 特に

(17) Martina Portandi et Simon Witworth,《Lifelong Childlessness in England and Wales》, *Longitudinal and Life Course Studies*, 2010, vol. 1, n° 2, p. 155–169.
(18) Jan M. Hoem, Gerda Neyer et Gunnar Andersson,《The Relationship Between Educational Field, Educational Level, and Childlessness Among Swedish Women Born in 1955–1959》, *Demographic Research*, vol. 14, article 15, mai 2006. 以下の文献も参照のこと。Jan M. Hoem,《Why Does Sweden Have Such High Fertility?》, *Demographic Research*, vol. 13, article 22, novembre 2005, p. 559–572.
(19) Toshihiko Hara,《Increasing Childlessness in Germany and Japan. Towards a Childless Society?》, *International Journal of Japanese Sociology*, vol. 17, n° 1, novembre 2008, p. 42–62. 以下の文献も参照のこと。María-José Gonzalez et Teresa Jurado-Guerrero,《Remaining Childless in Affluent Economies. A Comparison of France, West Germany, Italy and Spain, 1994–2001》, *European Journal of Population*, n° 22, 2006, p. 317–352.
(20) Heike Wirth et Kerstin Dümmler,《The Influence of Qualification on Women's Childlessness Between 1970 and 2001 in Western Germany》*Zeitschrift für Bevölkerungswissenschaft*, vol. 30, n° 2/3, 2005, p. 313–336, p. 323 et p. 325.
(21) Michael Rendall et *al.*,《Increasingly Heterogeneous Ages at First Birth by Education in Southern European and Anglo-American Family-Policy Regimes. A Seven-Country Comparison by Birth Cohort》, *Population Studies*, vol. 64, n° 3, 2010, p. 209–227. 以下の文献も参照のこと。Olivia Ekert-Jaffé et *al.*,《Fécondité, calendrier des naissances et milieu social en France et en Grande-Bretagne》, *Population*, vol. 57, n° 3, 2002, p. 485–518.
(22) Michael Dimock,《How America Changed During Obama's Presidency》, 前掲論文.
(23) Toshihiko Hara,《Increasing Childlessness in Germany and Japan. Towards a Childless Society?》, 前掲論文.
(24) Jürgen Dorbritz,《Germany: Family Diversity With Low Actual and Desired Fertility》, *Demographic Research*, vol. 19, article 17, juillet 2008, p. 557–598.
(25) 本書上巻、第3章、147頁を参照のこと。

（9） Chang Kyung-Sup, 《Individualization without Individualism: Compressed Modernity and Obfuscated Family Crisis in East Asia》, *Journal of Intimate and Public Spheres*, Pilot Issue, mars 2010, p. 23-39〔落合恵美子編『親密圏と公共圏の再編成——アジア近代からの問い』京都大学学術出版会、2013年の第1章（39頁〜65頁）を成す論文、張慶燮「個人主義なき個人化——『圧縮された近代』と東アジアの曖昧な家族危機」柴田悠訳〕.

（10） Peter McDonald et Helen Moyle, 《Why do English-Speaking Countries Have Relatively high Fertility?》, *Journal of Population Research*, n° 27, 2010, p. 247-273, 特に p. 263-264.

（11） Pau Baizán et Teresa Martin-Garcia, 《Endogeneity and Joint Determinants of Educational Enrolment and First-Birth Timing in France and West Germany》, *Genus*, vol. 62, n° 2, 2006, p. 89-117.

（12） Sechiyama Kaku, *Patriarchy in East Asia. A Comparative Sociology of Gender*, Leyde, Brill, 2013, p. 133〔瀬地山角『東アジアの家父長制——ジェンダーの比較社会学』勁草書房、1996年、202〜204頁〕.

（13） Pau Baizán et Teresa Martin-Garcia, 《Endogeneity and Joint Determinants of Educational Enrolment and First-Birth Timing in France and West Germany》, 前掲論文, p. 97.

（14） Ron Lesthaeghe, 《The Unfolding Story of the Second Demographic Transition》, *Population and Development Review*, vol. 36, n° 2, 2010.

（15） EngenderHealth（Firm）, *Contraceptive Sterilization: Global Issues and Trends*, 2002; Michael L. Eisenberg et *al.*, 《Racial Differences in Vasectomy Utilization in the United States: Data From the National Survey of Family Growth》, *Urology*, vol. 74, n° 5, novembre 2009, p. 1020-1024. 30歳〜45歳の男性で、パイプカットを受けた者の率は、白人で14.1%、黒人で3.7%。所得水準が、この避妊技術の使用率の違いを説明する重要な要因の一つである。所得が2万5000ドル未満の層では5.6%にすぎないその率が、5万ドル以上の層では16.5%に上昇する。

（16） Gretchen Livingston, 《Childlessness Falls, Family Size Grows Among Highly Educated Women》, Pew Research Center, mai 2015. 以下の文献も参照のこと。Gladys Martinez, Kimberly Daniels et Anjani Chandra, 《Fertility of Men and Women Aged 15-44 Years in the United States: National Survey of Family Growth》, *National Health Statistics Reports*, n° 51, avril 2012.

tures of Capitalism, 前掲書, p. 333.

(11) Hervé Le Bras et Emmanuel Todd, *Le Mystère français*, 前掲書〔『不均衡という病』〕.

(12) 「場所の記憶」という表現は、エルヴェ・ル・ブラーズによって見出された。

第16章

(1) Sébastien Lechevalier, *La Grande Transformation du capitalisme japonais (1980–2010)*, Paris, Presses de Sciences Po, 2011, p. 75〔セバスチャン・ルシュヴァリエ『日本資本主義の大転換』新川敏光訳、岩波書店、2015年、37〜38頁〕.

(2) Ian Kershaw, *The Nazi Dictatorship. Problems and Perspectives of Interpretation*, Londres, Hodder Arnold, 2000.

(3) Émile Durkheim, *L'Allemagne au-dessus de tous: la mentalité allemande et la guerre*, Paris, Armand Colin〔エミール・デュルケーム「世界に冠たるドイツ――ドイツ人の精神構造と戦争」『デュルケームドイツ論集』小関藤一郎・山下雅之訳、行路社、1993年所収〕.

(4) バミレケ族の見出されるアフリカの直系家族エリアについては、本書第2章を参照のこと。バミレケ族は、教育面と経済面の活力において知られている。以下の文献を参照のこと。Jean-Pierre Warnier, *L'Esprit d'entreprise au Cameroun*, Paris, Karthala, 1993, et Jean Hurault, *La Structure sociale des Bamilékés*, 前掲書。

(5) 北朝鮮のシステムの変異については、フィリップ・ポンス〔ル・モンド紙の日本特派員、著述家〕の見事な著作を参照のこと。Philippe Pons, *Corée du Nord. Un État-guérilla en mutation*, Paris, Gallimard, 2016. 特に、民族主義的ネイション観の擡頭についてはp. 168、大飢饉関連の数値に関する検討についてはp. 336–338が参考になる。

(6) Zsolt Spéder, 《The Diversity of Family Structure in Europe. A Survey on Partnership, Parenting and Childhood Across Europe Around the Millennium》, *Demográfia*, vol. 50, n° 5, 2007, p. 105–134.

(7) ドイツ連邦議会は、2017年6月30日、それとは分からない巧妙な採決によって同性婚を採択し、ドイツを「西洋」基準に合わせた。

(8) 以下の文献を参照のこと。Emmanuel Todd, *L'Origine des systèmes familiaux*, 前掲書, p. 310–311 et p. 327–330〔『家族システムの起源 I』428頁〜430頁、450頁〜453頁〕.

る可能性があることも、新たにその一つと見做されている。この可能性の大小からも、スウェーデンやフランスの「核家族性」の高さや、スペインの若者やイタリアの若者の巣立ち困難な状況が推し計れる。この観点から見て、今日、同じ絶対核家族の伝統をもつデンマークとイギリスの間で、実際上の「核家族性」のレベルに大きな差が生まれている現状はたいへん意味深い。

(19) C. Kirk Hadaway, Penny L. Marler, et Mark Chavez, 《What the Polls Don't Show: a Closer Look at U. S. Church Attendance》, *American Sociological Review*, vol. 58, décembre 1993, p. 741–752.

(20) Robert D. Putnam et David E. Campbell, *American Grace*, 前掲書, p. 74〔『アメリカの恩寵』〕.

(21) Michael Dimock, 《How America Changed During Obama's Presidency》, Washington, Pew Research Center, 2017.

第 15 章

(1) William J. Goode, *World Revolution and Family Patterns* [1963], New York, The Free Press, 1970, p. 19.

(2) 同上。p. 22.

(3) 同上。p. 20.

(4) 同上。p. 17.

(5) Emmanuel Todd, *Le Destin des immigrés*, 前掲書〔『移民の運命』〕。

(6) Emmanuel Todd, *L'Illustion économique*, 前掲書〔『経済幻想』〕。

(7) Michel Albert, *Capitalisme contre Capitalisme*, Paris, Seuil, 1991〔ミシェル・アルベール『資本主義対資本主義』小池はるひ訳、紀伊國屋書店、2008 年、改訂新版、竹内書店新社、2011 年〕.

(8) Charles Hampden-Turner et Alfons Trompenaars, *The Seven Cultures of Capitalism*, New York, Doubleday, 1993. なお、ビジネスクールの古典であるマイケル・ポーター〔米国の経営学者、1947 年生まれ〕の以下の文献も参考になる。Michael E. Porter, *The Competitive Advantage of Nations*, New York, The Free Press, 1990〔マイケル・ポーター『グローバル企業の競争戦略』土岐坤・中辻萬治・小野寺武夫訳、ダイヤモンド社、1989 年〕.

(9) Michel Albert, *Capitalisme contre Capitalisme*, 前 掲 書, p. 266〔『資本主義対資本主義』293〜295 頁〕.

(10) Charles Hampden-Turner et Alfons Trompenaars, *The Seven Cul-*

（7） 共和党が軌道修正してトランプ支持層に同調したことの分析に関しては、以下の文献を参照のこと。Michael Lind,《This is What the Future of American Politics Looks Like》, *Politico Magazine*, 22 mai 2016.

（8） 相関係数は、−1と+1の間で変動する。マイナスであれ、プラスであれ、絶対値1に近づけば近づくほど、強い相関関係を示す。

（9） Hannah Rosin, *The End of Men and the Rise of Women*, Londres, Viking/Penguin, 2012.

（10） Center for Disease Control, M F. MacDorman et T. J. Mathews,《Understanding Racial and Ethnic Disparities in US Infant Mortality Rates》, NCHS Data Brief, n° 74, septembre 2011.

（11） CDC, *National Vital Statistical Report*, vol. 64, n° 1, 表8。黒人たちと白人たちは、非ヒスパニックである。

（12） Louis Chauvel, *Le Destin des générations. Structure sociale et cohortes en France au XX*e *siècle*, Paris, PUF, 1999.

（13） 《Revealed: the 30-Year Economic Betrayal Dragging Down Generation Y's Income》, 7 mars 2016.

（14） 米国では、親の家に住む25歳〜34歳の男子の比率が、2000年〜2011年に30%上昇した。イギリスでは、親の家に住む20歳〜34歳の若者の比率が、1997年〜2011年に20%上昇した。オーストラリアでは、親の家に住む15歳〜34歳の若者の比率が、1996年〜2006年に8%上昇した。カナダでは、親の家に住む20歳〜29歳の若者の比率が、1981年〜2006年に16%上昇した。

（15） Richard Fry,《For First Time in Modern Era, Living with Parents Edges Out Other Living Arrangements for 18–34 Year-Olds》, Washington, Pew Research Center, 24 mai 2016.

（16） 新自由主義のこの矛盾は、もしかするとフリードリッヒ・ハイエクのような人の視界には存在しなかったのかもしれない。彼は直系家族の国の出身だったから、おそらく、市場の自由と父親への服従が概念的に対立するとは思わなかったのだろう。

（17） Cécile Van de Velde, *Devenir adulte. Sociologie comparée de la jeunesse en Europe*, Paris, PUF, 2008. 特にp. 110–108. 1994年〜1997年にかけてデンマークの核家族性がどれほどの力を有していたかを認識するには、p. 67の図表を参照のこと。

（18） 過去から継承されてきた核家族規範の効果は、今日、若者の「親との別居」だけにとどまらない。婚外カップルとして独立して居住を始められ

40.

(21) Roy Walmsley, *World Prison Population List* (9ᵉ édition), International Center for Prison Studies.

(22) Dmitry Orlove, *Closing the 'Collapse Gap'*, 1990. 初出は *Energy Bulletin* 2006年12月号。

(23) Dmitry Orlov, *Reinventing Collapse. The Soviet Experience and American Prospects*, Gabriola Island (Canada), New Society Publishers, 2011. 特に p. 46–47.

(24) 同上。

(25) *Capitalism and Freedom*, 前掲書〔『資本主義と自由』〕.

(26) Friedrich Hayek, *The Road to Serfdom*, Abingdon-on-Thames, Routledge, 1944〔フリードリヒ・A・ハイエク『隷従への道――全体主義と自由　改訂版』一谷藤一郎・一谷映理子訳、東京創元社、1992年〕.

第14章

(1) Justin R. Pierce et Peter K. Schott, 《The Surprisingly Swift Decline of U. S. Manufacturing Employment》, *Finance and Economics Discussion Series*, Washington, Board of Governors of the Federal Reserve System, avril 2014.

(2) Emmanuel Todd, *La Chute finale. Essai sur la décomposition de la sphère soviétique*, Paris, Robert Laffont, 1976〔エマニュエル・トッド『最後の転落』石崎晴己監訳、藤原書店、2013年〕.

(3) Justin R. Pierce et Peter K. Schott, 《Trade Liberalization and Mortality: Evidence from U. S. Counties》, *Finance and Economics Discussion Series*, n° 94, Washington, Board of Governors of the Federal Reserve System, 2016.

(4) Donald Trump, *Crippled America. How to Make America Great Again*, New York, Threshold Editions, 2015〔ドナルド・J・トランプ『THE TRUMP――傷ついたアメリカ、最強の切り札』岩下慶一訳、2016年〕.

(5) Joel Kotkin, *The New Class Conflict*, New York/Candor, Telos Press Publishing, 2014.

(6) このテーマに関する見事なエッセイとして以下の文献がある。Owen Jones, *Chavs. The Demonization of the Working Class*, Londres, Verso, 2011〔オーウェン・ジョーンズ『チャヴ――弱者を敵視する社会』依田卓巳訳、海と月社、2017年〕.

（4）　PEW Research Center,《The Rise of Intermarriage》, février 2012.
（5）　*Statistical Abstract of the United States*, 2012.
（6）　Wendy Wang,《The Rise of Intermarriage, Rates, Characteristics Vary by Race and Gender》, Pew Research Center, février 2012, chapitre 3.
（7）　Thomas et Mary Edsall, *Chain Reaction. The Impact of Race, Rights and Taxes on American Politics*, New York, Norton, 1991.
（8）　同上。p. 228.
（9）　Michelle Alexander, *The New Jim Crow*, 前掲書, p. 56.
（10）　同上。
（11）　Thomas Frank, *What's the Matter with America? The Resistible Rise of the American Right*, Londres, Vintage Books, 2005, p. 179.
（12）　Martin Gilens, *Why Americans Hate Welfare. Race, Media and the Politics of Antipoverty Policy*, Chicago, University of Chicago Press, 1999; Alberto Alesina et Edward Glaeser, *Fighting Poverty in the US and Europe*, Oxford, Oxford University Press, 2004. 以下の文献も参照のこと。Ian Haney Lopez, *Dog Whistle Politic. How Coded Racial Appeals Have Reinvented Racism and Wrecked the Middle Class*, Oxford, Oxford University Press, 2014.
（13）　Bruce Western, *Punishment and Inequality in America*, New York, Russell Sage Foundation, 2006, p. 50.
（14）　Michelle Alexander, *The New Jim Crow*, 前掲書, p. 5.
（15）　同上。p. 33.
（16）　Loïc Wacquant,《America's New Peculiar Institution. On the Prison as Surrogate Ghetto》, 前掲書 .
（17）　Camille L. Ryan et Kurt Bauman,《Educational Attainment in the United States: 2015》, United States Census, *Current Population Reports*, mars 2016, p. 2 の表 1 に拠る。
（18）　E. Franklin Frazier, *Black Bourgeoisie*, New York, The Free Press, 1957.
（19）　Michelle Alexander, *The New Jim Crow*, 前掲書, p. 244 から彼女の結論《The racial bribe. Let's give it back》を参照のこと。
（20）　1972 年〜2000 年の間に、21%から 13%に低下した。以下の文献を参照のこと。*Status and Trends in the Education of Blacks*, National Center for Education Statistics, US Department of Education, 2003, p.

（12） Hans J. Eysenck, *The Inequality of Man*, Londres, Maurice Temple Smith, 1973.

（13） Hans J. Eysenck, *Uses and Abuses of Psychology*, Londres, Penguin, 1953〔H・J・アイゼンク『心理学の効用と限界』帆足喜与子ほか訳、誠信書房、1962 年〕.

（14） Richard Herrnstein et Charles Murray, *The Bell Curve, Intelligence and Class Structure in American Life*, New York, The Free Press, 1994.

（15） Christian Appy, *Working-Class War. American Combat Soldiers and Vietnam*, Chapel Hill, University of North Carolina Press, 1993.

（16） 同上。p. 220.

（17） National Center for Education Statistics.

（18） Thomas Piketty et Emmanuel Saez,《Income and Wage Inequality in the United States, 1913–2002》, 前掲論文, p. 141–225.

（19） この「財界の攻勢」を提示するにあたって、私が依拠しているのは以下の分析である。Jacob S. Hacker et Paul Pierson, *Winner Take-All Politics*, New York, Simon and Schuster, 2010, chapitre 5,《The politics of organized combat》. この著作は、新自由主義革命の政治的および組織論的な次元に関して、優れた研究成果を提示している。

（20） 同上。p. 134.

（21） Milton Friedman, *Capitalism and Freedom*, Chicago, University of Chicago Press, 1962〔ミルトン・フリードマン『資本主義と自由』村井章子訳、日経 BP クラシックス、2008 年〕.

（22） Milton Friedman, *Free to Chose, San Diego* (CA), Harcourt, 1980〔ミルトン・フリードマン、ローズ・フリードマン『選択の自由——自立社会への挑戦　新装版』西山千明訳、日本経済新聞出版社、2012 年〕.

第 13 章

（1） 以下の文献も参照のこと。Camille Landais,《Les hauts revenus en France (1998–2006): une explosion des inégalités?》, Paris, School of Economics, juin 2007.

（2） Claudia Goldin et Lawrence Katz, *The Race between Education and Technology*, 前掲書, p. 23.

（3） National Center for Education Statistics, *Status and Trends in the Education of Blacks*, septembre 2003, p. 107.

(14) Pierre Van den Berghe, *Race and Racism. A Comparative Perspective*, New York/Sydney, John Wiley, 1967, p. 77.
(15) 本書上巻、第 10 章、341～342 頁を参照のこと。
(16) Loïc Wacquant, 《America's New Peculiar Institution. On the Prison as a Surrogate Ghetto》, *Theoretical Criminology*, vol. 4, n° 3, 2000; Michelle Alexander, *The New Jim Crow. Mass Incarceration in the Age of Colour Blindness*, New York, The New Press, 2010 et 2012.

第 12 章

(1) Angus Maddison, *The World Economy. A Millenial Perspective*, Development Center Studies OECD, 2001, p. 261.
(2) Claudia Goldin et Lawrence Katz, *The Race Between Education and Technology*, Harvard, Harvard University Press, 2008, p. 198.
(3) 同上。p. 26.
(4) Thomas Piketty et Emmanuel Saez, 《Income and Wage Inequality in the United States, 1913–2002》, in Anthony Atkinson et Thomas Piketty, *Top Incomes Over the 20th Century*, Oxford, Oxford university Press, 2007, p. 141–225, p. 147 の図表。
(5) Claudia Goldin et Lawrence Katz, *The Race between Education and Technology*, 前掲書, p. 249.
(6) 例えば以下の文献を参照のこと。Josipa Roksa et *al.*, 《United States: Changes in Higher Education and Social Stratification》, in Yossi Shavit, Richard Arum et Adam Gamoran, *Stratification in Higher Education. A Comparative Study*, Stanford, Stanford University Press, 2007, p. 165–191.
(7) *Statistical Abstract of the United States*, 2012, p. 173.
(8) Emmanuel Todd, *Après la démocratie*, Paris, Gallimard, 2007 et 《Folio》, 2008, p. 63〔『デモクラシー以後』81～82 頁〕.
(9) Michael Young, *The Rise of the Meritocracy*, Londres, Penguin, 1958, p. 123–124〔マイクル・ヤング『メリトクラシー』窪田鎮夫・山元卯一郎訳、至誠堂選書 9、1982 年、147 頁～148 頁〕.
(10) John B. S. Haldane, *The Inequality of Man*, Londres, Chatto & Windus, 1932.
(11) Christopher Jencks, *Inequality. A Reassessment of the Effect of Family and Schooling in America*, New York, Basic Books, 1972.

原　注

第11章

（1） Raul S. Manglapus, *Will of the People. Original Democracy in Non-Wesern Societies*, New York, Greenwood Press, 1987.

（2） Thorkild Jacobsen, 《Primitive Democracy in Ancient Mesopotamia》, *Journal of Near Eastern Studies*, vol. 2, n° 3, juillet 1943, p. 159–172.

（3） 本書上巻、第9章、295頁を参照のこと。

（4） イロコイ族については、ルイス＝ヘンリー・モーガンの古典的著作を参照のこと。Lewis H. Morgan, *League of the Iroquois* [1851], New York, Citadel Press Book, 1993.

（5） Emmanuel Todd, *L'Origine des systèmes familiaux*, 前掲書, p. 430–439〔『家族システムの起源Ⅰ』583〜596頁〕.

（6） Jérôme-Luther Viret, *Valeurs et Pouvoir. La reproduction familiale et sociale en Île-de-France. Écouen et Villiers-le -Bel (1560–1685)*, Paris, Presses de l'université de Paris-Sorbonne, 2004.

（7） Brian Downing, *The Military Revolution and Political Change. Origins of Democracy and Autocracy in Early Modern Europe*, Princeton, Princeton University Press, 1992.

（8） 同上。p. 3.

（9） John Plumb, 《The Growth of the Electorate in England From 1600 to 1715》, *Past and Present*, n° 45, novembre 1969, p. 90–116.

（10） Calvin, *Institution de la religion chrestienne* [1560], tome 3, Paris, Les Belles Lettres, 1961, p. 61〔ジャン・カルヴァン『キリスト教綱要』渡辺信夫訳、新教出版社、2008年、431頁〕.

（11） Alexis de Tocqueville, *De la démocratie en Amérique* [1835 et 1840], tome 1, Paris, Gallimard, 1961, p. 55–56〔アレクシ・ド・トクヴィル『アメリカのデモクラシー』第1巻（上）、松本礼二訳、岩波文庫、2005年、92頁〕.

（12） ここで私は、拙著『移民の運命』第2章「アメリカにおける差異主義と民主主義（1630年から1840年）」を要約している。

（13） Emmanuel Todd, *Le Destin des immigrés*, 前掲書, p. 62〔『移民の運命』84頁〕.

日本語版へのあとがき

二〇一七年に刊行した本書に関して、基本的な分析の枠組みや主張は、五年経った今でも妥当すると自負しています。

ただ、当時と比べて自分自身の認識を改めざるを得なかった点があります。それは、本書の主題でもあるアングロサクソン世界に対する見方です。本書の執筆時には、今よりも楽観的な見方をしていて、ブレグジットを決断したイギリスとトランプを大統領にした米国――他の先進国に先んじて民主主義の失地回復を果したアングロサクソン世界――に期待をかけていたのです。

ところが、その後の両国の動きに、少しずつ不安を感じるようになりました。世界を安定化させるどころか、率先して世界を不安定化させているように見えたからです。そのことが明白になったのが、ウクライナ戦争でした。


まず米国の現状を見てみましょう。

米国の自由貿易から保護貿易への政策転換は、トランプ政権時に確定され、その後のバイデン政権にも引き継がれました。ところが現実には、中国製品に過度に依存する米国の経済構造は何ら変わっていません。

二〇一〇年を基準年とした物価指数で見ると、米国の貿易赤字は、二〇〇〇年と比較して二〇二一年に六〇％も増えています。米国の経済構造は健全化に向かうどころか、むしろ悪化しているわけです。

先日のニューヨーク・タイムズ紙に、米アップル社が中国国外にもiPhoneの生産体制を構築しようとしているが、困難に直面しているという記事が載っていました。当初は、設計デザインは米国で行なわれ、中国で製造されていたiPhoneも、いまや設計デザインの段階から中国のエンジニアに大きく依存するようになったからだ、と。記事のタイトルは「中国がiPhoneへの影響力を強めた理由」で、米国の製造業はむしろ中国への依存度をますます高めているわけです。だからこそ、中国がゼロコロナ政策を実施すると、中国に依存するサプライチェーンが麻痺して製品の供給がストップし、米国はインフレに見舞われました。米国経済の脆弱さを如実に示しています。

つまり、中国経済とのデカプリングや保護貿易を単に「宣言する」だけでは、何も変わらないのです。国内の生産基盤を実際に再構築しなければなりません。製造現場を担うエンジニア、技術者、熟練労働者が必要なのです。米国の真の脆さ、弱さは、こうした労働人口を欠いている点にあります。

人口動態から見れば、米国は、中国と異なり、今後、人口減少という問題には直面せずに済むと見込まれますが、問題は、エンジニアのおよそ半数が外国出身者であることです。とくに中国系とインド系が圧倒的に多い。米国は生産物だけでなく、生産に携わる労働者まで国外に依存しているわけです。この点が、ロシアと大きく異なるところです。

ロシア経済は、GDPで見れば、取るに足らない規模です。しかし、西側の経済制裁にもかかわらず、ロシア経済は優れた耐久力を見せています。それは、米国とは違って、生産現場を支えるエンジニアが存在しているからです。

ロシアでは、多くの若者がエンジニアとしてのキャリアを志向しています。OECDの調査によれば、二〇一九年時点で、高等教育の学位取得者のうちエンジニアが占める割合は、米国の七・二%に対して、ロシアは二三・四％です。ちなみに日本は一八・五％、韓国は二〇・五％、ドイツは二四・二％、イギリスは八・九％です。このエンジニア不足を米国は国外、とくにアジアからの「輸入」で補っています。しかし、東アジア諸国はどの国も急速な少子化に直面しています。ですから、米国はこれまでのようにはアジア系移民を当てにできなくなるはずです。

米国にとっての真の問題は、一度捨ててしまった生産基盤を復元することは果たして可能なのか、そのプロセスは、可逆的なのか、あるいは不可逆的なのか、ということです。かつて村落から人々が町に出て都市化が進みましたが、このプロセスは不可逆的なもので、後戻りすることはありませんでした。同じように、米国にとって産業に立ち返ることはもはや不可能ではないのか。産業の再生は、単なる物理的な設備にとどまる問題ではなく、一種の習俗システムにも関わる問題だからです。産業に必要な「集団的規律」を取り戻せるかが問われているのです。

東日本大震災と福島原発事故の後、ジャーナリストの三神万里子氏の案内で東北地方の各地を訪問したことがあります。その時、とくに印象に残ったのは、トヨタに部品を納めていることを誇りにしていた中小企業の経営者の話です。その会社は米国にも工場をつくったのですが、結局、撤退しました。彼が言うには「労働者がきちんと働かないからだ」と。これに対して、二〇世紀初頭から第二次世界大戦にかけて、他国を圧倒した米国の産業は、国内の勤勉な労働者によって支えられていたのです。

本書では、先進国において、高等教育の普及によって生じた新たな階層化と社会の分断を取り上げ、この問題がトランプ登場の背景にあることを指摘しました。しかし、米国社会の分断は、その後、沈静化に向かうのではなく、むしろ対立が激化しています。

二〇二二年六月、米国の最高裁が、女性の人工妊娠中絶権を認めた一九七三年の「ロー対ウェイド判決」を破棄したことで、人工中絶を認めるか否かは各州の権限に委ねられることになり、激しい論争が起きています。私は世論調査機関ピュー研究所のデータを用いて、全米の五〇州について、「高等教育修了者の割合」と「中絶反対（最高裁の判断に賛成）」の間の相関関係を計算してみました。すると、マイナス〇・七七という驚くべき数値が出たのです。これほど高い相関係数はめったにお目にかかれるものではありません。教育格差による社会の分断がいかに激しいかを物語っています。中絶賛成の「高学歴の州」と中絶反対の「低学歴の州」にはっきり二分されているのです。そして共和党寄りの「低学歴の州」よりも、民主党寄りの「高学歴の州」の方が、内部で階層化と分断が進んでいます。人類学的に見て、まったく相容れない二つの異なる社会が存在していると言っても過言ではありません。

これほど鮮明に分断された社会が、集団的統合力を誇るロシアや中国――個人的にはロシアや中国のような社会で暮らしたいとは思っていませんが、ここでは人類学者として話をしています――との長期戦に果たして耐えられるのでしょうか。

本書刊行後に、米国にもまして失望を感じ、ショックを受けたのは、イギリスの動向です。とても悲しいことで、個人的にもつらい経験でした。

私はフランス人ですが、イギリスの大学で学び、研究者になりました。常にバランスの取れた振る舞いをする国として、私にとってイギリスは、長年、敬意と愛着の対象だったのです。本書の末尾も、ブレグジットを通じて、民衆とエリートの間の交渉が一定の合意に達したイギリスへの期待で締めくくっています。

イギリスの将来がとても心配です。インフレに見舞われ、生活水準が低下し、貧困層の生活がますます苦しくなっています。イギリスの病院は実にひどい状態にあります。

他国にもまして率先して経済の金融化と産業の空洞化を過度に進めてきたのが、イギリスです。ロンドンによる支配も際立っていて、イギリスの経済と社会は深く病んでいます。

そもそもブレグジットを決定したにもかかわらず、ブレグジット派は、国内産業を再生するための具体策を提示しませんでした。産業革命の国なのに、シンガポールのような国になろうとしているようです。保護貿易と国内産業の再生のためのブレグジットではなく、自由貿易を推進するためのブレグジットだったのです。

いまやイギリスは、西洋のなかでも、最も頼りにならない国になっています。

ウクライナ軍を武装化してロシアと戦争するように嗾《けしか》けたのは米国とイギリスですが、イギリスは米国以上に、好戦的な姿勢を見せています。

私は普段、イギリスのガーディアン紙を読んでいますが、知的エリートが読む高級紙であるはずなのに、滑稽なまでに非合理的な反ロシア感情が紙面を覆っています。

このところ、ジェームズ・ボンドのことが頭から離れません。映画「００７」シリーズは、ある意味で、イギリスの誇大妄想の産物で、イギリスの国力が滑稽なまでに誇張されています。ボンドは世界を股にかけて大活躍しますが、当時、実際にソ連と対峙していたのは米国で、イギリスにはそこまでの実力はなかったのです。しかしそれでも世界で受け入れられたのは、ボンドが東西の平和のために尽くしているからで、東西冷戦をユーモラスに捉えるビジョンを示したからでしょう。

それに対して、いまのイギリスには、そうしたユーモアや大らかさが欠片も見当たりません。現在、ウクライナ戦争に関して、イギリスの国防省が発表しているコミュニケは、根拠のない情報を大量に流し、ヒステリーと言ってよいほどのプロパガンダ作戦を展開しています。米国の方が驚いているほどです。

これをどう捉えればよいのでしょうか。一つの解釈として、ブレグジット後に孤立する不安に襲われたイギリスのエリート層が、「ヨーロッパの代表」として必死に振る舞おうとしている、と考えられるでしょう。

こうしたイギリスの振る舞いは、イギリスの危機を反映しています。

米国にとってイギリスは、いちいちその意向を気にしなければならないような国ではありません。久しい以前から、両国の国力の差は歴然としています。しかし米国のエリート層には、無意識にも「英国スタイル」「英国の上流階級の振る舞い」が重要な参照基準として存在してきました。この英国スタイルが失われるとどうなるか。米国の迷走に拍車がかかる恐れがあります。何といってもイギリスは、米国にとって「母なる国」だからです。

このことは、米国の同盟国である日本にとっても無関係ではありません。当面、日本の安全保障に日米同盟が不可欠だとしても、米国の思慮を欠いた行動によって日本が不必要な対立や戦争に巻き込まれる可能性があります。

アングロサクソン世界の動向、とくに米国の動向が今後の日本にとって最大のリスクになる怖れがある――日本を愛するがゆえにそのことを最後に指摘しておきたいと思います。

エマニュエル・トッド

（通訳・堀茂樹）

著　者

エマニュエル・トッド（Emmanuel Todd）

1951年生まれ。フランスの歴史人口学者・家族人類学者。国・地域ごとの家族システムの違いや人口動態に着目する方法論により、『最後の転落』（76年）で「ソ連崩壊」を、『帝国以後』（2002年）で「米国発の金融危機」を、『文明の接近』（07年）で「アラブの春」を、さらにはトランプ勝利、英国EU離脱なども次々に“予言”。著書に『エマニュエル・トッドの思考地図』（筑摩書房）、『「ドイツ帝国」が世界を破滅させる』『シャルリとは誰か？』『問題は英国ではない、EUなのだ』『老人支配国家 日本の危機』『第三次世界大戦はもう始まっている』（いずれも文春新書）など。

訳　者

堀　茂樹（ほり しげき）

1952年生まれ。慶應義塾大学名誉教授（フランス文学・思想）。翻訳家。アゴタ・クリストフの『悪童日記』をはじめ、フランス文学の名訳者として知られる。訳書に『「ドイツ帝国」が世界を破滅させる』『シャルリとは誰か？』（以上、E・トッド著）、『カンディード』（ヴォルテール著）。

デザイン

永井翔

我々《われわれ》はどこから来《き》て、今《いま》どこにいるのか？　下
民主主義《みんしゅしゅぎ》の野蛮《やばん》な起源《きげん》

2022年10月30日　第1刷発行
2022年11月20日　第2刷発行

著　者　エマニュエル・トッド
訳　者　堀　茂樹
発行者　大松芳男
発行所　株式会社　文藝春秋
東京都千代田区紀尾井町3-23（〒102-8008）
電話　03-3265-1211（代）

印　刷　理想社
付物印刷　大日本印刷
製本所　加藤製本

ISBN 978-4-16-391612-5　Printed in Japan